suhrkamp taschenbuch
wissenschaft 467

AF151003

Uwe Wesel versucht in diesem Buch einen Überblick über das Recht von heute zu geben, und zwar in einer Sprache, die jeder versteht. Zivilrecht, Strafrecht, Staats- und Verwaltungsrecht werden in ihren grundlegenden Strukturen beschrieben ebenso wie die Arbeitsweise von Juristen sowie – mit einem Überblick über die Geschichte der Rechtsphilosophie – die Theorie und Methode von Recht. Die *Juristische Weltkunde* ist kein Ratgeber, sondern für diejenigen geschrieben, die sich über Recht allgemein informieren wollen. Gleichzeitig stellt dieses Buch aber auch eine Einführung in die Rechtswissenschaft für Studenten oder solche, die es werden wollen, dar. Das Buch ist völlig neu bearbeitet und auf dem neuesten Stand, auch bei den Literaturempfehlungen.

Uwe Wesel ist Professor em. für Rechtsgeschichte und Zivilrecht an der Freien Universität Berlin. Er hat im Suhrkamp Verlag veröffentlicht: *Frühformen des Rechts in vorstaatlichen Gesellschaften* (1985) und *Der Mythos vom Matriarchat. Über Bachofens Mutterrecht und die Stellung von Frauen in frühen Gesellschaften vor der Entstehung staatlicher Herrschaft* (stw 333). Letzte Veröffentlichung: *Geschichte des Rechts – Von den Frühformen bis zum Vertrag von Maastricht*, München 1997.

Uwe Wesel
Juristische Weltkunde

Eine Einführung in das Recht

8., vollständig überarbeitete und
aktualisierte Neuauflage

Suhrkamp

17. Auflage 2022

Achte, vollständig überarbeitete und
aktualisierte Neuauflage 2000
suhrkamp taschenbuch wissenschaft 467
© Suhrkamp Verlag Frankfurt am Main 1984
Suhrkamp Taschenbuch Verlag

Satz: MZ-Verlagsdruckerei GmbH, Memmingen
Umschlag nach Entwürfen von
Willy Fleckhaus und Rolf Staudt
Druck und Bindung: C. H. Beck, Nördlingen
Printed in Germany
ISBN 978-3-518-28067-6

www.suhrkamp.de

Inhalt

I
Das Arbeitsfeld des Juristen

Will man wissen, was Recht ist, muß man sich die Juristen ansehen. Anders gesagt: Recht ist das, was in den Köpfen von Juristen vor sich geht. Die Frage nach dem Recht beantwortet man am besten, indem man beschreibt, wie sie arbeiten, wo sie es tun und wie das Ganze in ihre Köpfe kommt.

Ich beginne also, wie bei Juristen üblich, mit einem Fall. Ein Fall, das ist ein Streitfall, ein Konflikt, den sie mit dem Gesetz lösen sollen. Nehmen wir einen sehr einfachen:

Die junge Dolmetscherin Marie Cresspahl heiratet Jakob Keller, Oberinspektor bei der Deutschen Bahn, der sich nun auch Cresspahl nennt. Sie haben keine Kinder. Weil Marie aber unbedingt eins haben möchte, ist Jakob schließlich widerstrebend damit einverstanden, daß sie ein neugeborenes Mädchen – Gesine – adoptieren. Daraus entwickeln sich aber doch schwere Konflikte, und sie lassen sich schließlich scheiden. Gesine ist zwei Jahre alt. Marie muß sich um sie kümmern, kann ihren alten Beruf nicht ausüben. Deshalb verlangt sie von Jakob Unterhaltszahlungen. Jakob sagt, Gesine sei schließlich der Grund für die Scheidung gewesen. Es könne doch unmöglich richtig sein, wenn er deshalb jetzt auch noch Unterhalt an Marie zahlen müsse.

Ein Jurist, der diesen Fall zu beurteilen hat, wird in das Gesetz sehen. Wie einer der Großen der deutschen Rechtswissenschaft, Harry Westermann an der Universität Münster, den Studenten zu sagen pflegte: »Ein Blick ins Gesetz fördert die Rechtskenntnis.« Das Recht der Ehescheidung und die Regeln über Unterhaltszahlungen nach der Scheidung finden sich im Bürgerlichen Gesetzbuch, das wir mit den drei Buchstaben BGB abkürzen. Wenn man ein wenig Erfahrung hat und ein bißchen blättert, kommt man schnell auf den § 1570. Dort heißt es:

»Ein geschiedener Ehegatte kann von dem anderen Unterhalt verlangen, solange und soweit von ihm wegen der Pflege oder Erziehung eines gemeinschaftlichen Kindes eine Erwerbstätigkeit nicht erwartet werden kann.«

Marie und Jakob Cresspahl sind geschiedene Ehegatten. Insoweit ist die Anwendung des Gesetzes völlig unproblematisch. Nicht ganz so einfach ist die Frage zu beantworten, wann denn wegen der Erziehung eines Kindes eine Erwerbstätigkeit nicht erwartet werden kann. Mit anderen Worten: Wann ist ein Kind so erziehungsbedürftig, daß man sich den ganzen Tag mit ihm beschäftigen muß und nicht berufstätig sein kann? Das Gesetz selbst drückt sich da ja sehr ungenau aus, und zwar bewußt, um Spielraum zu schaffen, weil letztlich jeder Fall seine Besonderheiten hat und man allgemein nur schwer etwas sagen kann. Trotzdem haben die Gerichte gewisse allgemeine Regeln entwickelt. Das kann der Jurist schnell nachlesen, nämlich in den Kommentaren zum BGB, in denen die Urteile von Gerichten zu den einzelnen Paragraphen zusammengestellt sind. Danach richtet man sich dann. Der am meisten verbreitete ist 1939 von Otto Palandt begründet worden, wird inzwischen von acht anderen Juristen weitergeführt, erscheint jedes Jahr in einer neuen Auflage, hat inzwischen zweitausendsiebenhundert sehr eng bedruckte Seiten und heißt »der Palandt«, mit einer nicht unproblematischen politischen Vergangenheit. Jeder Jurist kennt ihn. Die meisten benutzen ihn, wenn sie einen solchen Fall zu beurteilen haben. Bei § 1570 können sie dort nachlesen, daß die Gerichte folgendermaßen entscheiden (Palandt, 59. Auflage, 2000, Randziffer 9 zu § 1570 BGB, S. 1495):

> »Dem betreuenden Elternteil kann eine Erwerbstätigkeit nicht zugemutet werden, wenn das Einzelkind das 8. Lebensjahr noch nicht vollendet hat, in der Regel bis zur Beendigung der 2. Grundschulklasse . . .«

Gesine ist erst zwei Jahre alt. Insofern ist der Fall hier klar. Für den Kindergarten ist sie – geht man vom Durchschnitt aus – noch zu klein. Also kann von Marie eine Erwerbstätigkeit nicht erwartet werden.

Es gibt aber noch ein anderes Problem. Im Gesetz steht, es müsse sich um ein gemeinschaftliches Kind handeln. Ist Gesine denn ein gemeinschaftliches Kind von Marie und Jakob Cresspahl? Sie ist doch nur adoptiert. Auf den ersten Blick könnte man vielleicht zweifeln. Doch wenn der Jurist im BGB weiterblättert und sich im Abschnitt über die Adoption umsieht, findet er den § 1754. Dort heißt es im ersten Absatz:

»Nimmt ein Ehepaar ein Kind an . . ., so erlangt das Kind die rechtliche Stellung eines gemeinschaftlichen Kindes der Ehegatten.«

Damit hat unser Jurist den Fall gelöst. Alle Voraussetzungen des § 1570 BGB sind erfüllt. Jakob muß zahlen. Übrigens nicht nur für Marie, sondern auch noch – das muß man davon unterscheiden – für Gesine. Das soll hier nicht so detailliert begründet werden. Es ergibt sich aus § 1601 BGB.

Wenn man noch wissen will, wieviel das ist, dann sagt das Gesetz dazu sehr wenig. In § 1578 BGB steht: »Das Maß des Unterhalts bestimmt sich nach den ehelichen Lebensverhältnissen.« Das ist alles. Meistens entscheiden die Gerichte nach der sogenannten »Düsseldorfer Tabelle«. Das sind Richtlinien, die das Oberlandesgericht Düsseldorf aufstellt, was ganz praktisch, rechtsstaatlich gesehen aber merkwürdig ist. Sie werden von Zeit zu Zeit erneuert (zuletzt Neue Juristische Wochenschrift 1999, Seite 1845). Wenn Jakob zum Beispiel ein Nettogehalt von 3900 DM hätte, müßte er danach 480 DM für Gesine zahlen und 1465 als Unterhalt für Marie, zusammen 1945 DM. Ihm selbst blieben 1955 DM zum Leben.

Soweit der Fall von Marie und Jakob Cresspahl und seine Lösung. Aus ihm kann man lernen, was Juristen machen, wenn sie ein Gesetz anwenden, also hier den § 1570. Juristen selber sagen: subsumieren. Die Anwendung des Gesetzes beruhe auf einer Subsumtion. Das Wort kommt aus dem Lateinischen, von sub und sumere. Sub heißt unter oder darunter und sumere nehmen. Das Wort bedeutet also darunternehmen oder unterordnen.

Der Fall von Marie und Jakob Cresspahl ist in der Sprache der Juristen ein Sachverhalt. Dieser Sachverhalt wird mit dem Tatbestand eines Gesetzes zusammengebracht, man vergleicht sie miteinander und stellt fest, ob sie sich decken. Tatbestand des Gesetzes, das ist hier in § 1570: Es müssen zwei geschiedene Ehegatten vorhanden sein und ein gemeinschaftliches und erziehungsbedürftiges Kind, für das der eine zu sorgen hat. Der Tatbestand hat die Rechtsfolge: Dieser kann von dem anderen Unterhalt verlangen. Wenn nun Sachverhalt und Tatbestand sich decken, dann hat auch der Sachverhalt die Rechtsfolge des Gesetzes. Das soll erst einmal mit einer Zeichnung deutlich gemacht werden, die auf der nächsten Seite folgt:

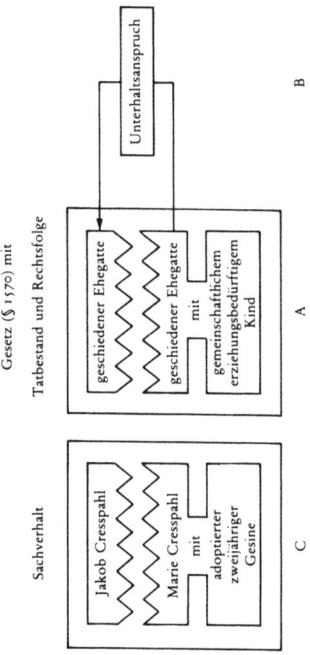

Das ABC der Juristen

Es ist immer das gleiche. Das ABC der Juristen. Das Gesetz hat einen Tatbestand A und eine Rechtsfolge B. Dann schiebt man den Sachverhalt C, den »Fall«, unter den Tatbestand A. Wenn sie übereinstimmen, ergibt das für ihn die Rechtsfolge B. Das ist eine Subsumtion. Nach dem einfachen logischen Schema:

A	hat die Folge	B
C	ist gleich	A
C	hat die Folge	B

In der Logik nennt man das einen Syllogismus. Auf deutsch einen Schluß. Mit einem Obersatz, Untersatz und Schlußsatz. Noch weiter vereinfacht:

Obersatz	A	ist gleich	B
Untersatz	C	ist gleich	A
Schlußsatz	C	ist gleich	B

Alle volljährigen Bundesbürger sind wahlberechtigt
Jakob Cresspahl ist ein volljähriger Bundesbürger

Also ist Jakob Cresspahl wahlberechtigt

Das Entscheidende dabei ist die Gleichsetzung von A und C, von Tatbestand des Gesetzes und Sachverhalt des Lebens. In der juristischen Subsumtion ist das ganz selten ein einziger Deckungsvorgang. Im Fall von Marie und Jakob Cresspahl sind es schon allein sechs. Denn der Tatbestand des Gesetzes hat mehrere Teile, die man nacheinander vergleicht. Erstens muß Jakob Cresspahl ein geschiedener Ehegatte sein. Zweitens muß Marie das gleiche sein. Drittens verbindet sie eine Sorgepflicht. Viertens muß Gesine ein Kind sein, und zwar fünftens ein gemeinschaftliches und sechstens ein erziehungsbedürftiges. Außerdem, und das ist viel wichtiger, sind solche Deckungsvorgänge selten so einfach wie hier. Oft ist es sehr zweifelhaft, ob man Sachverhalt und Tatbestand zur Deckung bringen kann. Das soll eine Abwandlung dieses Falles zeigen.

Die junge Dolmetscherin Marie Cresspahl heiratet Oberinspektor Jakob Keller, und nach einigen Jahren lassen sie sich scheiden, ohne Kinder. Wenige Monate nach der Scheidung fährt Marie in Urlaub, und zwar in ein Hotel auf Sardinien, in dem sie früher gemeinsam mit ihrem Mann gewesen war. Dort trifft sie ihn. Er war auf die gleiche Idee gekommen. Es ist warm. Die Sonne scheint. Ein lauschiger Abend. Die Zikaden zirpen. Mit anderen Worten: Gesine wird nicht adoptiert, sondern hier gezeugt und ein Jahr nach der Scheidung geboren. Marie kann nicht mehr als Dolmetscherin arbeiten und verlangt von Jakob Unterhalt. Der sagt, Gesine sei ein nichteheliches Kind. Für sie werde er selbstverständlich zahlen. Aber die Mutter eines nichtehelichen Kindes könne von dem Vater keinen Unterhalt verlangen. Hat er recht?

Bis August 1995 war die Antwort an sich nein. Grundsätzlich brauchte der Vater eines nichtehelichen Kindes nicht auch noch für den Lebensunterhalt der Mutter zu sorgen. Sie hätte eben besser aufpassen müssen, meinte man. Erst 1995 kam man zu einer ähnlichen Regelung wie in § 1570 auch für Mütter, die mit dem Vater ihres Kindes nicht verheiratet sind. Seitdem heißt es im BGB, in § 1615l, Absatz 2, Satz 2:

Der nichteheliche Vater ist zur Leistung von Unterhalt verpflichtet, »soweit von der Mutter wegen der Pflege oder Erziehung des Kindes eine Erwerbstätigkeit nicht erwartet werden kann.«

Diese neue Regelung steht in einer Reihe von Gesetzen, die auf die Gleichstellung ehelicher und nichtehelicher Kinder zielen, wie sie schon 1949 vom Grundgesetz in Artikel 6 Absatz 5 gefordert worden war. 1998 kam diese Entwicklung zum Abschluß. Seitdem gibt es fast keine juristischen Unterschiede mehr. Fast. Man wird es gleich sehen.

Heute lautet die Antwort also ja. Marie kann von Jakob auch für sich selbst Unterhalt verlangen, nicht nur für Gesine. Trotzdem, es gibt noch feine Unterschiede. All animals are equal, but some are more equal than others. Im Fall von Marie und Jakob kommen nämlich zwei Vorschriften in Frage. Einmal dieser § 1615l für nichteheliche Mütter. Oder aber jener § 1570 für geschiedene, aber eheliche Mütter. § 1570 jedenfalls nach seinem Wortlaut:

»Ein geschiedener Ehegatte kann von dem anderen Unterhalt verlangen, solange und soweit von ihm wegen der Pflege oder Erziehung eines gemeinschaftlichen Kindes eine Erwerbstätigkeit nicht erwartet werden kann.«

Der kleine Unterschied zwischen beiden Vorschriften ist der, daß sie verschiedene Folgen haben. Der Unterhalt nach § 1570 kann sehr viel höher sein. Dazu sagt § 1578:

»Das Maß des Unterhalts bestimmt sich nach den ehelichen Lebensverhältnissen.«

Der Unterhalt für nichteheliche Mütter aus § 1615l kann niedriger sein. Dafür gilt nämlich § 1610:

»Das Maß des zu gewährenden Unterhalts bestimmt sich nach der Lebensstellung des Bedürftigen.«

Und das können schon mal einige hundert Mark weniger sein. Also, § 1570 ist günstiger. Der Jurist, der entscheiden muß, prüft erst mal diese Vorschrift. Ist der Tatbestand erfüllt? Erstens, Marie ist ein »geschiedener Ehegatte«. Zweitens, sie hat für ein neugeborenes Kind zu sorgen, das ohne Zweifel gepflegt und erzogen werden muß. Aber nun. Drittens. Ist Gesine ein »gemeinschaftliches«

Kind? Doch sehr viel gemeinschaftlicher als ein adoptiertes, wird Marie sagen, an die lauschige Nacht in Sardinien denken und an das Zirpen der Zikaden. Der Jurist wird zweifeln. Wie so oft kann man auch hier zwei Meinungen vertreten.

Zum einen könnte man sagen, daß dieser Sachverhalt sich mit dem Tatbestand des § 1570 BGB nicht deckt, weil Gesine kein gemeinschaftliches Kind im Sinne dieses Gesetzes ist. Denn diese Vorschrift wolle mit dem Wort »gemeinschaftlich« ausdrücken, daß das Kind aus der Ehe stammen müsse. Das steht zwar nicht ausdrücklich da. Aber das ergebe sich aus dem ganzen Zusammenhang des dort geregelten Unterhalts mit einer vorher bestehenden Ehe. An ein nacheheliches Kind habe der Gesetzgeber überhaupt nicht gedacht. Mit anderen Worten: »gemeinschaftlich« in § 1570 bedeute »gemeinschaftlich ehelich«. Entscheidend sei die Herkunft des Kindes aus der Ehe. Nur auf die Ehe könne man so weitreichende Folgen stützen.

Gesine ist in der Tat kein eheliches Kind. Also braucht Jakob an Marie nach dieser Meinung keinen Unterhalt zu zahlen.

Man kann juristisch auch anderer Meinung sein. Die Gemeinschaftlichkeit ist bei dieser Gesine ja wirklich viel stärker als bei einem in der Ehe adoptierten Kind. Und man könnte darauf verweisen, daß es neben dem § 1570 auch noch andere gesetzliche Gründe für einen Unterhaltsanspruch gibt, die erst nach der Scheidung der Ehe entstanden sein können, wie Gesine. Zum Beispiel, wenn eine Frau nach der Scheidung keine Arbeit findet. Das ist in § 1573 BGB geregelt. Dann muß der Mann ebenfalls Unterhalt zahlen. So ähnlich ist es mit Gesine auch. Es ist eine Art nachehelicher Arbeitslosigkeit, die Jakob in entscheidender Weise mitverursacht hat. Er müßte ja sogar schon zahlen bei einer von ihm nicht verschuldeten Arbeitslosigkeit.

Wie gesagt, juristisch kann man beide Meinungen vertreten. Als dieses Buch zum erstenmal geschrieben wurde, 1984, war ein ähnlicher Fall von den Gerichten noch nicht entschieden worden. In der juristischen Literatur wurden beide Meinungen vertreten. Einige waren für Marie günstig. Sie meinten, § 1570 sei auch hier anwendbar. Andere nicht. Inzwischen hat 1998 der Bundesgerichtshof entschieden (*Neue Juristische Wochenschrift* 1998, Seite 1065). Er sagt nein. § 1570 ist nicht anwendbar. Jakob braucht an Marie nach § 1615l nur so viel Unterhalt zu zahlen, wie es ihrer jetzigen Lebensstellung entspricht. Danach, 1984, würde das bedeutet haben, daß sie gar nichts bekommen hätte. Denn den § 1615l BGB gab es noch nicht. Vielleicht hätte der Bundesgerichtshof deshalb damals sogar anders entschieden. Noch heute kann man sich darüber streiten, was richtig ist, auch wenn die Gerichte in Zukunft so entscheiden werden wie der Bundesgerichtshof 1998. Denn nun gibt es immerhin den § 1615l. Wir werden auf dieses Problem später wieder zu sprechen kommen, bei der Darstellung von Theorie und Methode im Recht.

Zunächst soll hier nur die Frage interessieren, was die Juristen denn da eigentlich machen, wenn sie in einem solchen problematischen Fall das Gesetz anwenden oder nicht. Die Subsumtion wird erst möglich, nachdem man sich so oder so entschieden hat, was das Wort »gemeinschaftlich« bedeuten soll. Juristen nennen das Auslegen. Man kann auch von Interpretieren sprechen. Das ist dasselbe. Ohne Auslegung oder Interpretation kommen wir nicht aus. Kein Gesetz kann alle Fälle vorhersehen, die später einmal auftauchen werden. Wie zum Beispiel das kleine Hotel am Strand von Sardinien, drei Monate nach der Scheidung. Ein Gesetz muß allgemein formuliert sein. Es geht nicht anders. Wenn dann ein besonderer Fall kommt, muß man auslegen. Und dann gibt es fast immer zwei Möglichkeiten. Anwendung oder Nichtanwendung des Gesetzes. Dabei bedeutet Auslegung immer, um im Bild von A, B und C zu bleiben, daß man am Tatbestand A Veränderungen vornimmt. Der Jurist muß also das Gesetz mehr oder weniger verändern, bevor er den Sachverhalt C darunterschiebt und die Rechtsfolge B eintreten läßt oder nicht. Oft kommt noch etwas anderes hinzu. Auch den Sachverhalt C verändert man dabei ein wenig, je nachdem, wie man ihn sprachlich formuliert. Alles in allem ein nicht ganz einfacher Prozeß, den er aber nach einigen Jahren Übung automatisch beherrscht, ohne über seine logische Struktur nachzudenken. Normalerweise weiß er noch nicht einmal, daß er das Gesetz verändert. Er meint meistens, er würde es einfach anwenden. Außenstehende meinen das natürlich erst recht. Und darauf beruht zu einem guten Teil der Glaube an das Recht, die Rechtsgläubigkeit, die in unserem Land immer sehr groß gewesen ist und nur durch die Erfahrungen des Faschismus für kurze Zeit erschüttert werden konnte.

Soviel zur täglichen Arbeit des Juristen. Sehen wir uns nun noch an, in welchen verschiedenen Bereichen des Rechts sich das Ganze abspielt. Bisher haben wir uns nur in einem von mehreren aufgehalten, nämlich im Verhältnis von Marie zu Jakob Cresspahl, von Bürger zu

Bürger. Die heiraten nicht nur und lassen sich scheiden. Sie schließen Verträge – Kaufverträge, Mietverträge und andere – und es geht um das Eigentum. Wie wird es erworben und übertragen? Was passiert, wenn es beschädigt wird? Und wie beerbt der eine den anderen? Diesen Bereich nennt man das Bürgerliche Recht oder – weil Bürger auf lateinisch civis heißt – das Zivilrecht. Weil es um das Privateigentum geht, wird es auch Privatrecht genannt. Das wichtigste ist im Bürgerlichen Gesetzbuch geregelt. Die Juristen lernen es an den Universitäten zuerst, vor den anderen Bereichen. Man sieht es als besonders schwierig an. Und es nimmt in ihrer Ausbildung einen sehr breiten Raum ein. Zu Recht. Denn in unserer Gesellschaft spielen eben Privateigentum und Vertrag die entscheidende Rolle, nicht nur das Eigentum an den Dingen des täglichen Lebens, sondern besonders auch das an Produktionsmitteln, an Unternehmen, Banken, Fabriken und so weiter. Damit ist es das Fundament unserer freiheitlichen demokratischen Grundordnung.

Streitigkeiten des Zivilrechts kommen vor die Zivilgerichte, also vor das Amtsgericht, Landgericht, Oberlandesgericht und – die höchste Instanz – den Bundesgerichtshof in Karlsruhe. Wenn Jakob Cresspahl sich im Ausgangsfall endgültig weigern würde, den Unterhalt an Marie zu zahlen, müßte sie zu dem für sie zuständigen Amtsgericht gehen und Klage erheben.

Nehmen wir an, sie hätte den Prozeß gewonnen. Aber Jakob kündigt seine Stellung bei der Deutschen Bahn und zieht nach Sardinien. Dort hat er kein Einkommen, will nicht zahlen und kann es auch nicht. Dann nützt das Bürgerliche Recht nicht mehr viel. Wir kommen in den Bereich des Strafrechts. Denn in § 170 Absatz 1 des Strafgesetzbuches heißt es:

»Wer sich einer gesetzlichen Unterhaltspflicht entzieht, so daß der Lebensbedarf des Unterhaltsberechtigten gefährdet ist oder ohne die Hilfe anderer gefährdet wäre, wird mit Freiheitsstrafe bis zu drei Jahren oder mit Geldstrafe bestraft.«

Diesen Tatbestand des Gesetzes hat Jakob erfüllt. Aber wer klagt? Und wo? Marie kann es nicht mehr selbst tun, sondern nur eine Anzeige erstatten. Sie wird von einem Staatsanwalt geprüft, der dann entscheidet, ob er vor Gericht geht oder nicht. Die Klage hat nun auch eine andere Bezeichnung. Sie heißt Anklage und wird vor einem Strafgericht erhoben. Nur in wenigen Ausnahmefällen – den sogenannten Privatklagedelikten – können es Bürger selber tun.

Denn es geht hier nicht um einen Anspruch von Bürger gegen Bürger wie im Privatrecht, sondern um einen Strafanspruch des Staates. Das ist der Bereich des Strafrechts, das Gebiet der Verbrechen und Vergehen. Seine wichtigsten Regeln finden sich im Strafgesetzbuch. Das Strafgericht, bei dem der Staatsanwalt gegen Jakob Cresspahl Anklage erheben wird, ist wieder das Amtsgericht, und zwar dort, wo er zuletzt gewohnt hat. Innerhalb dieses Gerichts gibt es zwei Abteilungen, nämlich Richter, die nur für zivilrechtliche Streitigkeiten zuständig sind, und andere, die nur in Strafsachen urteilen. So ist es auch in den höheren Instanzen, bei Landgerichten, Oberlandesgerichten und am Bundesgerichtshof.

Über den Nutzen, den das Strafverfahren geben Jakob für Marie haben wird, kann man zweifeln. Jedenfalls muß Jakob deshalb nicht gleich seine Unterhaltszahlungen aufnehmen. Sie braucht Geld. Deshalb geht sie zum Sozialamt ihrer Stadt. Das ist eine Behörde, die zur Stadtverwaltung gehört (oder zu der von Landkreisen). Nach den Vorschriften des Bundessozialhilfegesetzes hat sie nämlich einen Anspruch auf Unterstützung, weil ihr eine berufliche Tätigkeit wegen Gesine nicht zugemutet werden kann. Aber das Sozialamt lehnt ihren Antrag ab. Der Sachbearbeiter meint, sie könne als Dolmetscherin auch nebenbei arbeiten. Was macht Marie? Sie geht zum Gericht. Aber zu welchem? Wir befinden uns hier im Verwaltungsrecht. Gegen Entscheidungen von Behörden kann der Bürger Klage zum Verwaltungsgericht erheben. Also klagt Marie vor einem Verwaltungsgericht. Das Verwaltungsrecht hat sich in den letzten Jahrzehnten außerordentlich ausgedehnt, was bedeutet, daß der Rechtsschutz des Bürgers gegen Maßnahmen der Verwaltung stark ausgeweitet worden ist. Hierher gehören zum Beispiel das Baurecht oder das Polizeirecht und eben auch das Recht der Sozialhilfe. Vom Verwaltungsgericht geht es zur nächsten Instanz, dem Oberverwaltungsgericht. Das oberste Bundesgericht für diesen Bereich des Rechts ist das Bundesverwaltungsgericht in Berlin.

Das Verwaltungsrecht ist der eine Teil des öffentlichen Rechts. Grob gesprochen handelt es sich hier um das Verhältnis des Bürgers zu den verschiedenen staatlichen Behörden. Der andere Teil ist das Staatsrecht, in dem es um Rechte und Pflichten der verschiedenen Staatsorgane untereinander geht, wie sie sich aus der Verfassung ergeben, also zum Beispiel um die Rechte des Parlaments gegenüber der Regierung. Auch hier kann es Streit geben, der dann vor dem Bundesverfassungsgericht ausgetragen wird. Bei Grundrechtsverletzungen können vor ihm auch – mit der Verfassungsbeschwerde – einzelne Bürger klagen. Schließlich gibt es in vielen Bundesländern noch Landesverfassungsgerichte, die über staatsrechtliche Streitigkeiten in Fragen der Verfassungen der einzelnen Länder entscheiden. Zwei Sonderbereiche des öffentlichen Rechts haben ebenfalls noch besondere Gerichte, nämlich das Sozialversicherungsrecht, in dem Sozialgerichte über Fragen der Renten- oder Arbeitslosenversicherung urteilen, und das Steuerrecht, für das die Finanzgerichte zuständig sind.

Wir sind fast am Ende dieser Übersicht. Es fehlt nur noch ein Bereich. Nehmen wir an, auch das Verfahren vor dem Verwaltungsgericht zieht sich in die Länge, und Marie Cresspahl hat immer noch kein Geld zum Leben. Sie findet schließlich eine ältere Nachbarin, die bereit ist, sich vormittags um Gesine zu kümmern. Und sie findet eine Halbtagsstelle als Dolmetscherin bei einer Bank. Eines Morgens erscheint sie dort mit einer hellblauen runden Plakette, auf der eine weiße Friedenstaube abgebildet ist. Die Direktion ist sehr erregt. Marie wird fristlos entlassen, wegen »provozierender parteipolitischer Betätigung im Betrieb«. Was macht sie? Sie geht zum Gericht, um die Unwirksamkeit dieser Kündigung feststellen zu lassen. Zu welchem? Zum Arbeitsgericht. Denn wir sind jetzt im Bereich des Arbeitsrechts. Es ist ein Teilbereich des Zivilrechts, weil es um Verträge zwischen Bürgern geht, um Arbeitsverträge zwischen Arbeitgebern und Arbeitnehmern. Sie sind als »Dienstvertrag« im BGB geregelt. Aber seit der Weimarer Zeit gibt es eine Fülle von Sondervorschriften, von Gesetzen und Tarifverträgen, die weit über das BGB hinausgehen. Auch die sozialen Besonderheiten sind hier sehr groß. Deshalb gibt es dafür eigene Gerichte, nämlich Arbeitsgerichte, Landesarbeitsgerichte und das Bundesarbeitsgericht in Kassel.

In diesem Feld, vom Arbeitsrecht bis zum Staatsrecht, bewegen sich die Juristen, als Richter und Staatsanwälte, Verwaltungsbeamte und Rechtsanwälte, in der Industrie und im Handel, bei Banken und Versicherungen, in der Politik und in den Medien. Auch an den Universitäten findet man sie. Die Juristen. Wenn man von ihnen spricht, meint man immer diejenigen, die man »Volljuristen« nennt. Sie haben an der Universität studiert, ein Examen gemacht, das erste Staatsexamen. Man nennt es auch Referendarexamen. Danach waren sie als Referendare zur Ausbildung bei Gerichten, in

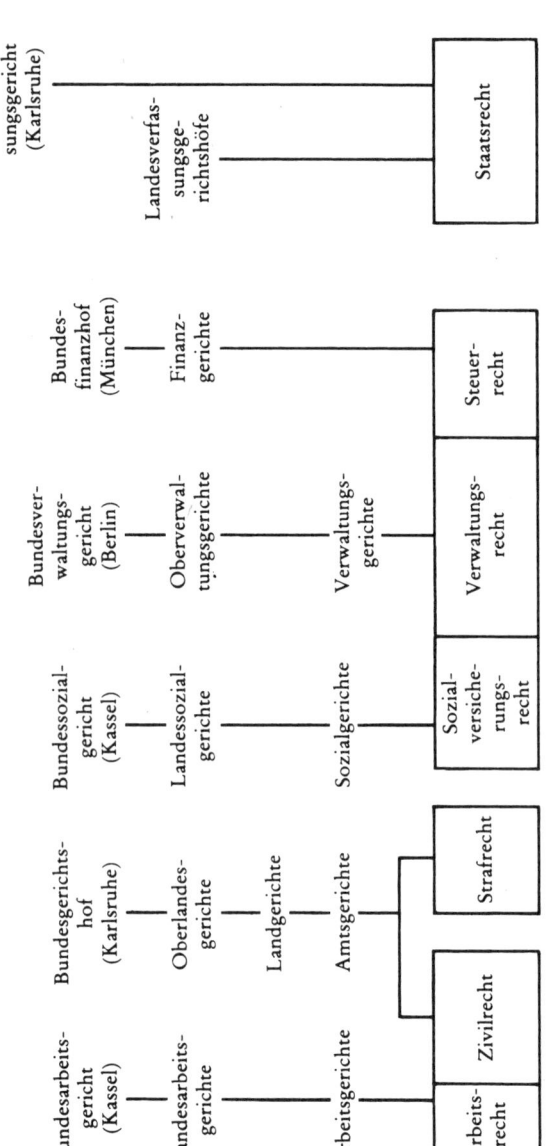

Die Rechtsgebiete und ihre Gerichte

der Verwaltung und bei Rechtsanwälten und haben dann ein zweites Examen hinter sich gebracht, das Assessorexamen. Eine Ausbildung von vielen Jahren, meistens acht oder neun. Wenn man von Juristen spricht, meint man nicht Justizinspektoren, Rechtspfleger oder Verwaltungsbeamte, die nicht an Universitäten, sondern an Fachschulen ausgebildet werden und in ihren Fachgebieten oft sehr viel bessere Kenntnisse haben als »Volljuristen«. Diese müssen alle Rechtsgebiete studieren und werden in allen geprüft. Ungefähr 170000 waren es 1997, davon 21000 Richter, 5000 Staatsanwälte, 87000 Rechtsanwälte und Notare und etwa 60000 in der Verwaltung und in der Wirtschaft.

»Ein seiner selbst ungewisses Reservoir der Machtelite wider Willen« hat sie Ralf Dahrendorf 1962 in einem Aufsatz im »Monat« genannt, als er über das Juristenmonopol schrieb (erweitert abgedruckt in: R. Dahrendorf, Gesellschaft und Demokratie in Deutschland, 1965, S. 260-276). Juristenmonopol nannte er das Ganze deshalb, weil damals von zweitausend Spitzenpositionen in der Bundesrepublik die Hälfte mit Juristen besetzt war. Heute wird es nicht anders sein. Diese Machtelite ist ihrer selbst unsicher geblieben, weil immer noch dieser unglaubliche Widerspruch besteht zwischen dem hohen Maß ihrer Kompetenzen und dem niedrigen Niveau ihrer Fragestellungen. Über ein mehr oder weniger unbewußtes Hantieren mit dem einfachen ABC der Rechtsanwendung kommt kaum einer hinaus. Recht ist eben mehr ein Herrschaftsinstrument als eine Wissenschaft.

Aber es liegt auch an ihrer Ausbildung. Die ist seit langem aus den Fugen geraten. Spätestens seit Friedrich II. von Preußen für Juristen das Staatsexamen einführte. Bis dahin bestand die notwendige Einheit von Lehre und Prüfung an der Universität. Seitdem ist sie nur noch für die Lehre zuständig. Die Prüfung liegt bei einer staatlichen Behörde, dem Justizprüfungsamt. Dieses Auseinanderfallen von Lehre und Prüfung hat zur Folge gehabt, daß sich noch eine dritte Instanz in die Ausbildung der Juristen schob. Der Repetitor. Der »kleinste gemeinschaftliche Nenner aller Prüfer des Staatsexamens«, wie ihn der Salzburger Professor Theo Mayer-Maly einmal genannt hat. Nur wer den mechanischen Stumpfsinn dieser privaten Lehranstalten kennengelernt hat, kann sich ein Bild vom intellektuellen Zustand des deutschen Durchschnittsjuristen machen. Es kommt hinzu, daß das Staatsexamen noch andere Wirkungen hatte, zum Beispiel die Einführung einer Zweiteilung der Juristenausbildung, die seit dem 18. Jahrhundert bis heute fortbesteht. Juristen lernen zuerst in einer theoretischen Phase an der Universität und dann in einer praktischen als Referendar an Gerichten und in der Verwaltung. Diese Trennung von Theorie und Praxis ist auch nicht ohne Folgen geblieben. Sie verhindert, daß die Studenten rechtzeitig wahrnehmen können, was die gesellschaftlichen Ursachen und Folgen dessen sind, auf das sie an der Universität vorbereitet werden. Zumal die Einbeziehung der Sozialwissenschaften in das Studium der Juristen aus politischen Gründen verhindert worden ist.

Es hat viele Versuche gegeben, das zu ändern. Seit der Weimarer Zeit spricht man über die Reform der Juristenausbildung. Große Anstrengungen hat man nach 1945 gemacht, nach dem Versagen der Justiz im Dritten Reich. Diese Justizkatastrophe war nur möglich, weil Juristen so mechanisch ausgebildet werden. Nichts geschah. Einen neuen Anlauf gab es 1968 mit dem »Loccumer Modell«, das im Aufwind von Studentenrevolte und sozialliberaler Koalition immerhin dazu führte, daß an einigen Universitäten der Versuch mit einer Einstufenausbildung gemacht wurde. In Augsburg und Bremen zum Beispiel. Aber dieser Versuch wurde wieder abgebrochen. Seit einiger Zeit wird neu diskutiert, weil das Geld fehlt für die Bezahlung der vielen Referendare. Neue Vorschläge von prominenten Juristen und ein Beschluß der Justizminister 1998 sehen die Abschaffung des Referendariats für die größere Zahl der Juristen und wieder eine Art Einstufenausbildung vor. Zur Zeit jedenfalls studieren deutsche Juristen heute noch genauso wie vor einhundert Jahren. Eine besondere Art bethlehemitischen Kindermordes, die heute wie damals weitreichende Folgen für die ganze Gesellschaft hat.

Literatur zur Juristenausbildung: Den besten Überblick gibt immer noch – wenn auch in der Rechtsvergleichung ein wenig veraltet – das Gutachten »Die Ausbildung der deutschen Juristen«, Veröffentlichungen des Arbeitskreises für Fragen der Juristenausbildung e. V., Tübingen 1960; Rudolf Wassermann, Erziehung zum Establishment, 1969; aus der Diskussion der letzten Zeit: B. Großfeld, Das Elend des Jurastudiums, Juristenzeitung 1986, Seite 357-360; H. Hattenhauer, Juristenausbildung – Geschichte und Probleme, Juristische Schulung 1989, Seite 513-520; U. Wesel, Juristenausbildung – Wider den geplanten Leerlauf, Kursbuch 97 (1989), S. 29-40; Ingo v. Münch, Abschied vom Referendar? Neue Juristische Wochenschrift 1999, Seite 618-620; zur politischen Vergangenheit des »Palandt«: Hans Wrobel, Otto Palandt zum Gedächtnis, in: Kritische Justiz 1982, S. 1-17.

II

Die ersten Anfänge menschlicher Ordnung –
das Beispiel der Nuer

Was wissen wir über die Zeit vor der Antike? Das zweite Jahrtausend v. Chr. ist verhältnismäßig gut bekannt, über Ausgrabungen in Griechenland und auf Kreta, in Mykene zum Beispiel oder in Knossos, durch die Entzifferung eines Teils der dort gefundenen Schrifttäfelchen und Rückschlüsse aus der frühgriechischen Literatur, aus der Ilias und Odyssee Homers, deren Ursprünge bis in diese Zeit zurückreichen. Aus dem dritten Jahrtausend stammen die frühesten Keilschrifttexte der Sumerer. Die Geschichte ihrer Stadtstaaten, ihre gesellschaftlichen und wirtschaftlichen Verhältnisse lassen sich fast noch besser rekonstruieren. Ähnlich ist es mit Ägypten. Im vierten Jahrtausend liegen die Anfänge der staatlichen Organisation in beiden Ländern. Nur in Umrissen sind sie aus archäologischen Funden erkennbar. Und dann wird es immer undurchsichtiger, obwohl die Ausgrabungen im Nahen Osten in den letzten Jahrzehnten erstaunliche Fortschritte gemacht haben. Über die gesellschaftliche Ordnung vor der Entstehung staatlicher Herrschaft weiß man dort fast gar nichts. Wie sie aussah im Übergang vom Leben als Sammler und Jäger der Altsteinzeit zur Seßhaftigkeit der Jungsteinzeit, das verliert sich im Dunkel des 9. und 8. Jahrtausends. Und auch sehr sorgfältige Ausgrabungen von Siedlungen der späteren Zeit – von Çatal Hüyük zum Beispiel, in Anatolien, aus dem 6. Jahrtausend – erlauben kaum genauere Aussagen über das Leben der damaligen Ackerbauern.
Es gibt allerdings Vergleichsmaterial aus unserer Gegenwart, nämlich die von Ethnologen beschriebenen Gesellschaften der Sammler und Jäger und anderer Stammesgesellschaften von Ackerbauern und Hirten. Die Frage ist nur, inwieweit man sie überhaupt mit denen vergleichen kann, die im Dunkel dieser Frühzeit gelebt haben. Mit anderen Worten, ist die »komparative Theorie«, die das bejaht, berechtigt? Sie wurde zum ersten Mal souverän begründet von Lewis Morgan, 1877 in seinem Buch »Ancient Society«. In der ersten Hälfte unseres Jahrhunderts war man dann eher skeptisch. Erst in der letzten Zeit ist wieder die Bereitschaft entstanden, gewisse all-

gemeine Gesetzmäßigkeiten in der Entwicklung früher Gesellschaften anzuerkennen. Das ist die Voraussetzung der komparativen Theorie. Die bis ins einzelne gehenden Rekonstruktionen der Frühgeschichte durch Morgan erkennt kaum noch jemand an. Man geht davon aus, daß nur die allgemeinen Strukturen vorstaatlicher Gesellschaften vergleichbar sind. Wenn man feststellt, daß sich bei verschiedenen Jägergesellschaften in völlig verschiedenen Gebieten der Erde bei unterschiedlichsten ökologischen Bedingungen doch gemeinsame Ordnungsprinzipien finden, dann kann man auch davon ausgehen, daß die Jäger der Altsteinzeit ungefähr nach den gleichen Regeln gelebt haben. Ebenso ist es mit vorstaatlichen Ackerbauern und Hirten, zumal sich bei ihnen ein Ordnungsprinzip findet – die agnatische Verwandtschaft –, das sogar noch in der Frühantike eine große Rolle gespielt hat. Insofern kann auch das nun folgende Beispiel der Nuer, wenn man von seinen Besonderheiten absieht, einen Einblick geben in die allgemeine Struktur des Rechts vorstaatlicher Gesellschaften.

Sie sind ein berühmtes Beispiel, seitdem Edward Evans-Pritchard sie 1940 in einer klassischen Monographie beschrieben hat (E. E. Evans-Pritchard, The Nuer, 1940). Sie leben im Süden des Sudan, um den weißen Nil, damals 300000 Menschen, verteilt auf fünfzehn Stämme. Eine Hirtengesellschaft. Wichtigstes Produktionsmittel sind ihre Rinder. Aber sie bauen auch noch Mais und Hirse an. In der Regenzeit des Sommers leben sie in kleinen Dörfern, die auf Anhöhen im höheren Teil des Landes liegen. In der Trockenzeit des Winters verlassen sie mit ihrem Vieh die Dörfer, wandern an die Flüsse und leben dort in großen Lagern.

Die Familie ist die wichtigste ökonomische Einheit, also die Gemeinschaft eines Mannes mit einer oder mit mehreren Frauen und ihren Kindern. Die Männer kümmern sich um die Herde, die Frauen melken und besorgen die Hausarbeit, und gemeinsam arbeiten sie auf den Feldern. Monogame Familien sind häufiger als polygame, was ganz einfach auch darin begründet ist, daß bei der Heirat von der Verwandtschaft des Mannes an die der Frau ziemlich hohe Brautpreise gezahlt werden müssen, nämlich zwanzig bis dreißig Rinder. Verläßt eine Frau ihren Mann, was nicht selten vorkommt, dann muß dieser Brautpreis zurückgezahlt werden, allerdings mit einem nicht unwichtigen Abzug für das erste Kind: sechs Rinder. Hat sie zwei Kinder geboren, dann braucht überhaupt nichts zurückgezahlt zu werden. Der Brautpreis ist also nicht ein

Preis für die Frau, sondern Ausgleich dafür, daß ihre Kinder in der Verwandtschaft des Mannes bleiben.

Die Verwandtschaftsgruppe ist nämlich die wichtigste gesellschaftliche Einheit, wie bei den meisten vorstaatlichen Ackerbauern und Hirten. Die englischen Ethnologen nennen sie lineage. Im Gegensatz zu unserem ungegliederten kognatischen Verwandtschaftssystem, der Blutsverwandtschaft, zählt in Stammesgesellschaften regelmäßig entweder nur die Verwandtschaft über die Mutter oder den Vater. Es ist eine agnatische Verwandtschaftsordnung. Ein Kind in unserem kognatischen System ist zweilinig verwandt, sowohl mit der Verwandtschaft seiner Mutter als auch mit der seines Vaters, im agnatischen entweder nur mit der Verwandtschaft seiner Mutter oder der des Vaters. Bei uns hat ein Kind zwei Großmütter und zwei Großväter. In der agnatischen Verwandtschaft hat es entweder nur eine Großmutter oder einen Großvater. In unserem kognatischen System breitet sich die Verwandtschaft im Stammbaum von oben nach unten fächerförmig nach allen Seiten aus und geht diffus ins Unübersehbare. Durch die einlinige agnatische Gliederung entstehen dagegen feste Verwandtschaftsgruppen, die man als Gens, lineage oder – im großen Zusammenhang – als Klan bezeichnet. Innerhalb dieser Gruppen darf man nicht heiraten. Sie sind, anders ausgedrückt, exogam. Die Exogamie wird regelmäßig ergänzt durch das Inzesttabu. Es sind verhältnismäßig große Gruppen von einigen Dutzend bis zu einigen Hundert Menschen, je nachdem, wie viele Generationen man jeweils zurückrechnet. Läuft die Verwandtschaft nur über die Mutter, spricht man von Matrilinearität. Gehören Kinder nur zur Verwandtschaft des Vaters, nennt man das Patrilinearität. Auch in der Antike findet sich beides. Die gens der Römer und das genos der Griechen waren patrilinear. Die Lykier in Kleinasien waren matrilinear (Herodot, Historien 1.173).

Die lineage der Nuer ist patrilinear. Sie reicht drei bis fünf Generationen zurück. Bei ihr liegt das Eigentum am Land und am Vieh. Wie in anderen Stammesgesellschaften ist sie auch bei ihnen das entscheidende Element ihrer sozialen Ordnung. Genauer gesagt: Verwandtschaftsordnung und gesellschaftliche Ordnung sind identisch. Ein Stamm besteht aus dem Nebeneinander einer Vielzahl solcher Verwandtschaftsgruppen, die als selbständige Segmente zwar mit den anderen durch vielfältige Heiratsbeziehungen verbunden, im Grunde aber fest in sich abgeschlossen sind. Seit

Emile Durkheim (De la division du travail social, 1893) nennt man sie segmentäre Gesellschaften. Das gesellschaftliche Gleichgewicht in ihnen bleibt erhalten durch die Exogamie der Segmente und die Endogamie des Stammes, also durch die Regel, daß man nur außerhalb der lineage, aber auch nur innerhalb des Stammes heiraten darf.

Der Stamm ist eine mehr oder weniger deutlich bestimmbare Größe. Er ist die größte Einheit, in der man sich zu kriegerischem Angriff oder zur gemeinsamen Verteidigung verpflichtet fühlt. Innerhalb des Stammes gibt es Mechanismen zur friedlichen Beilegung von Streitigkeiten und eine moralische Verpflichtung, sie früher oder später beizulegen. »Innerhalb eines Stammes gibt es Recht«, sagt Evans-Pritchard. Er ist also diejenige Einheit, in der Blutgeld gezahlt wird, als Ausgleich für Tötungen. Es gibt keine Häuptlinge und keine Stammesräte. Die Nuer sind eine anarchische Ordnung, ohne Herrschaft, ohne Staat. Wenn man von der Benachteiligung ihrer Frauen absieht – die auch nicht so stark ist wie in manchen anderen Stammesgesellschaften –, dann kann man auch sagen, sie seien eine egalitäre Gesellschaft. Evans-Pritchard schreibt dazu (The Nuer, 1940, S. 181, übers. v. Verf.):

»Der Nuer ist das Ergebnis einer harten und egalitären Erziehung, zutiefst demokratisch und leicht zu Gewalttätigkeiten reizbar. Sein ungestümer Geist empfindet jeden Zwang als lästig, und niemand erkennt einen anderen als höherstehend an. Reichtum macht keine Unterschiede. Ein Mann mit viel Vieh wird beneidet, aber nicht anders behandelt als einer mit wenig. Auch die Geburt macht keinen Unterschied ... Daß jeder Nuer sich selbst für genauso gut hält wie seinen Nachbarn, das ist offensichtlich in jeder seiner Bewegungen. Sie stolzieren herum wie die Herren der Erde, und in der Tat sind sie der Meinung, sie seien es. Es gibt keinen Herrn und keinen Sklaven in ihrer Gesellschaft, sondern nur Gleiche, die sich als Gottes edelste Schöpfung betrachten.«

Es gibt allerdings eine Ausnahme. Das ist der Mann mit dem Leopardenfell. Er heißt kuaar twac oder kuaar muon. Twac ist das Fell des Leoparden, muon ist die Erde. Aber was bedeutet kuaar? In der Übersetzung dieses Wortes liegt ein Problem. Der Mann fällt auf, denn er ist der einzige bei den Nuer, der ein Kleidungsstück trägt. Ein Leopardenfell. Als die ersten englischen Kolonialbeamten in den zwanziger Jahren nach Häuptlingen suchten, auf deren Macht sie ihre Verwaltung aufbauen wollten, stießen sie auf diese Männer. Sie nannten sie chiefs, Leopard skin chiefs, Leopardenfellhäuptlinge. Diese Bezeichnung hat sich lange gehalten. Evans-Pritchard gebraucht sie noch in seiner ersten großen Darstellung, obwohl er schon Zweifel äußert. Im letzten Werk über die Nuer – Nuer Religion, 1956 – ist er davon abgegangen und hat sie als Priester bezeichnet, als Leopardenfellpriester oder Erdpriester, was wohl richtig ist. Seine ersten Zweifel gründete er darauf, daß er bemerkte, sie hätten keinerlei Macht und könnten keine Befehle erteilen. Bei ihrer wichtigsten Tätigkeit – der Beilegung von Blutfehden, die noch zu beschreiben ist – seien sie auf eine unverbindliche Vermittlerrolle beschränkt. Die Empfehlungen des Vermittlers würden ihr Gewicht nur durch sein persönliches Geschick erhalten, und das Ganze sei sonst allein abhängig vom guten Willen der Beteiligten, die Sache friedlich beizulegen. Diese Priester seien von der egalitären Gesellschaft der Nuer ganz bewußt machtlos gestellt.

Über die Machtlosigkeit dieser Priester ist es zu einer ausgedehnten Kontroverse gekommen. Im wesentlichen ist man sich heute einig. Es gibt bei den Nuer keine Institutionen, die Macht repräsentieren. Aber ab und zu, in unruhigen Zeiten, treten Männer auf, die beträchtliche Macht erlangen, immer nur für kürzere Zeit, ohne Institutionalisierung. Am Ende des 19. Jahrhunderts und zu Beginn der englischen Kolonialverwaltung gab es ruic naadh, sogenannte Propheten, Sprecher oder Führer des Volkes, die Kämpfe organisierten gegen arabische Sklavenhändler und englische Truppen. Das hatte Evans-Pritchard übersehen. Die Leopardenfellpriester sind davon aber überhaupt nicht betroffen. Sie haben tatsächlich keine institutionalisierte Macht, sind nur auf ihr Verhandlungsgeschick und ihre persönliche Autorität angewiesen. Ihre Stellung ist erblich und kann nur ausnahmsweise auf einen anderen übertragen werden, durch Übergabe des Fells. Möglicherweise stehen sie selten ganz allein. Regelmäßig werden sie Allianzen im Hintergrund haben. Denn für ihre Vermittlungtätigkeit bei Blutfehden erhalten sie ein Entgelt von drei oder vier Rindern. Das ist eine ausreichende Einnahmequelle, um starke verwandtschaftliche Koalitionen um sich zu versammeln.

Ihre wichtigste Funktion ist die Beilegung von Blutfehden. Es gibt viel Streit bei den Nuer. Man greift schnell zur Keule oder zum Speer, und häufig endet das mit einem Toten. Selten sieht man ältere Männer ohne Spuren früherer Verletzungen. Gewalttätigkeiten gehören zu ihrem Leben wie die Viehzucht. Sie gibt auch die meisten

Anlässe. Man streitet sich über Rinder, Leistung von Brautpreisen, Weiderechte, Wasserrechte. Aber auch Ehebruch kann es sein, Beleidigungen, Streit um die Rückgabe von Sachen oder wenn jemand die Kinder eines anderen geschlagen hat. Wenn ein Mann meint, er habe Unrecht erlitten, fordert er den anderen zum Kampf. Es gibt keine andere Instanz. Nur sein Mut ist erst einmal sein Schutz. Von frühester Kindheit werden sie dazu erzogen, Meinungsverschiedenheiten im Kampf zu lösen. Mut ist die höchste Tugend. Man schlägt sich, bis der eine oder der andere schwer verletzt ist oder – und das wird regelmäßig gemacht – bis andere eingreifen und sie auseinanderbringen. Denn man weiß, welche Folgen das haben kann, besonders wenn es ein Streit ist zwischen Männern aus verschiedenen Dörfern. Das artet leicht aus zum Kampf aller Männer auf beiden Seiten und kann viele Menschenleben kosten. Also zögert man, bevor so etwas losgeht, und läßt die Älteren vermitteln oder den Leopardenfellpriester.

Der Leopardenfellpriester, kuaar twac, oder Erdpriester, kuaar muon, greift regelmäßig ein, wenn jemand getötet worden ist. Es droht die Blutrache. Blutrache zwischen lineages geht oft über in Feindseligkeiten zwischen größeren Segmenten eines Stammes. Sie ist gefährlich für alle Beteiligten, nicht nur, weil ihr Leben unmittelbar bedroht ist, sondern auch, weil schwierige Tabuprobleme auftreten. Meistens sucht man eine Einigung. Vermittler ist der Leopardenfellmann. Seine Fähigkeit dazu ergibt sich aus seiner Verbindung zur Erde. Denn ihre Fruchtbarkeit ernährt die Menschen.

Wenn jemand einen anderen getötet hat, vorsätzlich oder fahrlässig, dann eilt er so schnell wie möglich zum Haus des nächsten Priesters. Aus zwei Gründen. Einmal ist er in ritueller Not. Er muß vom Blut des Getöteten gereinigt werden. Außerdem ist er in Lebensgefahr, weil dessen Verwandte ihn verfolgen. Im Haus des kuaar muon ist er sicher. Es ist eine heilige Stätte, ein Asyl, das sie nicht betreten dürfen. Dort wird er leben, als Gast, bis die Sache beigelegt ist.

Der Priester nimmt einen Fischspeer und ritzt ihm den rechten Arm, bis das Blut fließt, und opfert ein Rind, das yang riem genannt wird, die Kuh des Blutes. Das Blut des Erschlagenen, meinen sie, ist in ihn eingedrungen und muß herausgelassen werden. Würde er vorher essen oder trinken, dann wäre das eine schwere Verunreinigung, nueer, Bruch eines Tabus, mit der sicheren Folge des Todes. Diese Reinigungszeremonie nennen sie bir. Der Mann kann jetzt erst einmal dort leben und essen und trinken. Allerdings darf er seine Haare nicht schneiden. Seine Familie muß den Hof verlassen. Das Vieh wird bei Verwandten untergebracht.

Die Verwandten des Getöteten sind zur Blutrache verpflichtet. Sie ist der Inbegriff ihrer verwandtschaftlichen Solidarität. Den Täter oder einen seiner Angehörigen müssen sie töten. Solange er sich beim kuaar muon aufhält, kommen sie von Zeit zu Zeit, um zu sehen, ob er sein Asyl verläßt und ihnen Gelegenheit zur Rache gibt. Sie würden jede Gelegenheit wahrnehmen, sind aber regelmäßig nicht sehr hartnäckig, sie zu suchen. Das geht so einige Wochen. Dann versucht der kuaar muon, die Verhandlungen zur friedlichen Beilegung aufzunehmen. Vor der Beerdigung haben sie ohnehin keine Chance. Die Aufregung muß sich erst ein wenig legen.

Er führt die Verhandlungen ohne Hast. Zuerst bringt er in Erfahrung, wie viele Rinder die Verwandtschaft des Täters besitzt und ob sie bereit ist, eine Entschädigung für die Blutschuld zu zahlen, die Sühneleistung, thung, die in Rindern zu begleichen ist. Man weigert sich selten. Dann geht er zur Verwandtschaft des Getöteten und bittet sie, mit einer solchen Wiedergutmachung einverstanden zu sein. Die lehnen erst einmal ab. Das gehört zum guten Ton. Man muß unversöhnlich sein, auf der Blutrache bestehen. Der kuaar muon weiß das und beharrt auf seinem Vorschlag. Er droht ihnen mit Verfluchung. Andere Verwandte des Getöteten unterstützen ihn, die weiter entfernten, die nichts von der Entschädigung erhalten und deshalb frei vom Verdacht des Opportunismus sind. Der kuaar muon geht bis an die Grenze seiner Argumente. Dann lenken sie schließlich ein, sind mit einer Entschädigung einverstanden. Aber nur im Interesse des Getöteten, sagen sie, nicht weil sie Vieh nehmen wollten für das Leben eines Verwandten. Der Geist des Verstorbenen bedrängt sie nämlich. Sie sollen möglichst bald eine Frau mit seinem Namen verheiraten. Eine Geisterheirat, die durch das Vieh ermöglicht wird. Einer seiner Verwandten heiratet mit diesen Rindern eine Frau, in seinem Namen. Die Kinder gelten als rechtmäßige Kinder des Getöteten. Das besänftigt seinen Geist. Und ist der eigentliche Zweck der Leistung von thung.

Es kommt noch etwas hinzu. Die Bereitschaft zur Annahme von thung besteht auch deswegen, weil alle Verwandten auf beiden Seiten in großer Tabugefahr sind, auch die entfernteren. Solange der

Streit nicht friedlich beigelegt ist, droht nuer. Das ist die Verunreinigung, Befleckung, die schweren Tabubrüchen folgt, dem Inzest zum Beispiel, und hier, wenn Verwandte des Getöteten mit denen des Täters gemeinsam essen oder trinken. Eine Todsünde. Unausweichliche Folge ist, meinen sie, der Tod der Beteiligten. Auch wenn sie gar nichts wußten. Es genügt schon, wenn sie die gleichen Gefäße benutzen, im Haus eines Unbeteiligten. Die Angst ist groß davor, auf beiden Seiten.

Die Verhandlungen ziehen sich hin, manchmal über Monate. Schließlich einigt man sich auf vierzig bis fünfzig Rinder. Die Schuld wird über viele Jahre verteilt, manches bleibt später auch offen. Die feierliche Versöhnung findet statt, wenn etwa zwanzig Rinder übergeben sind. Sie kommen aus den Ställen verschiedener Verwandter des Täters. Der kuaar muon bringt sie ins Dorf des Getöteten. Dessen Verwandte begutachten die Tiere. Wenn sie akzeptiert sind, kommen sie in den Stall eines Nachbarn. In den des Getöteten dürfen sie nicht, bevor die Opfer dargebracht sind. Ein Ochse wird dafür genommen. Yang ketha nennen sie ihn, die Kuh der Gallenblase. Der kuaar muon bittet ihren höchsten Gott kwoth um Beendigung der Fehde. Er sagt dem Geist des Verstorbenen, daß nun für seinen Tod gezahlt worden ist und eine Frau mit seinem Namen verheiratet wird, damit er einen Sohn bekommt. Der Ochse wird getötet. Die Verwandten stürzen sich auf ihn und hakken ihn in Stücke. Die Gallenblase wird in eine Kürbisflasche mit Wasser und Milch gesteckt. Das trinken sie dann, mit reinigenden Medizinen, auch die Verwandten des Täters, sofern sie da sind. Denn nun kann man wieder gefahrlos zusammen essen und trinken. Am nächsten Morgen werden die Rinder in den Stall des Getöteten gebracht. Einige verteilt man auf seine näheren Verwandten. Einige bleiben dort bis zur Heirat mit seinem Geist. Das ist die erste Versöhnung, die wichtige, die Beendigung der Blutfehde, zur Beseitigung des nuer. Später folgt manchmal noch eine zweite, wenn das letzte Vieh geleistet worden ist. Ghok pale loc nennen sie es, das Vieh, das die Herzen erleichtert. Ein Fest wird gefeiert, das die Freundschaft der lineages wiederherstellt.

Nach der Versöhnung des yank ketha bringt der kuaar muon den Mann wieder auf seinen verlassenen Hof. Die Verwandtschaft ist dabei, richtet die Hütte wieder her. Der kuaar muon opfert einen Ochsen, yang miem, die Kuh der Haare. Denn nun darf der Täter wieder seine Haare schneiden. Die erste Locke nimmt ihm der kuaar muon. Er beseitigt das Unkraut vom Hof und entzündet rituelle Feuer. Der Mann ist wieder zu Hause, frei von der Blutschuld.

Soviel zur Tätigkeit des kuaar muon, zur Blutrache und der friedlichen Beilegung dieses Konflikts. Die Blutrache ist ja nichts anderes als eine besondere Form der Selbsthilfe. Von Selbsthilfe sprechen Juristen, wenn man das Recht in die eigene Hand nimmt. Da es keine Gerichte bei den Nuer gibt und keine Gerichtsvollzieher, findet man sie bei ihnen in vielerlei Gestalt. Die häufigste ist die eigenmächtige Wegnahme von Vieh. Das ist eine alltägliche Erscheinung bei ihnen. Sie nennen es kwal, wegnehmen. Es geht immer darum, daß jemand einen Anspruch darauf geltend macht. Wenn jemand sagt ein anderer habe ihm die Kuh weggenommen, kwal, ohne seine Einwilligung, dann ist damit in keiner Weise gemeint, er hätte das nicht tun sollen. Geschieht es innerhalb eines Stammes, dann hat der Betreffende immer das Gefühl, er würde sich nehmen, was ihm gebührt. Mit anderen Worten, Selbsthilfe ist erlaubt und normal. Sie ist der übliche Weg für die Begleichung von Schulden. Wenn es Streit gibt, dann nur darum, ob er wirklich einen Anspruch hatte. Evans-Pritchard schreibt, er habe niemals gehört, daß ein Nuer von einem anderen seines Stammes eine Kuh gestohlen habe, nur weil er sie haben wollte. Außerhalb des Stammes war der Viehdiebstahl als solcher gang und gäbe, galt sogar als besonders heldenhaft. Denn nur innerhalb des Stammes gibt es Recht.

Aber auch innerhalb dieser Gemeinschaft gibt es noch Unterschiede. Die Besiedelungsdichte ist sehr gering. Selbst kleine Stämme leben zerstreut über große Gebiete. Es ist nicht das gleiche, ob jemand ein Unrecht begeht gegenüber einem anderen, der in der Nähe lebt, oder ob beide weit voneinander entfernt sind. Davon hängt es ab, ob und wie der eine gegen den anderen sein Recht durchsetzen kann. Innerhalb eines Stammes gibt es also erhebliche Unterschiede in der Stärke und Dichtigkeit von Recht. Das ist die von Evans-Pritchard ausführlich beschriebene strukturale Relativität.

Je enger die Beziehung zwischen Verletzer und Verletztem, desto leichter ist es, das Recht durchzusetzen, eine Entschädigung zu erhalten, den Konflikt beizulegen. Desto geringer ist allerdings auch regelmäßig die Höhe der Entschädigung. Je weiter der verwandtschaftliche und räumliche Abstand zwischen den beiden, desto schwieriger wird es, desto länger dauert es und um so höher wird der Preis. Zum Beispiel beim Ehebruch. An sich sind sechs Rinder zu zahlen, nämlich fünf als Entschädigung und ein Ochse zum Opfern. Bei Verhandlungen zwischen engen Verwandten, in einem und demselben Dorf oder in benachbarten und eng verbundenen Dörfern, ist es unwahrscheinlich, daß mehr als dieser eine Ochse geleistet wird, der die rituelle Reinigung ermöglicht. Die Empörung über Unrecht ist bei verwandtschaftlicher Nähe gemildert. Der Druck der Umgebung, schnell zu einer Einigung und damit zu einer Wiederherstellung des sozialen Gleichgewichts zu kommen, ist stark. Je kleiner die Gemeinschaft, desto größer ist er. Umgekehrt, bei großer struktureller Entfernung zwischen Ehemann und Ehebrecher, ist die Chance geringer, überhaupt eine Entschädigung zu erhalten. Sind die Dörfer sehr weit voneinander entfernt und verwandtschaftliche Bindungen schwach, dann gibt es keinen Druck der Gemeinschaft auf den Verletzer, die Sache mit einer entsprechenden Leistung beizulegen. Wenn es gelingt, ihn dazu zu bewegen, dann oft nur mit der Drohung von Gewalt. Und in diesem Fall ist die Entschädigung auch regelmäßig höher.

Die strukturale Relativität des Rechts führt zur Frage nach seinen Grundlagen. Bei uns ist man heute überwiegend der Meinung, das Recht ruhe auf unserer staatlichen Ordnung. Das Recht ist ein Befehl des Staates (des Königs), sagte der englische Rechtstheoretiker John Austin im 19. Jahrhundert. Die Nuer haben keinen Staat. Worauf gründet sich ihr Recht?

Auf Gewalt, sagt Evans-Pritchard. Das erkläre auch seine strukturale Relativität (The Nuer, 1940, S. 169, übers. v. Verf.):

»Ein zwingender Grund dafür, daß es wenig Chancen gibt für Entschädigung zwischen Angehörigen verschiedener sekundärer oder primärer Stammessegmente, ist die Tatsache, daß Grundlage des Rechts die Gewalt ist. Wir dürfen uns nicht irreführen lassen durch die Aufzählung traditioneller Entschädigungssummen für Schädigung und meinen, es sei einfach, sie einzufordern, ohne daß ein Mann bereit wäre, Gewalt zu gebrauchen. Die Keule und der Speer sind die Sanktionen des Rechts. Was die Leute hauptsächlich veranlaßt, Entschädigung zu leisten, ist die Furcht, der verletzte Mann und seine Verwandtschaft könnten zur Gewalt greifen.«

Ich halte das für übertrieben. Denn die Nuer haben daneben ein ausgeprägtes Rechtsbewußtsein. Es sind die Vorstellungen von cuong und duer, wie bei ihnen Recht und Unrecht genannt werden. Sie gehören gleichzeitig in den Kernbereich ihrer Religion.

Sie kennen einen höchsten Gott, kwoth. Das Wort bedeutet Geist, wie lateinisch spiritus, auch im Sinn von Atmen und Atem. Ihre Gottesvorstellung ist alttestamentarisch. Gott ist im Himmel, der Schöpfer und Beweger aller Dinge, allgegenwärtig. Sie beten zu ihm und sagen: »Er hat die Welt erschaffen, es ist sein Wort.« Ob sie über lang Zurückliegendes oder Gegenwärtiges reden, Gott ist für sie die letzte Erklärung. Die Menschen, die Herden, die Hirse, die Fische, alles ist von ihm geschaffen und gegeben. Er hat die Heiratsverbote aufgestellt und beschlossen, daß die Nuer die Dinka angreifen sollen. Er hat den einen Menschen schwarz und den anderen weiß geschaffen, den einen stark, den anderen schwach. Und er bringt den Tod. Er kann zornig sein und die Menschen lieben. Sie reden ihn an mit gwandong, unser Vater. Sie vertrauen auf ihn, wenn sie sagen: kwoth a thin, Gott ist gegenwärtig. Sie sagen es täglich und meinen damit, sie wüßten zwar nicht, was zu tun sei, aber Gott wäre da und würde ihnen helfen. Ihm gegenüber fühlen sie sich klein und unwissend. Unglück ertragen sie mit Resignation. Das ist Gottes Wille. Wenn eine Kuh stirbt oder eine Hütte brennt, sagen sie, »Gott hat es gegeben, Gott hat es genommen.« Es ist sein Recht, cuong. Gott ist immer im Recht, und dieses Wort, cuong, ist ein Schlüsselbegriff ihrer Religion. Gott hilft denen, die im Recht sind, und er straft diejenigen, die sich falsch verhalten. Ihre Gebete sind, ohne feste Form, dem christlichen Vaterunser sehr ähnlich. »Unser Vater, das ist deine Welt, es ist dein Wille, laß uns in Frieden leben, laß die Gemüter der Menschen ruhig sein. Du bist unser Vater, nimm alles Übel von unserem Weg« und so weiter. Sie blicken dabei zum Himmel, die Arme gestreckt, mit den Handflächen nach oben.

Das Wort cuong wird aber auch ganz allgemein gebraucht, im Umgang von Menschen mit Menschen. Es bedeutet aufrecht, im Sinne von aufrecht stehen, und fest. So sagen sie: »Sein Herd möge fest stehen«, nämlich glücklich. Dann bedeutet es richtig und – schließlich – Recht. So wie unser Wort Recht von richtig und aufrecht abgeleitet ist. Cuong hat außerdem bei ihnen wie bei uns die doppelte Bedeutung von objektivem und subjektivem Recht. Das objektive Recht ist das allgemeine Recht, die Gesamtheit der Regeln oder eine einzelne und das entsprechende Verhalten: Jemand ist im Recht, hat das Recht auf seiner Seite. Hat jemand cuong, dann hilft ihm Gott. Außerdem bedeutet cuong auch das subjektive Recht, das eigene Recht, das Eigentum, den Anspruch gegen einen anderen. Hat jemand bei der Verteilung von Heiratsgut Anspruch auf ein Rind, dann ist es sein cuong. Ebenso bei Ansprüchen auf Entschädigung. Und Gott straft denjenigen, der gegen das Recht handelt, der einen Fehler macht, duer. Das ist nämlich der Gegensatz, abgeleitet von dwir. Das Wort bedeutet fehlen, verfehlen, einen Fehler machen, das Ziel verfehlen, zum Beispiel beim Werfen eines Speeres. Duer ist allerdings der bewußte Fehler. Im Strafrecht sprechen wir heute von Vorsatz. Die Ergänzung dazu, der ungewollte, ist ihnen durchaus bekannt. Die Fahrlässigkeit. Sie heißt gwac. Auch bei Tötungen spielt sie eine Rolle. Gwac hat nicht so schlimme Folgen. Die Entschädigung ist nicht so hoch.

Grundlage von Recht ist also auch der Glaube an Gott, an seine helfende und strafende Gerechtigkeit. Die religiöse Einbindung mit ihrer Furcht vor entsprechenden Sanktionen, vor Krankheit und Tod, wirkt wahrscheinlich ebenso stark wie die Angst vor Gewalt. Und es kommt noch ein anderes hinzu. Wer sich unrechtmäßig verhält, verliert an Achtung in der engeren Gemeinschaft. Er wird unpopulär. Das ist oft verbunden mit dem Verlust sozialer und ökonomischer Teilhabe. Die öffentliche Meinung im Dorf drängt bei örtlichen Konflikten zur Einigung. Der Druck der Verwandtschaft kommt hinzu. Dabei muß nicht die Angst vor physischer Gewalt die Triebfeder sein. Auch verbaler und psychischer Streit stört das Gleichgewicht der kleinen Gemeinschaft. Ihr solidarischer Druck hat in solchen Fällen die gleiche Wirkung wie Angst vor Gewalt, führt zur Einigung.

Auch das ist ein eigenständiges Moment im Recht der Nuer, das Evans-Pritchard unterschätzt. Der Konsens. Er gehört gerade zur Definition ihrer Rechtsordnung, wenn die Angehörigen eines Stammes sagen, unter ihnen gäbe es thung, also friedlichen Ausgleich bei Tötungen, Verletzungen, Ehebruch (Evans-Pritchard 1940, 121). Damit definiert sich der Stamm nicht über die Drohung von Gewalt, sondern über die Möglichkeit ihres Gegenteils, den friedlichen Ausgleich, den Konsens, im Grundsatz als Friedensordnung. Deren Institutionalisierung kommt in der Existenz des kuaar muon zum Ausdruck.

Die strukturale Relativität des Rechts und damit Recht überhaupt ergibt sich also nicht aus den unterschiedlichen Wirkungen eines einzigen Faktors, nämlich der Drohung mit Gewalt oder ihrer Anwendung, sondern aus dem Zusammenspiel mehrerer Faktoren. Im Bereich der engen Gemeinschaft ist es der moralische Druck, der die Bereitschaft zur Einigung erzeugt, nicht die drohende Gewalt, sondern die drohende Störung des allgemeinen sozialen Gleichgewichts, die durch Feindschaften entstehen. Dieser Druck wird um so schwächer, je weiter die am Konflikt Beteiligten voneinander entfernt leben. Je schwächer dieser Druck ist, um so stärker wird die Bereitschaft, den Konsens über die Drohung mit Gewalt herbeizuführen oder ihn notfalls durch Gewalt zu ersetzen. Eine Gewalt übrigens, die nicht wertfrei ist, sondern getragen vom cuong. Denn ein einzelner allein ist selten in der Lage, sein Recht gewaltsam durchzusetzen. Er braucht die Unterstützung von Freunden und seiner Verwandtschaft. Und die erhält er regelmäßig nur, wenn allgemein die Überzeugung besteht, daß er das Recht auf seiner Seite hat. Diese Überzeugung wiederum ist eng verbunden mit dem religiösen Glauben an kwoth, der demjenigen hilft, der cuong hat, und den anderen straft, der Unrecht begeht, duer. Religiöse Vorstellungen sind es, die in vielfacher Weise die strukturale Relativität mitbegründen. Zum Beispiel bei der Einigung über thung nach einer Tötung. Sie kommt auch deshalb zustande, weil alle Beteiligten die Gefahr von nueer beseitigen wollen, den Frevel der Verunreinigung durch gemeinsames Essen und Trinken. Sie ist um so größer, je näher sie zusammen leben. Und damit auch die Chance für den kuaar muon, sie zum Konsens zu bringen. Leben sie weiter auseinander entfernt, wird es schwieriger.

Die Ordnung der Nuer ist also gekennzeichnet durch ein kaum auflösbares Ineinander, durch die Verknüpfung von Religion, Moral und Recht. Da es keine weltliche Autorität gibt, haben sie ihr Recht eben auf eine überirdische gestellt. Kwoth ist der Herr über cuong und duer. Aber nur zu einem geringen Teil übt er diese Herrschaft durch die Vermittlung des kuaar muon aus. Auch insoweit brauchen sie keine Agenten der Macht. Der Umgang mit Kwoth ist unmittelbar. Recht, Moral und Religion sind eine Einheit in jedem einzelnen Nuer.

Über die Ausgrabungen im Nahen Osten: James Mellaart, The Neolithic of the Near East, 1975. Sein Buch über seine Ausgrabungen in Südanatolien: James Mellaart, Çatal Hüyük, Stadt aus der Steinzeit, 2. Aufl. 1967. Zur Frage der »komparativen Methode« ist die eindrucksvollste Studie: Robert McC. Adams, The Evolution of Urban Society. Early Mesopotamia and Prehistoric Mexico, 1966. In ihr wird gezeigt, wie die räumlich und zeitlich weit voneinander entfernten Gesellschaften der Sumerer und Azteken sich sehr ähnlich entwickelt haben, was auf die Zulässigkeit der Annahme von allgemeinen Entwicklungsgesetzen schließen läßt. Zu den Nuer die drei Bücher von E. E. Evans-Pritchard, nämlich: The Nuer, 1940; Kinship and Marriage among the Nuer, 1951; Nuer Religion, 1956. Zum Recht der Nuer ausführlicher: P. P. Howell, A Manual of Nuer Law, 1954. Über die Diskussion um die Leopardenfell-Priester ein kurzer Bericht bei L. Mair, African Societies, 1974, S. 134-136. Allgemein zum Recht in vorstaatlichen Gesellschaften: E. A. Hoebel, Das Recht der Naturvölker, 1968; S. Roberts, Ordnung und Konflikt 1981; U. Wesel, Frühformen des Rechts in vorstaatlichen Gesellschaften, 1985.

III
Was ist Recht?

Man sieht, es gibt große Unterschiede zwischen dem Recht der Nuer und unserem. Das ABC der Juristen brauchen sie ebensowenig, wie sie Juristen brauchen. Jeder Nuer weiß auch ohne sie um cuong und duer. Deshalb ist die Frage nicht unberechtigt, ob man ihr cuong überhaupt als Recht bezeichnen kann. Muß Recht nicht etwas sein, das unverständlich ist für den normalen Menschen? Mindestens schwierig? So daß Juristen nötig sind. Und was ist cuong denn eigentlich, wenn es kein Recht ist? Die Nuer sind nur ein Beispiel. In allen vorstaatlichen Gesellschaften findet man ähnliches. Vergleicht man es im einzelnen mit unserem Recht und stellt es zusammen, dann ergibt sich folgende Tabelle:

cuong der Nuer	Recht bei uns
Ihre Gesellschaft ist gleichgeordnet, egalitär, ohne Herrschaft	Es gibt eine Unterordnung des einzelnen unter die Herrschaft anderer, die den Staat bilden (Parlament, Regierung, Gerichte)
Lösung von Konflikten durch Konsens nach Verhandlung der Streitenden	Lösung von Konflikten durch Entscheidung eines Gerichts nach Anhörung der Streitenden
und notfalls durch Selbsthilfe mit privater Gewalt	und notfalls Erzwingung mit staatlicher Gewalt (Gerichtsvollzieher, Strafanstalten)
geringe Ausdifferenzierung der vermittelnden Personen als besondere aus der gesellschaftlichen Ordnung herausgehobene Institutionen	starke Ausdifferenzierung der den Streit entscheidenden Institutionen aus der Sozialstruktur
selbstregulierend	steuerbar
statisch, konservativ	verändernd, progressiv
kollektiv	individualisierend
Einheit von cuong und Moral	Trennung von Recht und Moral

Einheit von cuong und Religion	Trennung von Recht und Religion
konkret persönlich, in Einheit von Person und Handlung	abstrakt unpersönlich, unter Trennung von Person und Handlung
kompensatorisch	strafend
kompromißhaft, ohne normativ berechenbares Ergebnis	rational, mit normativ berechenbarem Ergebnis
struktural relativ	gebietseinheitlich

Manches ist ähnlich. »Du sollst nicht töten!« heißt es hier wie dort. Aber die Unterschiede sind größer als die Gemeinsamkeiten. Ist eine Tötung nämlich in egalitären Gesellschaften eine private Verletzung, begangen an der Familie des Erschlagenen, die einen kompensatorischen Ausgleich in Form von Blutgeld erhält, so ist sie in staatlichen Gesellschaften ein öffentliches Verbrechen, mit einem Anspruch des Staates auf Strafe. Die Familie des Getöteten geht leer aus. Kompromißlösungen in vorstaatlichen Gesellschaften ermöglichen den Streitenden, wieder friedlich zusammenzuleben. Die harte Entscheidung staatlicher Gerichte hat oft zur Folge, daß die Verbindungen zwischen beiden endgültig zerstört werden. In der vorstaatlichen Ordnung wird die Lösung des Konflikts durch Verhandlung unter Gleichen erreicht, herrschaftsfrei, durch Konsens. In der staatlichen Ordnung ergeht nach Anhörung der Parteien und von Zeugen eine einseitige Entscheidung, gestützt auf die Macht des Staates, und zwar durch Institutionen, in der Regel Gerichte, die keine andere Funktion in dieser Gesellschaft haben und in ihrer arbeitsteiligen Spezialisierung stark aus der übrigen Sozialstruktur ausgegliedert sind, während eine solche Ausdifferenzierung der Menschen, die in egalitären Gesellschaften die Konflikte lösen, undenkbar ist. Mit anderen Worten: Die egalitäre Ordnung hat selbstregulierenden Charakter, in der staatlichen besteht ein Herrschaftsinstrument, das auch Steuerungsfunktionen für den Ablauf des gesamten gesellschaftlichen Geschehens hat. Die Lösung von Konflikten in egalitären Gesellschaften hat allein ausgleichenden Charakter. Alles bleibt beim alten. Die Gesellschaft verändert sich dadurch nicht, ist statisch. Mit einseitigen Entscheidungen staatlicher Gerichte läßt sich leicht das Gegenteil erreichen, und oft ist das auch ihre Aufgabe, nämlich steuernd einzugreifen und überholte Gewohnheiten für erledigt zu erklären. Die Gesellschaft kann sich verändern, ist progressiv. Dem entspricht der kollektive Charakter der egalitären Ordnung, mit der Einbindung des einzelnen in die Verwandtschaftsstruktur, ohne deren Solidarität – und das beruht immer auf Gegenseitigkeit – er schutzlos ist, besonders im Konfliktfall. Während die Unterstützung durch Familie oder Verwandtschaft in staatlichen Ordnungen in der Regel weder notwendig noch möglich ist. Staatliche Ordnungen zielen auf den einzelnen, sind individualistisch.

Das cuong der Nuer ist eine moralische Ordnung. Gut und Böse, Recht und Unrecht bilden eine Einheit, unmittelbar bezogen auf Gott. Es gibt keine Trennung von Moral und Recht wie bei uns. Für uns kann ein Verstoß gegen das Recht moralisch begründet sein. Man denke nur an die Blockade von Atommülltransporten. Und die Wahrnehmung eines Rechts kann unmoralisch werden. Wenn Spekulanten zum Beispiel Wohnhäuser jahrelang leerstehen lassen. Recht ist für uns eine Regel des äußeren Verhaltens. Moral ist eine Frage der inneren Einstellung, des Gewissens, das außerdem sehr persönlich verstanden wird. Unsere Moral ist individualistisch. Jeder muß zunächst für sich allein entscheiden, was gut und böse ist. Anders in frühen Gesellschaften. Ihre Moral ist kollektivistisch, konformistisch. Äußere Ordnung und innere Einstellung sind eine Einheit.

Egalitäre Ordnungen sind konkret persönlich, staatliche sind abstrakt sachlich. Das heißt, in egalitären Gesellschaften ist es unmöglich, sich eine Handlung getrennt von einer Person vorzustellen. Tat und Täter lassen sich nicht trennen. Die Trennung von Person und Handlung ist das Kennzeichen der staatlichen Ordnung, die stolz darauf ist, ohne Ansehen der Person zu entscheiden: Justitia erhält eine Binde vor die Augen. Sehr deutlich wird dieser Unterschied an Beschwerden in afrikanischen Justizkreisen der neueren Zeit. Aus den Ministerien der jungen afrikanischen Staaten gehen immer wieder Beschwerden an die unteren erstinstanzlichen Gerichte, die sich von der alten egalitären Ordnung nur schwer trennen können und stunden- und manchmal tagelang die persönlichen Verhältnisse der streitenden Parteien besprechen. So geht das nicht, wird ihnen von oben gesagt. Das dauert viel zu lange, ist ineffektiv und hat mit der Sache, über die ihr entscheiden sollt, überhaupt nichts zu tun. Wenn ihr so persönlich entscheidet, heißt das auch, daß ihr nicht nach dem Gesetz urteilt, daß ihr also das Recht von unten her selber schöpft, statt es von oben her zu akzeptieren, wie es eure Pflicht ist.

Soweit zu den Unterschieden. Sie sind der Grund, warum Ethnologen, die segmentäre Ordnungen beschreiben, in großen Schwierigkeiten sind, sie auf den Begriff zu bringen. Ist es Recht? Oder nicht? Und was dann? Die Diskussion darüber wird hauptsächlich von angelsächsischen Ethnologen geführt, seit Jahrzehnten. Es ist das Problem von law und custom. Law bedeutet nicht nur Gesetz, sondern auch Recht. Custom entspricht unseren Wörtern Brauch, Gewohnheit oder Sitte. Die Schwierigkeiten sind deshalb besonders groß, weil es auch innerhalb segmentärer Gesellschaften noch erhebliche Unterschiede in der Sozialstruktur gibt. Der Abstand zu unserem Recht ist nicht immer so eindeutig wie bei den Nuer. In manchen Häuptlingsgesellschaften finden sich Anfänge von Gerichten und staatlichem Zwang, fließende Übergänge, die schwer in ein System zu bringen sind. Was soll man bei dieser Vielfalt machen? Es gibt vier Möglichkeiten.

Erstens kann man sagen, es sei alles custom, kein law. Custom is king, war das Schlagwort um die Jahrhundertwende. Die Menschen in diesen Gesellschaften, die »Wilden«, leben unter der Herrschaft ihrer Gewohnheiten, automatisch, zwanghaft, ohne daß es Gerichte oder einen Staat geben muß. Seit 1926 weiß man es besser. Damals erschien Bronislaw Malinowskis Schrift über die Trobriander, »Crime and Custom in Savage Society«. Er gab den »Wilden« ihre Menschlichkeit zurück, indem er zeigte, daß sie wie wir durchaus in der Lage sind, ihre Vorschriften zu übertreten oder zu umgehen. Ergebnis, zweite Möglichkeit: Es ist alles wie bei uns. Alles ist law.

Bald ist man davon wieder abgekommen. Also dritte Möglichkeit: Es kommt drauf an. Wo es wirklich ähnlich ist wie bei uns, da gibt es law. Sonst custom. Die Frage war nur, nach welchen Kriterien man das entscheidet. Meistens folgte man dem amerikanischen Rechtsethnologen Adamson Hoebel. Für ihn ist es der von einer gesellschaftlich legitimierten Instanz ausgehende Zwang, der das Recht ausmacht. Mit anderen Worten: Nur dann könne man von Recht sprechen, wenn es eine allgemein anerkannte Instanz in der Gesellschaft gibt, die notfalls mit physischer Gewalt gegen Rechtsbrecher vorgehen kann. Bei den Nuer, würde Hoebel sagen, gibt es nur custom, kein law. Denn es gibt keine derartige Instanz, nur Selbsthilfe.

In der letzten Zeit hat sich zunehmend eine andere Auffassung durchgesetzt. Es wuchs das Unbehagen an diesen formalen Unterscheidungen, die aus der europäischen Rechtstheorie stammen und auf solche segmentären Gesellschaften schlecht passen. Die Hoebelsche Zwangstheorie geht zum Beispiel auf Max Webers Rechtsbegriff zurück, der für industrielle Massengesellschaften formuliert worden ist. Man wollte diesen Unterscheidungen ausweichen und wieder eine einheitliche Terminologie für segmentäre Gesellschaften finden. Law oder custom konnten es nicht mehr sein. Also ein neues Wort. Es wurde in den vierziger Jahren gefunden, von einem englischen Ethnologen, Meyer Fortes, bei der Beschreibung der Tallensi in Ghana. Ihre Ordnung sei jural, sagte er. Das liegt etwa in der Mitte zwischen law und custom. Ein terminologischer Formelkompromiß, der heute weitgehend akzeptiert ist. Das ist die vierte Möglichkeit.

Welche ist nun die richtige? Anders gefragt: Was ist das cuong der Nuer? Ist die alte Meinung richtig, es sei custom? Oder hat Malinowski recht, der sagen würde, es sei law? Wie ist es mit Hoebel, der wieder zum alten Ergebnis käme? Oder kann man mit Meyer Fortes sagen, es sei jural? Der Jurist beantwortet die Fragen auf einem Umweg. Auf dem Umweg über die Geschichte der europäischen Rechtstheorie. Denn nicht nur Max Weber hat mit seinem Zwangsapparat die Frage nach dem Recht beantwortet. Unzählige hat es vorher gegeben, jeder mit einer eigenen Lösung. Und so wird es auch in Zukunft bleiben. Es ist wie mit ähnlichen anderen allgemeinen Fragen. Was ist Kunst? Was ist Wissenschaft? Für das Recht gibt es Antworten seit über zweitausend Jahren, von Philosophen, Juristen und Soziologen. Fünfzehn Beispiele sollen das verdeutlichen.

1. PLATON. Seine Rechtsphilosophie findet sich in zwei Werken. Das erste ist die Politeia (deutsch: Der Staat), die um 375 v. Chr. geschrieben worden ist. Das zweite sind die Nomoi (deutsch: Die Gesetze) von etwa 350 v. Chr. Aus der Natur des Menschen ergibt sich der Aufbau seines Idealstaates. Die menschliche Natur ist dreigeteilt. Sie besteht aus sinnlichen Begierden, Ehrgeiz und Mut und – höchste Stufe – Vernunft. Dem entspricht die hierarchische Ordnung im Staat. Unten das Volk: Bauern, Handwerker, Kaufleute. In der Mitte das Militär, die »Wächter«. Und an der Spitze die Philosophen als Herrscher. Ihre Teilhabe an der Idee des Guten beantwortet die Frage nach dem Recht. Es ist für Platon eine inhaltliche Frage nach der Gerechtigkeit. Die Antwort lautet, daß jedem das zu geben ist, was ihm nach seiner Funktion in dieser Gliederung zukommt. Suum cuique, jedem das Seine. Von Staats wegen.

2. ARISTOTELES. Rechtsphilosophie als Teil der Ethik, der Moralphilosophie, nämlich im fünften Buch der Nikomachischen Ethik, um 330 v.Chr. geschrieben. Sie ist wie bei Platon eine Staatsphilosophie. Der Staat ist das höchste Ziel der Entwicklung des Menschen, denn nur hier kann er seine vernünftige Natur zur Vollendung bringen. Der Staat entscheidet, was in ihm als Recht gilt. Auch für Aristoteles ist diese Frage eine nach der Gerechtigkeit. Gerechtigkeit ist Gleichheit. Ein großes Wort. Aber es wird schnell wieder ein bißchen kleiner. Denn es gibt zwei Arten der Gleichheit und damit auch der Gerechtigkeit. Diesen Gedanken, der sich schon bei Platon findet, baut er systematisch aus. Es gibt die arithmetische und die geometrische Gleichheit. Dem entsprechen die ausgleichende und die austeilende Gerechtigkeit. Die ausgleichende Gerechtigkeit gilt im Recht der Verträge und beim Ersatz für Schäden, bei den Verpflichtungen der Bürger untereinander. Fügt einer dem anderen einen Schaden zu, muß er in gleicher Höhe Ersatz zahlen. Die höhere Form der Gerechtigkeit ist die austeilende. Der Staat verteilt Güter, Ämter und Ehren nach dem proportionalen Prinzip. Er gibt dem einen mehr und dem anderen weniger. Je nachdem, was jedem zukommt. All animals are equal, but some are more equal than others. Gerechtigkeit als Rechtfertigung für eine »differenzierende Klassen- und Ständejustiz« (Ernst Bloch).

3. DIE STOA. Gegründet in Athen von Zenon dem Jüngeren um 300 v.Chr., bestand die Philosophenschule bis zum zweiten Jahrhundert nach Christus. In Rom waren ihre Hauptvertreter Seneca, Epiktet und Mark Aurel. Im Gegensatz zu Platon und Aristoteles ist ihre Rechtsauffassung nicht an den Staat gebunden. Die Stoa ist eine Philosophie für alle Menschen, nicht nur für die einer Polis, eines Staates. Sie gründet sich auf ein einheitliches Naturgesetz der Welt, an dem auch der Mensch teilhat. Oberstes moralisches Gebot ist, nach der Natur zu leben. Der Mensch ist frei, wenn er seiner wahren Natur gehorcht und seine Leidenschaften besiegt. Daraus ergeben sich die einzelnen Gebote des Rechts, aus der Natur des Menschen. Ein Naturrecht, unabhängig vom Staat.

4. RÖMISCHES RECHT. Der Universalismus der Stoa paßte gut in das Konzept des römischen Rechts, das seit dem 3. Jahrhundert v.Chr. seinen Bereich weit über die Stadt hinaus in ganz Italien und in den Kolonien ausbreitete. Sofern also römische Juristen theoretisches Interesse erkennen lassen, tauchen meist stoische Gedanken auf, zum Beispiel im zweiten Jahrhundert n.Chr. bei Ulpian über das Naturrecht, das für Tiere und Menschen in gleicher Weise gilt, oder seine – unverbindlichen – Bemerkungen darüber, daß die Sklaverei nicht der Natur des Menschen entspricht (am Anfang der Digesten, im ersten Titel des ersten Buches, D.1.1.1.3 und D.1.1.4).

5. THOMAS VON AQUIN, Summa Theologica, ungefähr 1270 n.Chr. Ein Gesetz ist für ihn eine Anordnung der Vernunft, für das allgemeine Wohl bekanntgemacht durch den, der für die Gemeinschaft zu sorgen hat, also durch den Fürsten. Recht wird damit einerseits über den Staat begriffen, zum anderen ergibt es sich unabhängig von ihm aus der Vernunft, ist christliches Naturrecht. Das ist, innerhalb der Rechtstheorie, der Konflikt zwischen weltlicher und kirchlicher Autorität, der damals noch eine große Rolle spielte.

6. HUGO GROTIUS, De iure belli ac pacis, 1625 (deutsch: Vom Recht des Krieges und des Friedens). Die Theorie eines Rechts, das nicht auf staatlicher Macht beruht, sondern nur durch die Vernunft des Menschen hervorgebracht wird. Sie ist die erste neuzeitliche Begründung eines staatsfreien Naturrechts ohne Rückgriff auf christliche Grundlagen, eines Rechts, »das allen Menschen so gemein ist, daß es keine Unterschiede der Religion zuläßt«. Denn diese Unterschiede waren damals im Dreißigjährigen Krieg zu groß. Die Begründung dieses Naturrechts beruht auf dem Gedanken der Allgemeinheit: Wenn sich überall auf der Welt und in der Geschichte die gleichen Regelungen und Prinzipien des Rechts finden, dann entsprechen sie eben der Natur des Menschen. Deshalb seine unzähligen Zitate aus griechischen und römischen Klassikern, dem römischen Recht, der Bibel und die Hinweise auf Gebräuche fremder Völker. Überall steht für ihn der Vertrag im Vordergrund des Geschehens in der Gesellschaft. Das in dieser Weise gefundene Naturrecht beschreibt er nun nicht nur als Privatrecht, das zu allen Zeiten und bei allen Völkern gilt, sondern auch – und das ist seine zweite große Erfindung – als Völkerrecht, nämlich als Recht zwischen den Völkern, zum Beispiel auch im Krieg, der damals Europa erschütterte.

7. THOMAS HOBBES, Leviathan, 1651. Wieder eine Staatsphilosophie. Aber die Notwendigkeit des Staates wird nicht wie bei Platon und Aristoteles aus positiven Ideen abgeleitet, spekulativ, sondern eher physikalisch-mathematisch aus dem »Naturzustand«. Das ist der Zustand der menschlichen Gesellschaft vor der Entstehung des Staates. Hobbes rekonstruiert ihn unter dem Eindruck des englischen Bürgerkrieges und aus Nachrichten über kriegerische nordamerikanische Indianer. Im Naturzustand herrscht das Gesetz der Wildnis, das Chaos. Jeder ist Feind des anderen, im Krieg aller gegen alle. Aber die Menschen sind dann doch noch so vernünftig, ihre Wolfsnatur an einen Oberwolf abzutreten, an den Staat, der nun mit seinem Gewaltmonopol dem biblischen Ungeheuer gleicht, dessen Namen das Buch trägt. Einer muß befehlen, damit die anderen leben können. Was er befiehlt, ist Recht. Auctoritas non veritas facit legem: Die Autorität, nicht die Wahrheit bestimmt, was Gesetz wird. Mit auctoritas meint er den Staat. Mit veritas sind die naturrechtlichen Wahrheiten etwa

bei Hugo Grotius gemeint, die sich aus der Vernunft und der Natur des Menschen ergeben. Wegen dieser Verabsolutierung des Staates ist er oft – nicht ganz zu Recht – als der Philosoph des absolutistischen Staates des 17. und 18. Jahrhunderts angesehen worden.

8. IMMANUEL KANT, Grundlegung zur Metaphysik der Sitten, 1785; Metaphysik der Sitten, 1797. Er ist der Philosoph der Freiheit und der bürgerlichen Gesellschaft des 19. Jahrhunderts, die sich gegen den absolutistischen Staat durchsetzt. Deshalb ist nicht der Staat Ausgangspunkt seiner Rechtstheorie, sondern die Gesellschaft und – ganz entscheidend – die Moral des Individuums. Oberstes Gebot der Moral ist der kategorische Imperativ: »Handle so, daß die Maxime Deines Handelns jederzeit zugleich als Prinzip einer allgemeinen Gesetzgebung gelten könne.« Der Raum zur Verwirklichung moralischer Prinzipien ist die Freiheit. Der einzelne kann dabei in Konflikt mit der Freiheit anderer kommen. Deshalb muß es klare Grenzen geben. Die bildet das Recht. »Das Recht ist der Inbegriff der Bedingungen, unter denen die Willkür des einen mit der Willkür des anderen nach einem allgemeinen Gesetz der Freiheit vereinigt werden kann.« Willkür hatte damals nicht den stark negativen Klang wie heute. Es entspricht eher unserem Wort Belieben. Und so ist es kein Zufall, wenn unser BGB für dasjenige Recht, das für Kant die größte Rolle spielt, nämlich für das Eigentum, in § 903 formuliert: »Der Eigentümer einer Sache kann, soweit nicht das Gesetz oder Rechte Dritter entgegenstehen, mit der Sache nach Belieben verfahren und andere von jeder Einwirkung ausschließen.« Das Recht bildet den äußeren Freiraum für die moralische Selbstverwirklichung, die eine rein persönliche Angelegenheit jedes einzelnen ist. Deshalb bleiben Recht als äußeres Element der Freiheit und Moral als innere Haltung streng getrennt. Eine Trennung, die es vor Kant in dieser Schärfe nicht gab. Im übrigen ist der Mensch nicht nur vernünftig und moralisch, sondern auch sinnlich und egoistisch, »ein Tier, das einen Herrn nötig hat.« Hier kommt also zum Schluß doch noch der Staat. Aber um der Freiheit willen, nicht für das nackte Überleben. Da liegt der Unterschied zu Hobbes, und daher stammt ein großer Teil unserer Vorstellungen vom Rechtsstaat, der die Freiheit und Rechte seiner Bürger zu achten hat.

9. GEORG W. F. HEGEL, Grundlinien der Philosophie des Rechts, 1821. Er geht nicht vom Subjektiven aus, vom Individuum, wie Kant, sondern von den allgemeinen Vorstellungen aller Menschen, vom objektiven Geist. Er argumentiert auch nicht wie dieser formal-logisch, sondern inhaltlich-historisch. Seine Rechtstheorie ist moralisch-naturrechtlich. Aber es ist ein Naturrecht, das es bisher noch nie gab, nämlich ein historisches. Das Recht wird wieder vom Staat her gesehen. Es entwickelt sich auf drei Stufen. Erste Stufe: das formale objektive Recht. Er nennt es das abstrakte Recht. Das ist im wesentlichen das, was man bisher als Naturrecht bezeichnet hat, ähn-

lich wie bei Grotius, also Eigentum und Vertrag und so weiter, aber eben historisch verstanden, nämlich als Recht der Antike, genauer gesagt: als antikes römisches Recht. Zweite Stufe des objektiven Geistes: Gegen das abstrakte Recht entwickelt sich die subjektive Moralität mit ihren Vorstellungen von Gewissen und Schuld, historisch verstanden als das Christentum. Und sie verbinden sich zur dritten Stufe: Das ist dann das »konkrete Recht« der Sittlichkeit in Familie, bürgerlicher Gesellschaft und Staat, der historisch verstanden wird als Staat der Neuzeit, genauer gesagt: Preußen. Dieser Staat ist entstanden aus den germanischen Reichen in Versöhnung der Prinzipien der beiden ersten Stufen. Hier ist der objektive Geist im historischen Prozeß auf seiner höchsten Stufe angekommen, beim Staat. Das Individuum spielt keine Rolle mehr. Der Geist ist zum Staat geworden. Da das ganze ein geistiger Prozeß ist, ist Recht »Geist eines Volkes«. Deshalb spielt, anders als bei Kant, der staatliche Machtapparat mit seinen Zwangsmitteln in der Rechtstheorie Hegels keine Rolle. Insofern bleibt er inhaltlich-naturrechtlich und vertritt nicht wie Kant die formal-logische »Zwangstheorie«, nach der zum Wesen des Rechts der staatliche Zwang gehört. Obwohl er das Recht vom Staat her versteht.

10. FRIEDRICH CARL VON SAVIGNY, Einleitungsaufsatz im ersten Band der Zeitschrift für geschichtliche Rechtswissenschaft, 1814, und, im gleichen Jahr, die Programmschrift: Vom Beruf unserer Zeit für Gesetzgebung und Wissenschaft. Von größter Wirkung für die Entwicklung der Rechtswissenschaft im 19. Jahrhundert. Das Recht wird zwar historisch verstanden, wie bei Hegel, aber romantisch. Zwar auch als Volksgeist, aber nicht als Kulturgeist. Im Vordergrund steht das Gewohnheitsrecht, das statisch ist, während bei Hegel die – dialektische – Veränderung auf den drei Stufen entscheidend ist. Gewohnheitsrecht ist außerdem das Produkt der Gesellschaft. Während für Hegel das staatliche Gesetz zum Wesen des Rechts gehört. Und für Savigny steht das subjektive Recht des einzelnen im Vordergrund, das Eigentum, mit klarer Trennung von Recht und Moral, kantischformal, nicht naturrechtlich und inhaltlich räsonnierend wie bei Hegel. Man sieht, daß das historische Element für diese berühmte »historische Schule« letztlich gar nicht so wichtig war wie bei Hegel. Sie war eher kantianisch. Deshalb ist es nur folgerichtig gewesen, daß sie ihr historisches Kleid bald abgestreift und sich zum bis heute herrschenden Positivismus verwandelt hat. Einer seiner typischen Vertreter war

11. KARL BERGBOHM In seinem Buch von 1892, Jurisprudenz und Rechtsphilosophie, gibt er eine Definition von Recht: »Damit eine praktische, Handlungen oder Verhältnisse der Menschen und ihrer Vereine bestimmende Norm oder Regel positives Recht im Sinne der Jurisprudenz und Rechtswissenschaft ... sein könne, ist eine unerläßliche Bedingung die, daß sie zu dem wesentlichen normativen Inhalt die ebenso wesentliche

Rechtsform erworben habe, was nur auf die Weise geschehen konnte, daß ihr eine kompetente rechtbildende Macht durch einen geeigneten, äußerlich erkennbaren Vorgang, der als solcher der Geschichte angehört und die formelle Rechtsquelle der betreffenden Norm bildet, die Rechtsqualität verlieh.« Nur noch eine kleine Verbeugung vor der Geschichte. Das Gesetz muß irgendwann mal erlassen worden sein. Und das heißt vom Staat. Das Gewohnheitsrecht spielt keine große Rolle mehr. Wohl aber wieder in einem neuen Zweig der Rechtswissenschaft, der sich nun entwickelt, in der Rechtssoziologie von

12. EUGEN EHRLICH. Sein Hauptwerk: Grundlegung der Soziologie des Rechts, 1913. Die Rechtssoziologie entsteht, weil die Rechtswissenschaft sich im 19. Jahrhundert so stark formalisiert und sich von allen moralisch-naturrechtlichen Inhalten befreit. Irgendwo mußte das lebendige Funktionieren der Gesellschaft ja bleiben. Ehrlich betont wieder sehr stark den nichtstaatlichen, also den gesellschaftlichen Charakter von Recht. Er hatte beobachtet, daß die Bauern in Galizien weiter nach ihren alten Gewohnheiten lebten und das österreichische neue Gesetz, das Allgemeine Bürgerliche Gesetzbuch von 1811, gar nicht angenommen hatten. Auch staatliche Gesetze, das war seine Erkenntnis, können leerlaufen, wenn sie von der Gesellschaft nicht akzeptiert werden. Also gesellschaftliche »Anerkennungstheorie« gegen staatliche »Zwangstheorie«. Die letztere wieder bei einem anderen Großen der Rechtssoziologie:

13. MAX WEBER, Wirtschaft und Gesellschaft, 1925. Im zweiten Teil dieses Buches findet sich seine Rechtssoziologie. Recht besteht aus drei Elementen. Es sind erstens die generellen Normen, die zweitens vom Staat erlassen werden und deren Einhaltung drittens von seinem Zwangsapparat durchgesetzt wird. Das ist das Entscheidende, der Staat und sein Zwangsapparat, »ein auf Erzwingung der Innehaltung oder Ahndung der Verletzung gerichtetes Handeln eines eigens darauf eingestellten Stabes von Menschen.«

14. HANS KELSEN, Hauptprobleme der Staatsrechtslehre, 1911; Reine Rechtslehre, 1934, 2. Aufl. 1960. Von diesen soziologischen Tendenzen will er die Rechtswissenschaft freihalten und sie klar gegen Gesellschaftswissenschaften, besonders gegen Soziologie und Rechtssoziologie abgrenzen. Deshalb unterscheidet er zwischen »Sein« und »Sollen«. Die anderen sollen sich mit dem Sein befassen. Rechtswissenschaft hat es nur mit dem Sollen zu tun, ist Normwissenschaft. Deshalb »Reine Rechtslehre«. Recht ist die Gesamtheit aller Normen, die vom Staat erlassen und mit seinen Zwangsmitteln durchgesetzt werden. Strenge Trennung von Recht und Moral.

15. EUGEN PASCHUKANIS, Allgemeine Rechtslehre und Marxismus, 1924 (deutsch 1929). Er ist der Klassiker der marxistischen Rechtstheorie, der Marx und Engels ergänzt, die sich beide für Recht nicht interessierten. Drei Elemente bestimmen die Rechtsform der kapitalistischen Gesellschaft. Sie ergibt sich aus ihrer Warenform. Es sind die Existenz von Rechtssubjekten (die Warenbesitzer, mit Eigentum und Vertrag), von abstrakten Normen (die der Gleichförmigkeit des Warentauschs entsprechen) und des Staates mit seinem Zwangsapparat, der das alles garantiert. Diese Theorie ist für das Recht die perfekte Ausfüllung dessen, was Marx im »Kapital«für die Wirtschaft beschrieben hat. Da Marx sich als der legitime Fortsetzer der historischen Philosophie Hegels verstand, ist Paschukanis im folgenden Diagramm gleich dort mit aufgeführt.

Das Diagramm soll die Beispiele noch einmal verdeutlichen und anschaulich machen, daß es im Grunde nur wenige Kriterien sind, nach denen sich Recht definieren läßt, und daß im Laufe der Zeit schon alle Möglichkeiten durchgespielt worden sind. Man kann es als rein gesellschaftliches Produkt ansehen, unabhängig vom Staat, wie es die Stoa getan hat, später Hugo Grotius und Kant. Oder als wesentliches Element und Ausfluß einer staatlichen Ordnung, wie bei Platon und Aristoteles, Thomas Hobbes und Max Weber. Beides läßt sich auch kombinieren. Das hat Eugen Ehrlich getan, indem er sagte, daß Recht vom Staat gesetzt, aber nur wirksam wird, wenn die Gesellschaft es anerkennt und akzeptiert. Ähnliche Gedanken fanden sich schon bei Thomas von Aquin. Selbst die Zwangstheorie erweist sich nicht als zwingend. Viele große Rechtstheoretiker sind ohne sie ausgekommen. Ja, es läßt sich noch nicht einmal Sicheres sagen im Verhältnis von Recht und Moral. Bei Platon und Aristoteles, in der Stoa und im römischen Recht, bei Thomas von Aquin und Hugo Grotius bilden sie weitgehend eine Einheit. Erst seit Thomas Hobbes gibt es einen Bruch, und für Kant sind sie völlig getrennt. Von Hegel wurde die Trennung zwar aufgehoben, aber danach sind sie nie wieder richtig zusammengekommen. Das führt zur Lösung des Problems.

Ich meine, das Recht verändert seinen Charakter im Lauf der Zeit. Es gibt keine Rechtstheorie, die für alle Epochen gleiche Geltung beanspruchen kann. Es ist kein Zufall, daß sich in der Antike diejenigen Theorien häufen, in denen Recht und Moral in stärkerer Verbindung gesehen werden. In den letzten dreihundert Jahren über-

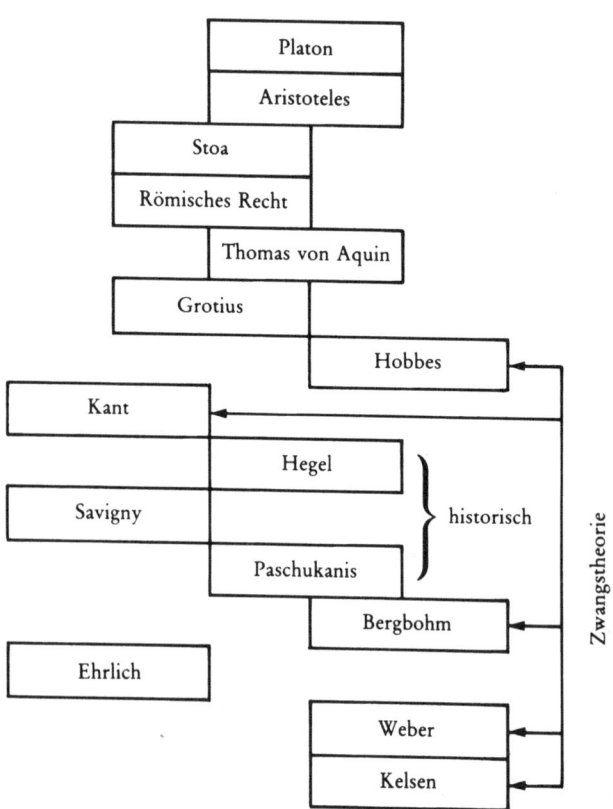

formal   gesellschaftlich   inhaltlich   staatlich   formal

	Platon		
	Aristoteles		
Stoa			
Römisches Recht			
	Thomas von Aquin		
Grotius			
		Hobbes	
Kant			
	Hegel		
Savigny			
	Paschukanis		
		Bergbohm	
Ehrlich			
		Weber	
		Kelsen	

historisch

Zwangstheorie

Die vier verschiedenen Möglichkeiten, Recht zu begreifen, einschließlich zweier zusätzlicher Varianten (historische Sicht oder nicht, Zwangstheorie oder nicht)

wiegen entgegengesetzte Theorien. Das liegt einfach daran, daß sich hier tatsächlich was verändert hat. Das Recht der Neuzeit ist in höherem Maße ein formales Steuerungsinstrument in der Hand des Staates geworden. Früher spielte mehr das eine Rolle, was wir Herkommen und Brauch, Sitte und Gewohnheiten nennen, also der

Bereich, in dem auch die Moralvorstellungen der Menschen fester verankert sind.

Unsere Begriffe Ethik, Moral und Sittlichkeit – sie werden hier in gleicher Weise gebraucht – umschreiben ein Feld innerer Einstellungen, für das sich heute im wesentlichen jeder einzelne selbst verantwortlich fühlt, unabhängig von anderen und von den eher äußerlichen Vorschriften des Rechts oder von Sitten und Gebräuchen. In der Antike und im Mittelalter war das anders. Schon die Worte weisen darauf. Ethik und Moral kommen vom griechischen ethos und lateinischen mos. Beides bedeutet Sitte, Herkommen, Brauch, Gewohnheit, also nicht nur eine innere individuelle Haltung, das Gewissen des einzelnen. Man lebte und dachte konformistischer. Die Moral des einzelnen stand in höherem Maße im Einklang mit allgemeinen Sitten und Gebräuchen. Und beides war stärker verbunden mit dem Recht. Das Wort mos zum Beispiel spielt im römischen Recht eine größere Rolle als »die guten Sitten« in unserem. Je weiter man zurückgeht, um so größer ist diese Einheit von Moral, Sitte und Recht. Am stärksten ist sie in vorstaatlichen Gesellschaften, sogar noch verbunden mit der Religion. Erst allmählich löst sie sich auf.

Die Zerstörung dieser ursprünglichen Einheit hängt zusammen mit der Zunahme der Bedeutung des Staates. Je größer sie ist, desto stärker bestimmt sich Recht von unten, aus der Gesellschaft mit ihren Sitten und Gebräuchen. Je mehr der Staat seine Steuerungsfunktionen wahrnimmt, um so mehr muß er von oben bestimmen, was Recht und Ordnung heißt. Deshalb kann man aber nicht sagen, es habe vorher kein Recht gegeben. Es hat eben nur seinen Charakter geändert. Auf die Frage, was ist Recht, kann man nicht mit einer allgemeinen Definition antworten, sondern nur nach dem alten Motto, das Generationen von Juristen bis heute im Examen gerettet hat. Der kluge Student sagt immer, es kommt drauf an. Es kommt drauf an, um welche Zeit es sich handelt.

Am Anfang seiner Entwicklung steht das Recht in einer Einheit mit Moral und Sitte. Am Ende sind es drei verschiedene Bereiche, die weit auseinandergetreten sind, ohne allerdings völlig getrennt zu sein. Platon und Aristoteles haben für ihre Zeit in ähnlicher Weise die richtige Antwort gegeben wie Max Weber und Hans Kelsen für unsere. Das ist das allgemeine Entwicklungsgesetz des Rechts. Ausgehend von einer ursprünglichen Einheit treten Recht, Moral und Sitte im Lauf der Zeit zunehmend auseinander:

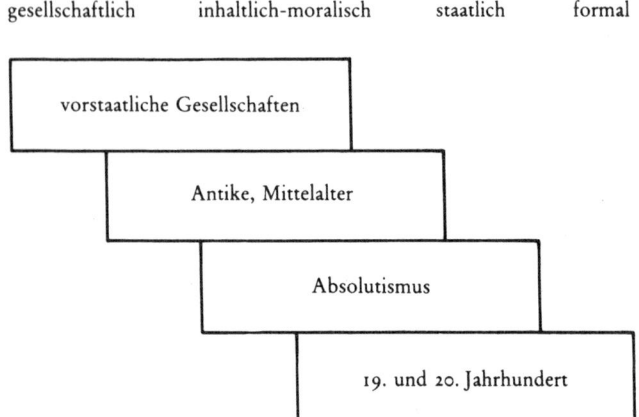

gesellschaftlich	inhaltlich-moralisch	staatlich	formal

vorstaatliche Gesellschaften

Antike, Mittelalter

Absolutismus

19. und 20. Jahrhundert

Das allgemeine Entwicklungsgesetz des Rechts

Und das cuong der Nuer? Sie sind eine vorstaatliche Gesellschaft. Deshalb können wir es mit gutem Grund als Recht bezeichnen. Es gibt dort eben keine Unterschiede zwischen law und custom. Das sind Unterscheidungen, die in der Rechtstheorie für staatliche Gesellschaften einen Sinn haben. Man darf sie aber nicht auf völlig unterschiedliche Ordnungen übertragen.

Hoebels Theorie über law und custom in seinem Buch: Das Recht der Naturvölker, 1968, S. 29-41. Zum Juralen zuletzt ausführlicher: M. Fortes, Kinship and the Social Order, 1969, S. 87-92. Zur Geschichte der Rechtstheorien am besten das vorzügliche Lehrbuch von Karlheinz Rode, Geschichte der europäischen Rechtsphilosophie, 1974 (leider vergriffen). Zu Vergangenheit und Gegenwart: Hans-Peter Schwintowski, Recht und Gerechtigkeit – Eine Einführung in Grundfragen des Rechts, 1996.

IV

Antikes Recht – Griechenland und Rom
im Vergleich

Die Athener waren immer der Meinung, sie seien die Wiege der Zivilisation. Sie hätten als erste Gesetze erlassen und der älteste Gerichtshof der Welt sei von ihnen errichtet worden. Der Areopag. Als Aeschylos 458 v.Chr. seine Orestie in Athen aufführen ließ, verlegte er den Prozeß gegen Orest in diese Stadt, wo nun das erste Gerichtsverfahren in der Geschichte der Menschheit stattfindet, unter dem Vorsitz der Athene, mit der Anklage durch die Erinnyen und der Verteidigung durch Apoll. Es ist ein Hymnus auf die Geburtsstunde des Rechts vor diesem ehrwürdigen Gericht, eine »Apotheose attischer Rechtsprechung« (Albin Lesky). Dort, in Athen, hat ein Jahrhundert später Aristoteles seine Nikomachische Ethik geschrieben, in der Geschichte der Rechtsphilosophie bis heute eine der wenigen unübertroffenen großen Leistungen. Trotzdem. Wenn man heute von den Griechen spricht, meint man ihre Kunst, ihre Literatur und ihre Philosophie. Von ihrem Recht ist keine Rede mehr. Die Schöpfung eines europäischen Rechts war die historische Leistung der Römer. Sie, und nicht die Griechen, sind als das Volk des Rechts in die Geschichte eingegangen. Warum?

Als Aeschylos und Aristoteles schrieben, waren die Römer noch eine unbedeutende italische Landgemeinde. Erst seit dem Ende des 3. Jahrhunderts v.Chr. eroberten sie die Herrschaft in Unteritalien und begannen in den punischen Kriegen die Auseinandersetzung mit der Weltmacht Karthago. Ihre Rechtsgeschichte allerdings reicht bis in die Zeit des Aeschylos. In der Mitte des 5. Jahrhunderts ist das Zwölftafelgesetz erlassen worden, von Livius als »Quelle unseres ganzen Rechts« bezeichnet, was ein wenig übertrieben ist. Nach der ziemlich unzuverlässigen Jahreszählung der römischen Historiker soll es 451 v.Chr. gewesen sein. Wir kennen nur einige Bruchstücke des Gesetzes. Das ganze verliert sich im Nebel einer uns sehr wenig bekannten Frühzeit. Erst in den beiden letzten Jahrhunderten der römischen Republik, also im 2. und 1. Jahrhundert v.Chr., wird die Geschichte ihres Rechts deutlicher.

Da sehen wir auf dem Forum in Rom im hellen Licht der italienischen Sonne den Prätor mit seinen juristischen Beratern die Konturen eines Weltrechts abstecken, das dann von den Juristen der frühen Kaiserzeit im 1. und 2. Jahrhundert n. Chr. weiterentwickelt und in klassischer Form niedergeschrieben worden ist. Tausend Jahre nach den Zwölftafeln, um 530 n. Chr., wurde das Ganze in der Gesetzgebung des oströmischen Kaisers Justinian in Byzanz noch einmal zusammengefaßt, im Corpus Iuris Civilis. So ist es schließlich zu uns gekommen. Dieses Recht der Römer war allen anderen antiken Rechten überlegen, und zwar durch seine Präzision. Niemand hat damals so prägnante Begriffe gehabt wie sie, niemand anders so genaue Regeln formuliert. Drei Beispiele sollen das verdeutlichen.

Erstes Beispiel: EIGENTUM. Die Römer haben als erste klar unterschieden zwischen Eigentum und Besitz. Sie nannten es dominium und possessio. Eigentümer einer Sache ist derjenige, dem sie gehört. Besitzer ist der, der sie in der Hand hat. Juristen sagen: Eigentum ist die rechtliche Herrschaft über eine Sache, Besitz die tatsächliche Herrschaft. Mit anderen Worten, auch ein Dieb erwirbt den Besitz, aber natürlich nicht das Eigentum. Wenn ich ein Buch verleihe, bleibe ich Eigentümer. Der andere wird Besitzer. Zu dieser Unterscheidung gehört die Regel, daß der Eigentümer vom Besitzer jederzeit die Herausgabe der Sache verlangen kann, es sei denn, er hat sich ihm gegenüber verpflichtet, sie ihm für einige Zeit zu überlassen, zum Beispiel wenn er sie ihm geliehen, vermietet oder verpachtet hat. So heißt es in § 985 BGB: »Der Eigentümer kann vom Besitzer die Herausgabe der Sache verlangen.« Das ist römisches Recht. Es war eine Klage, die ähnlich knapp formuliert war wie unser § 985. Sie hieß rei vindicatio. Der präzisen Unterscheidung zwischen Eigentum und Besitz entsprach eine außerordentlich abstrakte Formulierung der Befugnisse des Eigentümers. Der Eigentumsbegriff der Römer ist individualistisch, egoistisch und unsozial. Noch heute heißt es in § 903 BGB: »Der Eigentümer einer Sache kann, soweit nicht das Gesetz oder Rechte Dritter entgegenstehen, mit der Sache nach Belieben verfahren und andere von jeder Einwirkung ausschließen.«

Anders die Griechen. Auch bei ihnen gab es schon lange Privateigentum. Aber sie haben es nie so klar formuliert und nicht so präzise vom Besitz unterschieden. Das Alleinverfügungsrecht des Eigentümers war nicht so kraß ausgebildet. Sie unterschieden zwar auch zwischen verschiedenen Möglichkeiten, auf eine Sache einzuwirken. Aber es war nur so ähnlich wie bei den Römern, nicht so präzise. Sie sprachen von kyrieia und kratesis, wobei kyrieia etwa dem Eigentum entsprach und kratesis ungefähr dem Besitz. Es sind auch ähnliche Worte. Dominium ist abgeleitet von dominus, kyrieia von kyrios. Dominus und kyrios bedeuten beide Herr, den Mann, der die Herrschaft über die Sache hat. Wie weit aber die beiden juristischen Welten auseinanderlagen, wird deutlich, wenn man sieht, daß der Pächter zum Beispiel nach griechischem Recht eine kyrieia hatte, soweit ihm nach dem Pachtvertrag gewisse verändernde Maßnahmen auf dem Grundstück gestattet waren. Für die Römer war das undenkbar. Das Eigentum blieb voll und ganz da, wo es vorher war. Beim Verpächter.

Zweites Beispiel: VERTRAG. Die Römer unterscheiden klar zwischen Vertrag und Delikt. Der Vertrag beruht auf einer Vereinbarung. Das Delikt ist der schädigende Eingriff in fremde Rechte. In beiden Fällen geht es meistens um Schadensersatzansprüche. Nehmen wir an, ich habe von jemandem ein Faß Wein gekauft, weil ich weiß, daß ich es an einen anderen mit großem Gewinn weiterverkaufen kann. Wenn er dann nicht liefert, kann ich gegen ihn auf Schadensersatz klagen und erhalte Ersatz für den entgangenen Gewinn. Es ist ein Schadensersatz aus Vertrag. Habe ich ein anderes Faß Wein im Keller, das mir gehört, und irgendwann beschädigt es ein Nachbar, wobei der Wein ausläuft, dann kann ich von ihm ebenfalls Schadensersatz verlangen, weil er mein Eigentum verletzt hat. Es ist ein Schadensersatz aus Delikt. Die Römer haben das klar unterschieden. Die Griechen nicht. Die Römer sind die ersten in der Geschichte gewesen, die die Regel entwickelt haben, daß ein Vertrag allein durch die bloße Willensübereinstimmung zweier Menschen zustande kommt, durch den Konsens, wie sie es nannten. Das war der berühmte Konsensualvertrag, den die Griechen nicht kannten. Sie waren praktisch beim Barkauf stehen geblieben. Für Schädigungen innerhalb eines Vertrages oder durch Delikt gab es die gleiche Klage, die dike blabes. Während die Römer sogar noch innerhalb der Verträge ein weitverzweigtes System verschiedener Klagen entwickelt haben, für den Kauf oder die Miete und die Pacht, für das Darlehen, den Auftrag, die Leihe und so weiter. Es ist bis heute im wesentlichen bestehen geblieben.

Drittes Beispiel: SKLAVEREI, die es bei Griechen und Römern in gleicher Weise gab. Aber die Römer sind es gewesen, die sie zum ersten Mal ganz hart und klar auf den Begriff gebracht haben. In einem Gesetz über Sachbeschädigungen aus dem 3. Jahrhundert v. Chr., der Lex Aquilia, hieß es:

»Wer einen fremden Sklaven oder eine fremde Sklavin oder vierfüßiges Herdenvieh widerrechtlich tötet, muß dem Eigentümer den Höchstwert des letzten Jahres ersetzen.«

Der Jurist Gaius, der den Wortlaut dieses Gesetzes überliefert hat, bemerkt dazu um die Mitte des 2. Jahrhunderts n. Chr. (in den Digesten Justinians, 9. Buch, 2. Titel, 2. Fragment, 2. Paragraph, abgekürzt Gai. D.9.2.2.2):

»Wie man sieht, stellt das Gesetz unseren Sklaven diejenigen Vierfüßer gleich, die auf Weiden in Herden gehalten werden, wie zum Beispiel Schafe, Ziegen, Rinder, Pferde, Maulesel und Esel.«

Das ist ein schöner Beweis für die Macht von Sprache. Denn in Wirklichkeit war es genau umgekehrt. Die lex Aquilia hatte die Sklaven dem Vieh gleichgestellt. Für die Übereignung, Verpfändung und Beschädigung von Sklaven galten im römischen Recht die gleichen Regeln wie für Sachen. Ein Sklave war eine Sache wie ein Stück Vieh oder ein Pflug. Anders ausgedrückt: Die Römer hatten schon damals die höchsten Höhen der juristischen Abstraktion erreicht. Sklaven standen wie Vieh im Eigentum des Eigentümers. Man hat davon abstrahiert, daß die einen Menschen sind und die anderen Tiere. Wichtig war nur das Eigentum. Woraus man lernen kann, daß juristische Abstraktion und Menschlichkeit leicht in einem gewissen Widerspruch stehen können. Bei den Griechen dagegen wurde die Tötung eines Sklaven in ähnlicher Weise behandelt wie die Tötung eines Bürgers. Sie wurde nicht ganz so hoch bewertet wie die eines Freien, aber wenigstens ähnlich.

Insgesamt war das griechische Recht weniger präzise, die Lösung eines Konflikts weniger nach allgemeinen Regeln berechenbar, stärker abhängig von der Situation des Einzelfalles. Das ist verwunderlich, weil doch im Grunde die gesellschaftliche und wirtschaftliche Struktur in beiden Ländern sehr ähnlich war. Es gab allerdings Unterschiede. Die Griechen waren demokratischer, weniger militärisch organisiert als die Römer. Deshalb bestanden ihre Gerichte aus einer großen Zahl von Volksrichtern, teilweise hundert und mehr. Sie waren im Grunde nichts anderes als einzelne Abteilungen der Volksversammlungen. Bei den Römern dagegen entschied ein einzelner Richter den Prozeß, der unus iudex, nach einem Einleitungsverfahren vor dem Prätor. Und das war auch wieder nur ein einziger Mann. Vor einem einzelnen argumentiert man anders als vor einer Menge. Ruhiger und genauer. Eine Menschenmenge versucht man eher emotional und rhetorisch auf seine Seite zu ziehen. Deshalb ist das Römische Recht technisch besser, präziser, stärker berechenbar, rational. Deshalb sind die Römer die ersten in der Geschichte gewesen, die das Weltmuster eines Rechts für Gesellschaften entwickelt haben, in denen das Privateigentum und der Vertrag die entscheidende Rolle spielen.

Ihren Höhepunkt erreichte die Entwicklung in Rom in den beiden ersten Jahrhunderten der Kaiserzeit. In der Rechtsgeschichte spricht man hier von der »klassischen Jurisprudenz«. Damals entstanden die berühmten Schriften von Sabinus und Proculus, Julian und Celsus, von Papinian, Paulus und Ulpian. Sie waren überwiegend hohe Beamte der kaiserlichen Verwaltung und schrieben in einer bis heute unübertroffen klaren und knappen Sprache, auf dem hohen Niveau einer Herrschaftswissenschaft, bis heute ein Vorbild für alle Juristen.

Ein Beispiel dafür ist das folgende Fragment von Gaius, einem der Juristen dieser klassischen Zeit, der um 150 n. Chr. gelebt hat. Es stammt aus dem wichtigsten Teil der Kodifikation Justinians, aus den sogenannten Digesten. Sie sind eine Zusammenfassung von Originalzitaten aus den Schriften der Juristen der klassischen Zeit. Es stammt aus dem 19. Buch der Digesten, dessen 2. Unterabschnitt die Miete und Pacht behandelt. Dort ist es das 6. Fragment:

> Gai. D.19.2.6: Is qui rem conduxerit,
> non cogitur restituere id, quod rei nomine
> furti actione consecutus est.

> Wer eine Sache gemietet hat, ist nicht
> gezwungen, dasjenige, was er für die
> Sache mit der Diebstahlsklage erhalten
> hat, herauszugeben.

Sachverhalt und Entscheidung sind kunstvoll ineinander verflochten. Voraussetzungen, die damals für den sachverständigen Leser selbstverständlich waren, werden weggelassen. Begründungen geben römische Juristen für ihre Entscheidungen ohnehin selten. Zum Sachverhalt sagt Gaius – in einem Nebensatz – ausdrücklich nur, daß jemand eine Sache gemietet hat. Weiteres muß man dem Teil des Fragments entnehmen, der die Entscheidung wiedergibt: Der Mieter hat von einem Dieb für die Sache etwas mit der actio furti, der Klage wegen Diebstahls, erhalten. Also ist ihm die Sache gestohlen worden, und er hat gegen den Dieb geklagt. Aus diesem Satz, er könne zur Herausgabe nicht gezwungen werden, ergibt sich außerdem, daß ein anderer es verlangt. Das kann nur der Vermieter sein. Dieser ist also der Kläger. Von Gaius wird somit folgender Sachverhalt behandelt: Der Beklagte hat eine Sache vom Kläger gemietet. Die Sache ist ihm gestohlen worden. Er hat gegen den Dieb geklagt. Der Dieb ist verurteilt worden und hat die Klagesumme an den Mieter gezahlt. Der Vermieter verlangt vom Mieter die Herausgabe des Erlangten. Die Entscheidung, die Gaius gibt, hat den scheinbar erstaunlichen Inhalt: Der Mieter kann das Erlangte behalten, der Vermieter die Herausgabe nicht verlangen.

Des Rätsels Lösung: Der Mieter haftet im Römischen Recht – nicht mehr bei uns – auch ohne Verschulden für Schadensersatz, wenn die Sache gestohlen wird. Man nennt das custodia-Haftung, von custodire, bewachen. Er muß sie bewachen. Wenn sie abhanden kommt, hat er den einfachen Sachwert zu ersetzen. Den muß er dem Vermieter zahlen. Was er dagegen mit der Diebstahlsklage vom Dieb bekommt, ist mehr. Regelmäßig das Doppelte. Denn diese Klage hat Strafcharakter. Da der Mieter das Risiko des Diebstahls trägt, darf er auch die aus ihm stammenden Vorteile behalten. Das ist typisch römisch. Knapp und klar, mit manchen ungenannten Voraussetzungen, ohne Begründung. Ein juristischer Text bei uns heute wäre mindestens zehnmal so lang, und für jemanden, der keine Vorkenntnisse hat, auch nicht besser verständlich.

Mit dem Niedergang des Römischen Reiches in der großen Wirtschaftskrise des 3. Jahrhunderts endete die Zeit der klassischen römischen Rechtswissenschaft. Es entstand das Vulgarrecht. Nicht mehr Juristen, sondern nur noch Militärs bestimmten die Geschichte des Landes. Das Recht wurde einfacher, weniger präzise. Man unterschied nicht mehr zwischen Eigentum und Besitz oder zwischen Kaufvertrag und Übereignung der Sache. So, wie man es auch heute noch unter Menschen antrifft, die keine juristische Ausbildung haben. Ob allerdings mit dem Niedergang dieser Rechtskultur auch die Gerechtigkeit Schaden gelitten hat, scheint mehr als fraglich. Wahrscheinlich wird das Recht der kleinen Leute im spätrömischen Reich besser gewahrt worden sein als vorher. Nur in Ostrom konnte man die Schriften der klassischen Juristen noch lesen.

Das oströmische Reich war stabiler als das weströmische, mit starken Dynastien und einer ausgedehnten und gut funktionierenden Verwaltung. Die Beamten wurden in staatlichen Rechtsschulen ausgebildet, in Berytos und Konstantinopel. Hier las man die lateinischen Texte der klassischen Juristen, obwohl die Landessprache griechisch war. Hier wird auch die Idee entstanden sein, diese Texte zu einem einzigen Gesetzbuch zusammenzufassen. Warum? Wahrscheinlich aus didaktischen und systematischen Gründen, aus Gründen des Unterrichts, und nicht, um die Rechtseinheit des byzantinischen Reiches zu stärken. Denn die große Masse des Volkes konnte die lateinische Sprache ohnehin nicht verstehen. Jedenfalls hat Justinian, der »schlaflose Kaiser«, die Idee schnell aufgegriffen. Gleich zu Beginn seiner Amtszeit hatte er schon große militärische Erfolge errungen und wollte sich nun auch als Ordnungskraft im Inneren einen Namen machen. Daß er damit bis heute berühmt bleiben würde, hat er wohl nicht geahnt. Vielleicht hat er das eher vom riesigen Neubau der Hagia Sophia erhofft, die ebenfalls die Jahrhunderte überstanden hat, als bedeutendstes Bauwerk der byzantinischen Kunst. Er regierte von 527 bis 565 n.Chr. Ein Jahr nach seinem Amtsantritt gab er den Auftrag an eine Gesetzgebungskommission. Vorsitzender war Tribonian, der spätere Justizminister, der damit auch für seinen eigenen Weltruhm ausgesorgt hatte, als Rechtsgelehrter noch heute bewundert wegen der schnellen und perfekten Arbeit und beschimpft wegen stilistischer und inhaltlicher Veränderungen am Text der klassischen Juristen, den sogenannten Interpolationen. Dazu gehörten noch zwei Professoren aus Konstantinopel, Theophilos und Kratinos, und zwei aus Beirut, Dorotheos und Anatolios. In sechs Jahren waren sie fertig. Ihre Kodifikation bestand aus drei Teilen:

| 528-529 n.Chr. | Codex | Sammlung des Kaiserrechts. Kaisergesetze von Hadrian bis Justinian, 12 Bücher. |
| 530-533 n.Chr. | Digesten | Sammlung des Juristenrechts. Auszüge aus Juristenschriften vom 1. Jh. v.Chr. bis zum 3. Jh. n.Chr., 50 Bücher. |

Im Mittelalter hat man damit einen vierten Teil verbunden, eine private Sammlung von späteren Gesetzen Justinians und seiner beiden Nachfolger, die einige Jahrzehnte später erschienen ist. Die Novellen. Alles zusammen nannte man dann das Corpus Iuris Civilis, die Gesamtheit des Zivilrechts. Die Geschichte des antiken römischen Rechts war mit der justinianischen Kodifikation beendet. Eintausend Jahre sind es gewesen:

451 v.Chr.	Zwölftafelgesetz
2.-1. Jh. v.Chr.	republikanische Jurisprudenz
1.-2. Jh. n.Chr.	klassische Jurisprudenz
4.-5. Jh. n.Chr.	Vulgarrecht im Westen
528-533 n.Chr.	Justinians Gesetzgebung im Osten

Aber der größte Erfolg stand den Römern noch bevor. Die Ausbreitung ihres Rechts in ganz Europa und in den meisten Ländern der Welt. Wie erfolgreich sie waren, zeigen Klagen wie solche:

> »Römisch Recht, gedenk ich deiner,
> liegts wie Mühlstein mir im Magen,
> ist der Kopf wie Brett vernagelt.«

Es ist Werner Kirchhoff, der da stöhnt, ein gescheiterter Jurastudent in Viktor von Scheffels »Trompeter von Säckingen«. Scheffel wußte Bescheid. Er hatte selbst Jura studiert, wie sein großes Vorbild, Heinrich Heine. Der schreibt in seinen »Memoiren«, um die gleiche Zeit:

»Von den sieben Jahren, die ich auf deutschen Universitäten zubrachte, vergeudete ich drei schöne blühende Lebensjahre durch das Studium der römischen Kasuistik, der Jurisprudenz, dieser illiberalsten Wissenschaft. Welch ein fürchterliches Buch ist das Korpus Juris, die Bibel des Egoismus!
Wie die Römer selbst blieb mir immer verhaßt ihr Rechtskodex. Diese Räuber wollten ihren Raub sicherstellen, und was sie mit dem Schwerte erbeutet, suchten sie durch Gesetze zu schützen; deshalb war der Römer zu gleicher Zeit Soldat und Advokat, und es entstand eine Mischung der widerwärtigsten Art.
Wahrhaftig jenen römischen Dieben verdanken wir die Theorie des Eigentums, das vorher nur als Tatsache bestand, und die Ausbildung dieser Lehre in ihren schnödesten Konsequenzen ist jenes gepriesene römische

Recht, das allen unseren heutigen Legislationen, ja allen modernen Staatsinstituten zu Grunde liegt, obgleich es im grellsten Widerspruch mit der Religion, der Moral, dem Menschengefühl und der Vernunft steht.«

Solche Klagen gab es im 19. Jahrhundert viele. Denn das juristische Studium bestand zum größten Teil aus dem Studium des römischen Rechts. Seit der Jahrhundertwende hörte man sie weniger. Am 1. Januar 1900 war das Bürgerliche Gesetzbuch in Kraft getreten. Es hatte sich zwar im Grunde nicht viel geändert. Die alten Vorschriften des römischen Rechts waren zum größten Teil erhalten und nur in die Sprache eines deutschen Gesetzes gebracht. Aber in den Vorlesungen an den Universitäten hörte man jetzt eben Vorlesungen zum BGB. Das darunterliegende römische Recht war nicht mehr so sichtbar. Die Seufzer änderten sich. Aber wer ein wenig genauer hinsah, der merkte, daß noch alles beim alten war. Den Nationalsozialisten zum Beispiel ist das auch nicht entgangen. Schon 1920 stand im Parteiprogramm der NSDAP, in Punkt 19:

»Wir fordern Ersatz für das der materialistischen Weltordnung dienende römische Recht durch ein deutsches Gemeinrecht.«

Sie haben es nicht geschafft. Das römische Recht war schon seit über fünfhundert Jahren bei uns im Land. Und ist es heute noch. Als wir noch unter römischer Besatzung lebten, in den Provinzen Ober- und Untergermanien, wird es wenig römisches Recht bei uns gegeben haben. Das hohe Niveau der hauptstädtischen Rechtskultur ist wohl nur selten zu uns gedrungen. Ab und zu ist zwar einer der berühmten Juristen der Hauptstadt auch in Deutschland gewesen. Wir wissen, daß Javolen um 90 n.Chr. Statthalter von Obergermanien war, also in Mainz gelebt hat. Und einer der größten römischen Juristen, Julian, ist 150 n.Chr. in Köln gewesen, als Statthalter von Untergermanien. Aber selbst wenn vor den Gerichten dieser hohen Beamten nach römischem Recht geurteilt wurde, wird das regelmäßig nicht nur geographisch weit entfernt gewesen sein von der Präzision der Rechtsprechung in Rom. Erst über ein Jahrtausend später, als von den römischen Eroberern nur noch eine leise Erinnerung geblieben war, im 14. und 15. Jahrhundert, ist ihr Recht in einem breiten Strom nach Deutschland eingedrungen. Da kamen nicht nur Julian und Javolen in ihren Schriften zurück, sondern mit ihnen Ulpian und Paulus, Sabinus und Proculus, Gaius, Celsus und derjenige, der jahrhundertelang als der größte Jurist aller Zeiten gefeiert wurde: Papinian, der den Märtyrertod für das Recht gestorben war, weil er dem Kaiser Caracalla nicht die Rechtmäßigkeit des Mordes an seinem Bruder Geta bescheinigen wollte. In erstaunlich kurzer Zeit hatte das römische Recht das einheimische fast völlig verdrängt. Und ist hier bis heute geblieben. So kann man mit einer gewissen Berechtigung sagen, die Römer seien heute mit sehr viel größerer Wirkung unter uns als damals, zumal ihr Recht auch das Gebiet jenseits des Limes mühelos erobern konnte. Das ist die merkwürdige Geschichte der Rezeption des römischen Rechts am Ende des Mittelalters.

Zum griechischen Recht in deutscher Sprache jetzt: U. Wesel, Geschichte des Rechts, 1997, S. 115-149. Ausführlicher, anschaulich, gut geschrieben: D. M. MacDowell, The Law in Classical Athens, 1978. Zum römischen Recht gibt es eine große Zahl von guten Lehrbüchern, die meisten in der bisherigen Trennung von »Römische Rechtsgeschichte« (z.B. W. Kunkel, 10. Aufl. 1983) und »Römisches Privatrecht« (z.B. M. Kaser, 16. Aufl. 1992). Ausnahmen, nämlich beides zusammen, bei: D. Liebs, Römisches Recht, 5. Aufl. 1999 (Universitätstaschenbücher Nr. 465), und H. Hausmaninger, W. Selb, Römisches Privatrecht, 5. Aufl. 1989.

V

Mittelalterliches Recht und Rezeption

Mit dem Ende der Antike beginnt das Mittelalter. Aber wann endet die Antike? Mit der Völkerwanderung? Mit dem Ende des weströmischen Reiches? Die Übergänge sind fließend, die Nachwirkungen der römischen Antike im frühen Mittelalter sehr viel größer, als man bis vor kurzem noch glaubte. Die Sklaverei zum Beispiel reicht weit in das Mittelalter hinein. Auch das Christentum ist ja über Rom nach Deutschland gekommen. Das alles traf auf eine germanische Vergangenheit, die erst in Umrissen bekannt wird.

Die Germanen scheinen noch um Christi Geburt eine egalitäre Akkerbauerngesellschaft gewesen zu sein. Archäologen sehen das an der Struktur ihrer Siedlungen, an der Beschaffenheit ihrer Gräber. Man trifft zwar auf Spuren von Häuptlingen. Aber deren Autorität war auf den Bereich eines Dorfes beschränkt. Erst im Laufe des ersten Jahrhunderts n. Chr. tritt eine stärkere Differenzierung ein, erkennbar an alleinstehenden großen Einzelgräbern, außerhalb der normalen Friedhöfe. Wer hier begraben liegt, erfahren wir von Tacitus. Um 100 n. Chr. schreibt er in seiner Germania (7.1):

> reges ex nobilitate, duces ex virtute sumunt.

»Könige wählen sie nach dem Adel der Person, Heerführer nach deren Tapferkeit«. Es gibt also Könige, Fürsten. Allerdings ergänzt er sofort:

> nec regibus infinita aut libera potestas . . .,

»aber die Könige haben keine unbegrenzte Macht.« Das werden Nachwirkungen der alten egalitären Struktur gewesen sein. Wahrscheinlich gab es auch geographische Unterschiede, war sie im Osten bei den Elbgermanen stärker gewesen als bei den Westgermanen. Ein sicherer Hinweis auf solche alten Zustände findet sich bei Tacitus an einer anderen Stelle (Germ. 18.2.):

> dotem non uxor marito, sed uxori maritus offert.

»Nicht die Frau bringt dem Mann eine Mitgift, sondern der Mann seiner Frau.« Und Tacitus berichtet auch noch, was da geleistet werden muß, nämlich in erster Linie Rinder, dann ein gezäumtes Pferd, ein Schild, ein Spieß und ein Speer. Die Diagnose ist eindeutig. Es sind Brautpreisleistungen. Sie finden sich immer in segmentären Gesellschaften mit lineage-Struktur und Verwandtschaftseigentum. Die Mitgift dagegen, die Tacitus erwähnt, ist das typische Kennzeichen für individualisierte Gesellschaften mit Privateigentum. Sie hat immer die Funktion einer vorweggenommenen Erbschaft der Frau, die an den Mann gegeben wird.

Aus diesen Anfängen germanischer Kephalität entwickelt sich das vielschichtige Herrschaftssystem des Mittelalters. An seiner Spitze standen zwar auch Könige und Kaiser. Aber sie hatten bei weitem nicht die Machtfülle ihrer römischen Vorgänger. Vielschichtig und verschachtelt ist ihre Herrschaft. Daneben und darunter stehen Herzöge und Fürsten und eine Vielzahl kleiner Grundherrschaften von Grafen und Klöstern, in ihnen eine Vielzahl unterschiedlicher Formen persönlicher Freiheit oder Halbfreiheit bis zur Sklaverei. Im Sachsenspiegel sind es zehn verschiedene Stufen, mit unterschiedlichen Höhen der Bußen für Verletzungen und des Blutgelds bei Tötungen (Sachsenspiegel, geschrieben um 1224 von Eike von Repgow, III.45, in hochdeutscher Übertragung von K. A. Eckhardt):

»Nun vernehmt aller Leute Manngeld und Buße. Fürsten, freie Herren, schöffenbare Leute, die sind gleich an Buße und an Manngeld. Doch ehrt man die Fürsten und freien Herren durch Gold geben, und gibt ihnen zwölf goldene Pfennige zu Buße, deren soll jeder drei Pfenniggewichte Silbers wiegen. Das Pfenniggewicht Goldes nahm man da für zehn Silbers, so waren die zwölf Pfennige dreißig Schillinge wert. Den schöffenbarfreien Leuten gibt man dreißig Schillinge vollwichtiger Pfennige zu Buße; deren sollen zwanzig Schillinge eine Mark wiegen. Ihr Manngeld sind achtzehn Pfund (vollwichtiger Pfennige).

Jedes Weib hat ihres Mannes halbe Buße und Manngeld. Jedes Mädchen und unverheiratete Weib hat halbe Buße je nachdem (daß) sie geboren ist.

Der Mann ist auch Vormund seines Weibes, sogleich wenn sie ihm getraut ist. Das Weib ist auch des Mannes Standesgenossin, sogleich wenn sie in sein Bett tritt; nach des Mannes Tode ist sie ledig von des Mannes Recht.

Die Zinszahler und die Abgabenpflichtige heißen und (die) des Schultheißen Thing besuchen, denen gibt man fünfzehn Schillinge zu Buße und zehn Pfund zu Manngeld.

Unter denen kann man einen Fronboten wählen, wenn man dessen bedarf, der weniger als drei Hufen Grundeigen habe; den sollen der Richter und die Schöffen wählen.

Andere freie Leute sind Landsassen geheißen, die kommen und fahren nach Gastes Weise und haben kein Grundeigen im Lande; denen gibt man auch fünfzehn Schillinge zu Buße, zehn Pfund ist ihr Manngeld.

Zwanzig Schillinge und sechs Pfennige und ein Heller ist der Zinsbauern Buße und neun Pfund ist ihr Manngeld.

Zwei wollene Handschuhe und eine Mistgabel ist der Tagelöhner Buße, sein Manngeld ist ein Schober voll Weizen von zwölf Ruten, so daß jede Rute von der anderen stehe einen Faden weit. Jede Rute soll haben zwölf Nägel aufwärts; jeder Nagel soll von dem anderen stehen wie der Mann lang ist bis an die Schultern, auf daß man den Schober abmessen kann von Nagel zu Nagel; jeder Nagel soll haben zwölf Beutel; jeder Beutel zwölf Schillinge.

Pfaffenkinder und die unehelich geboren sind, denen gibt man Buße ein Fuder Heu, wie (es) zwei jährige Ochsen ziehen können.

Spielleuten und allen denen, die sich zu leibeigen geben, denen gibt man zu Buße den Schatten eines Mannes.

Berufskämpfern und ihren Kindern denen gibt man zu Buße das Blinken von einem Kampfschilde gegen die Sonne. Zwei Besen und eine Schere ist deren Buße, die ihr Recht mit Diebstahl oder mit Raub oder mit anderen Dingen verwirken.

Rechtsunfähiger Leute Bußen geben gar wenig Nutzen, und sind doch deswegen gesetzt daß der Buße des Richters Strafgeld folge.

Ohne Manngeld sind rechtsunfähige Leute; doch wer ihrer einen verwundet oder raubt oder tötet und ein rechtsunfähiges Weib notzüchtigt und den Frieden an ihnen bricht, man soll über ihn richten nach Friedensrecht.«

Die Vielschichtigkeit und Verschachtelung von Herrschaft findet ihr Gegenstück im Recht. Es gibt kein gleiches Recht für alle, und jeweils besonders für einzelne Stände und in einzelnen Herrschaftsbereichen. Auch die deutschen Kaiser und Könige können darüber nicht einfach verfügen. Den Begriff des allgemeinen Gesetzes gab es in Deutschland vor dem 12. Jahrhundert nicht. Entscheidend waren Herkommen und Brauch.

Dem entspricht eine starke Gemeinschaftsbindung in allen Bereichen des Lebens. Selbst die Herrschaft ist mit Treuepflichten auf der einen und Fürsorgepflichten auf der anderen Seite verbunden, nicht erst im Lehnsrecht des hohen Mittelalters. Wahrscheinlich beginnt das schon in den frühen Häuptlingsgesellschaften der Germanen, die aus einer Radikalisierung der Verwandtschaftsstruktur entstanden sein werden, in der sich diese Elemente finden. Noch im hohen Mittelalter entscheidet die Mehrheit der Dorfgemeinschaft mit bindender Wirkung für alle, was wo anzubauen ist. Der Flurzwang. Er ergab sich aus der Dreifelderwirtschaft – mit jährlich wechselnder Sommersaat, Wintersaat und Brache – und der Verschachtelung der Felder. Auch das kann noch aus der Frühzeit stammen. Tacitus berichtet nämlich an einer vielumstrittenen Stelle nicht nur, daß die Germanen ihre Saatfelder jährlich wechseln und andere Äcker freilassen würden, sondern auch von Gemeinschaftseigentum am Land in ihren Dörfern (Tac. Germ. 26.2).

Mittelalterliches Eigentum wird vom Besitz nicht unterschieden. Die römische Trennung ist unbekannt. Beides bildet eine Einheit im Begriff der gewere. Das Wort ist wohl abgeleitet von wern, das einkleiden bedeutet. Die tatsächliche Herrschaft über eine Sache, der Besitz, wie wir sagen würden, muß eingekleidet sein in eine rechtliche Legitimation. Diese Legitimation muß das Haben rechtfertigen, also zum Beispiel aus Erbschaft, Schenkung oder Kauf, Leihe oder Pacht. Ein Erbzinsbauer hat ebenso gewere wie einer, der seinen eigenen Hof bewirtschaftet. Bei Grundstücken können auch Stufenordnungen von mehreren geweren entstehen, weil man auch diejenigen zum Kreis der Habenden rechnete, die aus dem Boden nur dadurch Nutzen zogen, daß sie Abgaben oder Zins erhielten. Gewere hatte also nicht nur der Bauer als Erbzinsmann, sondern auch der Erbzinsherr und das über ihm stehende Kloster.

Wenn eine Sache dem Berechtigten weggenommen wird, geht die gewere unter. Anders als im römischen Recht und heute bei uns, wo man in solchen Fällen davon ausgeht, daß das Eigentum bestehen bleibt und nur der Besitz verlorengeht. Bei diesem »Bruch der gewere« gibt es nur eine deliktische Klage, ähnlich wie bei einer Sachbeschädigung. Was es nicht gibt, das ist eine dingliche Klage aus dem Eigentum, wie die rei vindicatio der Römer oder heute noch § 985 BGB. Auch bei freiwilliger Weggabe geht die gewere unter. Der Empfänger wird aus dem Weggabeverhältnis verpflichtet. In unserem Juristendeutsch heißt das: Es gibt keinen Rückgabeanspruch aus dem Eigentum, sondern nur aus Vertrag. So wie ein Entleiher auch heute in erster Linie aus dem Leihvertrag verpflichtet ist, die Sache am Ende der vereinbarten Zeit zurückzugeben (§ 604 BGB). Heute besteht daneben noch ein Anspruch aus dem Eigentum, § 985 BGB. Aber Eigentum in unserem Sinn gibt es eben im mittelalterlichen Recht nicht. Man unterscheidet noch nicht einmal in der Weise zwischen Eigentum und Besitz, wie es die alten Griechen getan haben. Fehlt eine solche Unterscheidung, bedeutet das gleichzeitig immer, daß die Rechte des Eigentümers weniger klar bestimmt sind. Im Ergebnis läuft das darauf hinaus, daß die Sozialbindung des Eigentums stärker ist, besonders gegenüber denjenigen, die ebenfalls Rechte an der Sache haben.

Ist das Eigentum schwach ausgebildet, spielt regelmäßig auch der Vertrag keine große Rolle. Das mittelalterliche Recht macht da keine Ausnahme. Im frühen Mittelalter gibt es praktisch kein Vertragsrecht in unserem Sinn. Die täglichen Bedürfnisse der Menschen wurden nicht durch Verträge reguliert, durch Kauf, Miete, Arbeitsvertrag und so weiter. Man lebte im wesentlichen in einer Hauswirtschaft ohne Tausch. Es war eine Naturalwirtschaft. Selbst Leistungen von Handwerkern wurden nicht gekauft, sondern weitgehend noch als Abgaben erbracht. Erst in den Städten des hohen Mittelalters wird das anders. Hier gibt es nicht nur den Kauf, sondern sogar schon Mietverträge. In Köln, das damals die größte Stadt in Deutschland war, sind im 13. Jahrhundert zwei Drittel der Häuser vermietet gewesen. Aber das bedeutet nicht, daß die Verträge die Präzision der römischen hatten. Der Kauf wurde noch lange als Bargeschäft verstanden, bei dem der Wille der Parteien nicht die entscheidende Rolle spielt. Und das Vertragsrecht war sozialer als das der Römer. Zum Beispiel bei der Miete.

Verkaufte ein Vermieter sein Haus an jemand anders, waren Mieter im römischen Recht nicht gegen Räumungen geschützt. Der neue Eigentümer konnte sie aus dem Hause weisen, weil sie mit ihm keinen Vertrag hatten. Der Mietvertrag war nur zwischen dem Mieter und dem alten Eigentümer geschlossen. Der Käufer des Hauses war daran nicht gebunden. Etwas verkürzt und nicht ganz korrekt nennt man das den Grundsatz »Kauf bricht Miete«. Die Mieter hatten dann nur einen Schadensersatzanspruch gegen den Vermieter, der nicht mehr Eigentümer war. In der Wohnung konnten sie nicht bleiben:

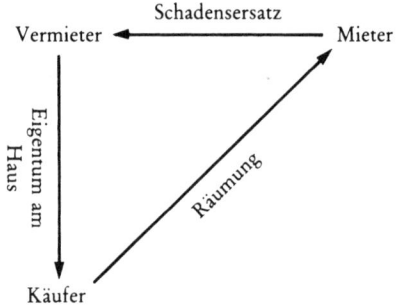

Im mittelalterlichen Recht der deutschen Städte löste man den Konflikt im Interesse der Mieter und ihrer gewere. Sie konnten vor Vertragsende auch von einem neuen Eigentümer nicht aus ihrer Wohnung vertrieben werden. Im Kommentar des Bürgermeisters Langenbeck zum Hamburger Stadtrecht heißt es dazu, noch im 16. Jahrhundert: hur brickt koep. »Miete bricht Kauf.« Allerdings war Hamburg mit dieser Regel damals schon wieder eine Ausnahme. In den meisten anderen Städten galt inzwischen der Grundsatz »Kauf bricht Miete«. Denn das römische Recht war nach Deutschland gekommen. Heute nennt man diesen merkwürdigen Vorgang die Rezeption. Die Übernahme des römischen Privatrechts.

Es kam aus Italien. Mit dem Einbruch der Germanen war dort die Tradition des klassischen römischen Rechts weitgehend abgebrochen. In Rom gab es kein römisches Recht mehr. Nur noch in Byzanz. Das änderte sich im hohen Mittelalter. Im 11. Jahrhundert taucht in Amalfi eine Handschrift der Digesten auf. Sie war möglicherweise noch unter Justinian vom Original abgeschrieben. Als Kriegsbeute kommt sie nach Oberitalien. Dort wird sie noch heute aufbewahrt, im Panzerschrank der Bibliotheca Laurentiana in Florenz, der Bibliothek der Medici. Und damit beginnt die Ausbreitung des römischen Rechts in Europa. Zunächst nur in Bologna. Dort gab es um die Mitte des 11. Jahrhunderts einen Lehrer der Rhetorik, Irnerius. Auf der Grundlage des Textes dieser Handschrift hat er auch juristischen Unterricht gegeben. Das war an sich nichts Besonderes. Denn die Redekunst wurde seit der Antike in drei Formen gelehrt, nämlich als Kunst der Rede vor politischen Versammlungen, zu festlichen Anlässen und eben als Rede vor Gericht. Sehr schnell ist dann aber das Recht zum einzigen Thema der

Schule von Bologna geworden. Es gab neue Handschriften, mit dazugehörigen Erklärungen, die später um den Text herum geschrieben wurden. Man nannte sie Glossen. Glossa ist ein griechisches Wort. Es bedeutet Zunge, dann auch Sprache und Erklärung. Die Juristen dieser Zeit nennt man deshalb Glossatoren. Sie arbeiteten in der Methode des Mittelalters, scholastisch. So wie die Theologie betrieben wurde als Auslegung, Erklärung eines heiligen Textes, der Bibel, und wie die Philosophie sich orientierte an den in ähnlicher Weise empfundenen Werken des Aristoteles, so machten es auch die Glossatoren. Schwerfällig, nach festen Regeln mikroskopisch genau, ohne den großen Überblick.

Ihre Schule in Bologna wurde die erste europäische Universität, eine mittelalterliche Gemeinschaft von Lehrern und Schülern, die universitas magistrorum et scholarium. Im 12. Jahrhundert lebten hier die berühmten vier Professoren Bulgarus, Martinus, Hugo und Jacobus, die quattuor doctores, die sogar Kaiser Barbarossa bei der Formulierung seiner Rechte beraten haben, auf dem Reichstag von Roncaglia, 1158. Denn das römische Recht galt nun als das Recht der alten römischen Kaiser, als deren legitime Nachfolger sich die deutschen Kaiser fühlten, im »Heiligen Römischen Reich«. Immer mehr junge Leute strömten nach Bologna, nicht nur aus Italien, auch aus anderen europäischen Ländern, aus Frankreich, Spanien, Holland, Deutschland. Um 1200 sind es schon mehr als zehntausend Studenten, die dort Jura studieren. Das ist eine Menge, die selbst unserer Zeit mit ihrer Vorliebe für astronomische Zahlen Respekt einflößt. Damals aber war sie ungeheuer und einzigartig. Im 13. Jahrhundert wird die bisherige Arbeit der Schule von Bologna abgeschlossen mit der glossa ordinaria des Accursius. Seine Erklärungen und Kommentare hatten in ganz Europa bis ins 18. Jahrhundert eine außergewöhnliche Autorität, praktisch die Wirkung eines Gesetzes.

Weniger scholastisch, moderner, arbeitete man dann im 14. Jahrhundert. Hier lebten die beiden berühmtesten italienischen Juristen, Bartolus und Baldus. In der Zeit der Postglossatoren oder Konsiliatoren. Sie haben das römische Recht schon sehr viel stärker an ihre Gegenwart angepaßt und eine noch größere Autorität errungen als die glossa ordinaria des Accursius. Für Jahrhunderte. Nemo jurista nisi bartolista, hieß es. Niemand ist ein richtiger Jurist, es sei denn, er bekennt sich voll und ganz zu den Lehren des Bartolus. In Spanien gab es im 15. Jahrhundert sogar ein Gesetz des

Königs, nach dem den Meinungen von Bartolus und Baldus in Streitfragen tatsächlich die Wirkung eines allgemeinen Gesetzes verliehen wurde.

Denn das römische Recht breitete sich nun in ganz Europa aus. Nicht nur durch die Gründung neuer Universitäten, sondern in erster Linie einfach dadurch, daß die aus Italien zurückkehrenden Studenten sich in ihrem Heimatland als Juristen immer mehr durchsetzten. Sie hatten ein besonderes Prestige, wurden anderen vorgezogen und besetzten die Verwaltung der Städte und die Gerichte. Auch in Deutschland. Dort hatte ihre am römischen Recht geschulte Arbeitsweise noch einen zusätzlichen Vorteil. Die Zersplitterung der deutschen Rechtsgebiete war besonders groß. Das römische Recht brachte eine gewisse Einheitlichkeit, wurde »gemeines Recht«, also allgemeines Recht der verschiedenen Länder. Das war nicht nur geographisch gemeint. Es bedeutete auch, daß es für alle Menschen in gleicher Weise galt, unabhängig von ihrem Stand.

Das Eindringen des römischen Rechts nach Deutschland ist am besten für Frankfurt beschrieben worden, 1939 von Helmut Coing in seinem Buch »Die Rezeption des römischen Rechts in Frankfurt am Main.« Zwei Juristen sind es im wesentlichen gewesen, die in der zweiten Hälfte des 15. Jahrhunderts nach der Rückkehr von ihren Studien das neue Recht in die Prozesse eingeführt haben, Ludwig Marburg und Adam Schönwetter. Ludwig Marburg war Schultheiß der Stadt, also Bürgermeister und Vorsitzender des städtischen Schöffengerichts. Coing schreibt über ihn (S. 175):

»Überschauen wir nun im ganzen, welche Bedeutung die Personenkreise, deren Einfluß im einzelnen nachgegangen wurde, für die Rezeption in Frankfurt gehabt haben, so ergibt sich folgendes: In den sechziger Jahren des 15. Jahrhunderts beginnt das Schöffengericht in einzelnen, näher nicht erkennbaren Fällen, den Stadtadvokaten, der ursprünglich mit der Rechtspflege nichts zu tun hatte, zu Rate zu ziehen. Wahrscheinlich hängt das damit zusammen, daß um dieselbe Zeit der erste Jurist, Dr. Ludwig Marburg, in das Schöffenkollegium gewählt wird. Sein Einfluß konnte sich zwar bei der damaligen Form der Urteilsfällung, der keine gemeinsame Beratung voranging, nicht dahin auswirken, daß er bei allen Entscheidungen auf Grund seiner juristischen Bildung den Ausschlag gab, aber es mußte den Schöffen auffallen, daß er, wenn das Urteil an ihn gestellt wurde, die Urteilsfrage auf Grund seiner Rechtskenntnisse sicher zu entscheiden wußte. Denn es wird für die meisten Schöffen das erstemal gewesen sein, daß sie die Arbeitsweise eines gelehrten Juristen in der eigenen Praxis erleben konnten.«

Die Entwicklung war um 1500 abgeschlossen. Als Datum nennt man – für ganz Deutschland – oft das Jahr 1495. Damals wurde in Frankfurt von Kaiser Maximilian das Reichskammergericht gegründet, das höchste Gericht im Heiligen Römischen Reich Deutscher Nation. Nach der Gerichtsordnung mußten die Richter schwören:

»Unserm koniglichen oder kaiserlichen Camergericht getreulich und mit Fleis ob sein und nach des Reichs gemainen Rechten, auch nach redlichen, ehrbarn und leidlichen Ordnungen, Statuten und Gewohnheiten der Fürstenthumb, Herrschaften und Gericht, die für sy pracht werden, dem Hohen und dem Nidern nach seinem besten Verstentnus gleich zu richten.«

Als erstes wird also nicht das Recht der einzelnen deutschen Territorien genannt, sondern das gemeine Recht des Reichs, also dasjenige, das überall in Deutschland allgemein akzeptiert war. Und das war das römische. Sicherlich hat dabei eine wichtige Rolle gespielt, daß man es als das Recht der deutschen Kaiser ansah, die sich als Nachfolger der römischen fühlten. Aber die Romidee allein kann es nicht gewesen sein. Denn überall in Europa ist der gleiche Vorgang zu beobachten. Ohne irgendwelche besonderen staatlichen Maßnahmen, mehr oder weniger von selbst, dringt ein fremdes Recht in andere Länder ein. Wie ist das zu erklären? Nun, das ist eine Frage der Geschichtsauffassung. Konservative Rechtshistoriker beschreiben das als einen Prozeß der »Verwissenschaftlichung des Rechtswesens«. Sie verstehen die Rezeption als die Durchsetzung einer rationalen, überregionalen und unparteiischen Rechtspflege. Sie sei damals in die Hände von juristischen Fachleuten gekommen, die von örtlichen und ständischen Interessen weitgehend unabhängig gewesen seien. Durch ihre formale Technik, die sie in Italien gelernt hatten, wären sie dem einheimischen Recht überlegen gewesen. Denn das mittelalterliche deutsche Recht war weniger berechenbar, weniger rational. Ökonomische Gründe hätten dabei keine Rolle gespielt. Es sei allein die Rationalität gewesen, die wissenschaftliche Qualität und Berechenbarkeit des römischen Rechts.

Der große alte Mann der deutschen Rechtsgeschichte, Franz Wieacker in Göttingen, schreibt dazu in einem Standardwerk, seiner »Privatrechtsgeschichte der Neuzeit« (1967, S. 151):

»Die wissenschaftliche Überlegenheit und der Beitrag des römischen Rechts zur modernen europäischen Gesamtkultur war danach nicht sowohl in der Qualität oder Richtigkeit seines institutionellen Sachgehalts begründet als in der methodischen Disziplinierung der europäischen Rechtsordnungen durch ein autonom gewordenes fachjuristisches Denken und in der Herleitung vernünftiger und sicherer Entscheidungen aus einer rationalen Diskussion der juristischen Eigenproblematik der politischen und sozialen Konflikte durch die Rechtswissenschaft. Diese Herrschaft der Wissenschaft über das Leben, die das neuere Europa allenthalben konstituiert hat, wurde freilich ermöglicht durch die unausschöpfbaren Reserven historisch gelebter Rechtsvernunft und Rechtsmoral, die in den Texten der großen römischen Jurisprudenz wie gespeichert bereitlagen und nun von der europäischen Rechtskultur angeeignet wurden.«

Wirtschaftliche Gründe dagegen hätten keine Rolle gespielt. Denn das römische Recht sei nicht eigentlich wirtschaftsfreundlich gewesen, jedenfalls nicht in höherem Maße als das alte deutsche Recht. Mit anderen Worten: Es war die höhere geistige Qualität. Hinter dieser Erklärung steht letztlich eine idealistische Geschichtsauffassung. Gesellschaftliche Veränderungen ergeben sich für sie aus dem Fortschritt des menschlichen Geistes, aus seinen Ideen. Später, in den Methodendiskussionen der siebziger Jahre, hat auch Franz Wieacker die gegenseitige Abhängigkeit von Rechtsentwicklung und Ökonomie ausdrücklich anerkannt. In den sechziger Jahren war es jedenfalls nicht das, was ihn besonders interessierte. Rechtsgeschichte war Geistesgeschichte. Die materialistische Geschichtsauffassung sieht das anders. Für sie erklären sich Veränderungen im Denken – und auch im Recht – aus ihrem engen Zusammenhang mit wirtschaftlichen Umwälzungen. Und solche haben in dieser Zeit tatsächlich stattgefunden. In den oberitalienischen Städten – und zwar auch und gerade in Bologna – begann damals die Entwicklung zu einer bürgerlichen Gesellschaft mit einer kapitalistischen Warenproduktion. Auch in den deutschen Städten kann man das beobachten, etwas später, nämlich zu der Zeit, als sich das römische Recht dort ausbreitete. Und das römische Recht war nun eben einmal, wie es Friedrich Engels in einem Brief an Karl Kautsky genannt hat, das »vollendete Recht der einfachen Warenproduktion«, die die Grundlage der bürgerlichen Wirtschaft ist. Das ergibt sich aus seinem individualistisch – egoistisch – konstruierten Eigentum und der zentralen Bedeutung seines Vertragsrechts. Engels schreibt in diesem Brief, 1884:

»Das römische Recht ist das vollendete Recht der einfachen Warenproduktion, d. h. also der vorkapitalistischen, die aber auch die Rechtsverhältnisse der kapitalistischen Periode meist einschließt. Also gerade, was unsere Städtebürger bei ihrem Aufkommen brauchten und im heimischen Gewohnheitsrecht nicht fanden.«

Welche Geschichtsauffassung die richtige ist? Nun, das mag jeder selbst beurteilen. Er sollte dabei aber bedenken, daß die von Franz Wieacker als geistig-wissenschaftliche Erscheinung beschriebene Rationalität von einem anderen großen konservativen Gelehrten als ganz entscheidender wirtschaftlicher Faktor verstanden wird, nämlich von Max Weber in seinem Buch über »Wirtschaft und Gesellschaft« (1925). Er beschreibt die Entwicklung der bürgerlichen Wirtschaft bis zu ihrem Höhepunkt im 19. Jahrhundert als Aufstieg zu immer größerer Rationalität, zur Rationalität einer planmäßig vorgehenden und ihren Gewinn auf größere zeitliche Distanz kalkulierenden Produktion und eines entsprechenden Handels. Womit wir, auch für die Rezeption, wieder bei der Ökonomie gelandet wären. Und vielleicht doch nicht nur die Verbesserung des menschlichen Geistes allein bewundern dürfen. Es ist wohl ein Prozeß gegenseitiger Beeinflussung der geistigen, juristischen, politischen und wirtschaftlichen Entwicklung. Schwer zu entscheiden, was da schließlich den Ausschlag gibt. Wenige Jahre vor seinem Tode hat Friedrich Engels dazu in einem anderen Brief geschrieben, 1890:

»Was den Herren allen fehlt, ist Dialektik. Sie sehn stets nur hier Ursache, dort Wirkung. Daß dies eine hohle Abstraktion ist, daß in der wirklichen Welt solche metaphysische polare Gegensätze nur in Krisen existieren, daß der ganze große Verlauf aber in der Form der Wechselwirkung – wenn auch sehr ungleicher Kräfte, wovon die ökonomische Bewegung weitaus die stärkste, ursprünglichste, entscheidendste – vor sich geht, daß hier nichts absolut und alles relativ ist, das sehn sie nun einmal nicht, für sie hat Hegel nicht existiert.«

Zur gleichen Zeit, in einem anderen Brief, hat er davon gesprochen, nach materialistischer Geschichtsauffassung sei »das in letzter Instanz bestimmende Moment in der Geschichte« die Produktion und Reproduktion des wirklichen Lebens. Wahrscheinlich hat er recht.

Seit der Rezeption waren die Römer nun endgültig unter uns. Und sie sind es bis heute geblieben. Ihr Recht, das jetzt das gemeine Recht genannt wurde, hatte den großen Vorteil, daß alles lateinisch geschrieben war. So waren die normalen Menschen nicht in der Lage, sich allein, ohne die Hilfe eines gelehrten Juristen, im Recht zu orientieren. Und auch das ist bis heute geblieben. Seitdem gibt es, wie in Rom, einen besonderen Berufsstand speziell ausgebildeter Juristen. Dieses Wort, jurista, gibt es seit dem 14. Jahrhundert. Recht wurde eine Herrschaftswissenschaft, abgetrennt von den alltäglichen Erfahrungen und Empfindungen der Menschen. Man kann auch sagen: Recht und Moral traten immer weiter auseinander. Man spricht heute zwar nicht mehr Lateinisch. Aber die Sprache der Juristen, mit ihrem aus dem römischen Recht stammenden Apparat einer Vielzahl ineinander verschachtelter technischer Begriffe, ist unverständlich geblieben, obwohl man seit dem 17. Jahrhundert zunehmend dazu übergegangen war, auch wieder deutsch zu sprechen und zu schreiben. Das war die Zeit des Naturrechts.

Zur germanischen Frühzeit, aus archäologischer Sicht: R. Hachmann, Zur Gesellschaftsordnung der Germanen in der Zeit um Christi Geburt, in: Archäologia Geografica Bd. 5 (1956), S. 7-24. Im übrigen: K. Kroeschell, Germanisches Recht als Forschungsproblem, Festschrift Thieme (1986), S. 3-19. Mittelalter: K. Kroeschell, Deutsche Rechtsgeschichte Bd. 1 (bis 1250), 10. Aufl. 1992, und Bd. 2 (1250-1650), 8. Aufl. 1992 (WV Studium Bd. 8-9). Zur Geschichte des Problems »Kauf bricht Miete«: K. Genius, Der Bestandsschutz des Mietverhältnisses in seiner historischen Entwicklung bis zu den Naturrechtskodifikationen, 1972. Über Glossatoren, Postglossatoren und Rezeption am besten immer noch das Buch von F. Wieacker, Privatrechtsgeschichte der Neuzeit, 2. Aufl. 1967. Zu seiner Geschichtsauffassung meine Bemerkungen: Zur Methode der Rechtsgeschichte, in: Kritische Justiz 1974, S. 337-368. Die drei zitierten Briefe von Engels in: Karl Marx, Friedrich Engels, Werke (MEW) 36. Band, S. 167; 37. Band, S. 494 und (»in letzter Instanz«) S. 463.

VI

Naturrecht

Was die Natur im Recht zu suchen hat? Soviel wie das römische Recht im deutschen Reich. Daß beide dort zu so großer Bedeutung kommen würden, war merkwürdig genug. Zumal sie noch zueinander in Konkurrenz gerieten.

Das römische Recht war nun rezipiert. Es breitete sich weiter aus, verband sich zum Teil mit altem örtlichem Recht und verfeinerte sich in der Methode. Die schwerfällige Arbeitsweise der italienischen Glossatoren wurde abgelöst durch humanistische Tendenzen, die aus Frankreich kamen. Der mos gallicus ersetzte den mos italicus. Das war im 16. Jahrhundert. Dann verwandelte sich die gesamte politische und wirtschaftliche Landschaft in Europa. Aus dem Chaos des Dreißigjährigen Krieges entstand im 17. und 18. Jahrhundert der absolutistische Staat. Sein Modell in Deutschland: Preußen. Das Recht dieses Staates ist das Naturrecht, das »klassische Naturrecht« des 17. und 18. Jahrhunderts. Sein Modell in Deutschland: das Preußische Allgemeine Landrecht. Dieses Naturrecht ist die Vorstufe zum bürgerlichen Recht des 19. und 20. Jahrhunderts gewesen. So wie der absolutistische Staat der Wegbereiter der bürgerlichen Gesellschaft war, indem er die buntscheckige Vielfalt feudaler Reste des Mittelalters beseitigte und ein einheitliches Staatsgebiet herstellte, mit weitgehend einheitlicher Sozialstruktur. Es mußten nur noch die wirtschaftlichen Kräfte endgültig freigesetzt, die Bauern befreit, der Boden zur Ware gemacht und der Staat aus seiner – »merkantilistischen« – Wirtschaftslenkung entfernt werden, dann war es geschafft. So ist das Naturrecht der Wegbereiter unseres bürgerlichen Rechts gewesen. Diejenigen allerdings, die diesen Durchbruch im Recht des 19. Jahrhunderts erkämpft haben, mit dem römischen Recht, Friedrich Carl von Savigny und seine historische Schule, sahen es immer ganz anders. Für sie war das Naturrecht eine monströse Fehlkonstruktion.

Auch ist es danach nicht endgültig verschwunden. Für lange Zeit war es zwar allgemein verpönt, über Naturrechtliches nachzudenken. Aber nach dem letzten Krieg, auf den Trümmern eines totalitären Staates, ist es wieder zu Ehren gekommen. Plötzlich sprach sogar das höchste deutsche Gericht von der Natur des Menschen und der Schöpfungsordnung. Mittelalterlich katholisch war das Ganze zwar, aber immerhin Naturrecht. Der erste Präsident des Bundesgerichtshofs, Hermann Weinkauff, hat es in einem vielbeachteten Rückblick als »Bruchstücke einer großen Konfession« gefeiert. Zur Einstimmung darum hier eine Kostprobe dieses Naturrechts, aus einem Gutachten des Bundesgerichtshofes zur Gleichberechtigung von Mann und Frau von 1953. Entscheidungen des BGH in Zivilsachen, 11. Band, im Anhang auf S. 65:

»Was die Menschen- und Personenwürde angeht, so sind Mann und Frau völlig gleich; und das muß streng in allem Recht zum Ausdruck kommen. Streng verschieden sind sie aber nicht nur im eigentlich Biologisch-Geschlechtlichen, sondern auch in ihrer seinsmäßigen, schöpfungsmäßigen Zueinanderordnung zu sich und dem Kind in der Ordnung der Familie, die von Gott gestiftet und daher für den menschlichen Gesetzgeber undurchbrechbar ist. Die Familie ist nach der Schöpfungsordnung eine streng ihrer eigenen Ordnung folgende Einheit; Mann und Frau sind »ein Fleisch«. An diesen Urtatbestand (außerhalb des ehewirtschaftlichen Bereichs) Rechtsformen gesellschaftlicher Art herantragen zu wollen, ist widersinnig. Innerhalb der strengen Einheit der Familie sind Stellung und Aufgabe von Mann und Frau durchaus verschieden. Der Mann zeugt Kinder; die Frau empfängt, gebiert und nährt sie und zieht die Unmündigen auf. Der Mann sichert, vorwiegend nach außen gewandt, Bestand, Entwicklung und Zukunft der Familie; er vertritt sie nach außen; in diesem Sinne ist er ihr »Haupt«. Die Frau widmet sich, vorwiegend nach innen gewandt, der inneren Ordnung und dem inneren Aufbau der Familie. An dieser fundamentalen Verschiedenheit kann das Recht nicht doktrinär vorübergehen, wenn es nach der Gleichberechtigung der Geschlechter in der Ordnung der Familie fragt.«

So geht es auch. Und deshalb ist die Frage berechtigt, was denn das eigentlich ist, das Naturrecht. Beim Bundesgerichtshof war es ohne Zweifel Recht. Oft war es nur eine Art Philosophie. Immer gab es zwei Möglichkeiten, wie Ernst Bloch gezeigt hat, im schönsten Buch, das darüber geschrieben worden ist: »Naturrecht und menschliche Würde«. Naturrecht kann fordernd sein oder bewahrend. Forderndes Naturrecht kritisiert und verlangt Änderung. Bewahrendes Naturrecht ist konservativ, legitimiert die bestehende Ordnung und will sie erhalten. Beide argumentieren mit der Natur, meistens mit der Natur des Menschen. Das ist das allgemeine Kennzeichen von Naturrecht. Entweder entsprechen die bestehenden Verhältnisse der Natur des Menschen, oder sie widersprechen ihr. Die Rechtsprechung des Bundesgerichtshofes ist bewahrendes Naturrecht gewesen. Es kommt eben immer darauf an, was man vorher in die Natur des Menschen hineinlegt. Dann ergibt sich daraus das damit übereinstimmende Recht. Meistens ist es wie mit dem Zauberer und dem Kaninchen. Bevor er es kunstvoll aus dem Zylinder herausholen kann, muß er es doch wohl regelmäßig hineinpraktiziert haben.

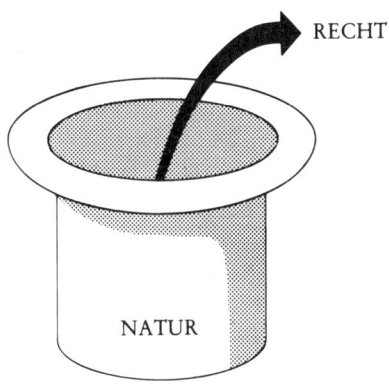

Die Geschichte des Naturrechts beginnt mit dem Widerspruch. In der Krise des peloponnesischen Krieges treten im 5. Jahrhundert v. Chr. in Athen Männer auf, die den Glauben an die alten Götter verloren haben. Die Sophisten, wie man sie nannte. Die »griechische Aufklärung« (Hegel). Von den Göttern weiß ich nichts, sagte Protagoras. Niemand kann beweisen, daß es sie gibt. Denn sie sind nicht zu sehen. Aber man kann auch nicht sagen, daß es sie nicht gibt. Dafür ist das Leben der Menschen viel zu kurz. Also ist der Mensch das Maß aller Dinge, »der seienden, wie sie sind, und der nichtseienden, wie sie nicht sind« (Diels-Kranz, Fragmente der Vorsokratiker, Nr. 80, Fragment 1). Mit dem Glauben an die Götter schwindet die Legitimation des überkommenen Rechts. »Das Recht dient nur dem Vorteil der Mächtigen«, soll Thrasymachos gesagt haben, und stieß damit auf genauso heftige Empörung wie Karl Liebknecht zweieinhalbtausend Jahre später mit seiner »Klassenjustiz«. Hippias, in einer Rede vor Philosophen in Athen: »Die

Natur hat uns zu Brüdern, Freunden und Mitbürgern gemacht, nicht das Gesetz«. Da erscheint der Gegensatz, der dann bis heute geblieben ist. Der Gegensatz von physis und nomos, von Natur und Gesetz. Von Natur sind wir alle gleich. Nur das Recht macht die Unterschiede. »Das Gesetz ist der Tyrann der Menschen«. Auch diesen Satz soll er dort gesagt haben, wie Platon berichtet, der – »natürlich« – ganz anderer Meinung war (im Protagoras 337c).

Das Gesetz beruht nur auf Vereinbarung, die Natur dagegen ist Wahrheit, sagt Antiphon, dieser merkwürdige Mann, der 411 v. Chr. in Athen hingerichtet worden ist, weil er die Demokratie beseitigen wollte. Es ist einer der wenigen Originaltexte eines Sophisten, den man um die Jahrhundertwende auf einem Papyrus im ägyptischen Oxyrhynchus gefunden hat (Diels-Kranz Nr. 87, Fragment 44 A, übers. v. H. Diels):

»Gerechtigkeit besteht darin, die gesetzlichen Vorschriften des Staates, in dem man Bürger ist, nicht zu übertreten. Es wird also ein Mensch für sich am meisten Nutzen bei der Anwendung der Gerechtigkeit haben, wenn er vor Zeugen die Gesetze hoch hält, allein und ohne Zeugen dagegen die Gebote der Natur; denn die der Gesetze sind willkürlich, die der Natur dagegen notwendig; und die der Gesetze sind vereinbart, nicht gewachsen, die der Natur dagegen gewachsen, nicht vereinbart. Wer also die gesetzlichen Vorschriften übertritt, ist, wenn es ihren Vereinbarern verborgen bleibt, von Schande und Strafe verschont; bleibt es ihnen nicht verborgen, so nicht. Wer dagegen eins der von Natur mit uns verwachsenen Gesetze wider die Möglichkeit zu vergewaltigen sucht, für den ist, wenn es vor allen Menschen verborgen bleibt, das Unheil um nichts geringer und, wenn alle es bemerken, um nichts größer; denn der Schade beruht nicht auf bloßer Meinung, sondern auf Wahrheit. Die Betrachtung dieser Dinge ist im allgemeinen um dessen willen angestellt, weil die meisten gesetzlichen Rechtsbestimmungen feindlich zur Natur stehen. Es sind ja Gesetze aufgestellt für die Augen, was sie sehen dürfen und was nicht; und für die Ohren, was sie hören dürfen und was nicht; und für die Zunge, was sie sagen darf und was nicht; und für die Hände, was sie tun dürfen und was nicht; und für die Füße, wozu sie schreiten dürfen und wozu nicht; und für den Sinn, wessen er begehren darf und wessen nicht. Dabei sind wahrlich die Verbote der Gesetze an die Menschen und ihre Gebote beide genau ebenso wenig naturfreundlich oder -gemäß. Dagegen das Leben untersteht der Natur und auch das Sterben, und zwar kommt das Leben ihnen von dem Zuträglichen, das Sterben dagegen von dem nicht Zuträglichen. Das Zuträgliche ist, soweit es durch die Gesetze festgesetzt ist, Fessel der Natur, soweit dagegen durch die Natur, frei. Es ist nun nicht wahr – wenigstens nach der richtigen Auffassung –, daß das Schmerzliche die Natur mehr fördert als das Erfreuliche; also ist auch nicht wahr, daß das Betrübende zuträglicher wäre als das Lustvolle. Das in Wahrheit Zuträgliche muß ja nicht schädigen, sondern nützen . . .«

Alkidamas ist es gewesen, der aus dem ganzen diejenige Schlußfolgerung gezogen hat, die die antike Gesellschaft am radikalsten in Frage stellte. Er soll gesagt haben, Gott habe alle Menschen frei geschaffen, die Natur niemanden zum Sklaven gemacht. Es war also höchste Zeit für ein bewahrendes Naturrecht.

Das kam mit Platon und Aristoteles. Anthropos physei politikon zoon esti, schrieb Aristoteles in der »Politik« (1253a 2). Der Mensch ist von Natur ein staatliches Wesen. Deshalb gehören Staat und Recht zu seiner Natur. Es gibt keinen Widerspruch zwischen ihr und dem Recht. Auch die Sklaverei ließ sich so begründen. Aus der Natur des Menschen. Ein langer Abschnitt ist das in seiner »Politik« (1254a 9 bis 1255b 39), viele Seiten, vielleicht, weil er doch ein schlechtes Gewissen hatte. Herrschen und Beherrschtwerden, schreibt er, gehören zur Natur des Menschen. Es gibt immer Starke und Schwache. Schon mit der Geburt zeigt sich, wohin die Reise geht. Deshalb herrschen auch die Männer über die Frauen. Natürliche Ungleichheit. Manche Menschen sind klein und gedrungen und stark und damit geeignet für körperliche Arbeit. Wenn sie dann noch »an der Vernunft nur soweit teilhaben«, um gerade die Befehle anderer verstehen zu können, dann sind sie die geborenen Sklaven. Physei douloi, Sklaven von Natur. Die anderen sind groß und schlank und klug. Unbrauchbar für schwere Arbeit, aber perfekt im Befehlen. Freie von Natur. Man wird ein wenig an den Bundesgerichtshof erinnert, an die »Bruchstücke einer großen Konfession«, und an manches andere, das kurz vorher in Deutschland zu Bruch gegangen war. Bis zum Mittelalter ist das Naturrecht in dieser Weise bewahrend geblieben, mit einem Höhepunkt in der Summa Theologica des Thomas von Aquin. Erst im 17. und 18. Jahrhundert erscheint es wieder wie am Anfang, als Widerspruch, Veränderung fordernd. Diesmal hat es tatsächlich Veränderung bewirkt (Karl Bergbohm, Jurisprudenz und Rechtsphilosophie, 1. Band, 1891, S. 215):

»Es rüttelte an der Leibeigenschaft und Hörigkeit und drang auf die Entlastung von Grund und Boden; es entfesselte die durch den Zwang eines verknöcherten Zunftwesens und unsinnige Handelsbeschränkungen gebundenen Erwerbskräfte ... erzielte die Freiheit des religiösen Bekenntnisses wie die Freiheit der wissenschaftlichen Lehre. Es half die Folter beseitigen und den Strafprozeß in die geordneten Bahnen eines gesetzmäßigen Verfahrens zu lenken.«

Sein Zentrum in Deutschland wurde die Universität Halle. Sie wurde 1694 gegründet. Das war für Dilthey die »Geburtsstunde des preußischen Naturrechts«. Von hier kamen die entscheidenden Impulse für die Kodifikation des Preußischen Allgemeinen Landrechts durch Carmer, Suarez und Klein. Genau einhundert Jahre später, 1794, wurde es als Gesetz vom König verkündet. Denn nun war die Zeit des allgemeinen Gesetzes gekommen, das auf der Gleichheit der Menschen beruht. Der absolutistische Staat beseitigt die verschachtelte Vielfalt der mittelalterlichen Ständegesellschaft. Das beruhte durchaus auch auf dem Gedanken von allgemeinen Naturgesetzen, die überall in gleicher Weise gelten. Es war kein Zufall, daß deren Entdeckung um die gleiche Zeit das Denken der Menschen veränderte. Galilei schrieb seinen Dialogo 1632. Fünf Jahre später, 1637, erschienen die Discours de la méthode von Descartes.

Das wichtigste Buch des klassischen Naturrechts wurde 1625 von Hugo Grotius geschrieben: De jure belli ac pacis, Vom Recht des Krieges und des Friedens. Er war ein Vertreter der holländischen städtischen Aristokratie, die den Freihandel brauchte und die Freiheit der Meere, unabhängig von den Beschränkungen europäischer Vielstaaterei. Also bedurfte es einer Theorie des Rechts, das unabhängig war von staatlicher Macht, allein auf die Natur und Vernunft der Menschen gegründet. Zumal es noch ein anderes Problem gab, das ebensowenig mit dem Recht eines Staates zu lösen war. Wie konnte man in dem Krieg, der damals Europa verwüstete, ein Minimum an gemeinsamen Regeln aufrechterhalten? Was ist überhaupt ein Krieg? Wann ist er gerecht? Wer darf ihn führen? Was ist erlaubt und was nicht? Was geschieht mit den Gefangenen und mit den Besiegten? Welche Rechte haben die Neutralen?

So hat er als erster ein umfassendes System des Naturrechts geschrieben, das sich von allen bisherigen dadurch unterschied, daß es bis ins einzelne gehende Regelungen enthielt. Im Zentrum stand das Eigentum und das Prinzip des Vertrages. Das ergab sich aus der Natur des Menschen. Anders als mit anderen Menschen gemeinsam kann man nicht leben. Der Mensch ist ein geselliges Wesen. Das ist seine socialitas, das Streben nach Gesellschaft. Nicht nach Staat. Der ist es nicht, was die Menschen eigentlich zusammenhalten kann. Kein zoon politikon, wie bei Aristoteles. Was ist es dann? Der Vertrag. Ein Prinzip von Mensch zu Mensch, das die Gesellschaft begründet. Eine Art Gesellschaftsvertrag ohne Staat. Dreihundert Jahre später hat ein anderer das noch einmal entdeckt, Marcel Mauss, im Essai sur le don von 1925, mit seiner Gegenseitigkeit. Aus den Berichten von Ethnologen über vorstaatliche Gesellschaften hatte er herausgelesen, daß es der Gabentausch ist, der sie zusammenhält.

Hugo Grotius kommt auf diese Weise zu einem neuartigen Vertragsrecht, das noch sehr viel anschaulicher ist als das überlieferte römische, auf dem er es aufbaut. Er stellt als erster den Satz auf, daß ein Vertrag zustande kommt durch Angebot und Annahme. Die Römer hatten nur von Konsens gesprochen. Und anders als die Römer löst er auch das Problem des Eigentumsübergangs beim Kauf. Wie geht das Eigentum an einer Sache über, die ein Verkäufer an einen Käufer verkauft hat? Die Römer sagten: wenn sie übergeben worden ist. Notwendig war also zweierlei. Ein wirksamer Kaufvertrag und die Besitzübergabe. Falsch, sagt Hugo Grotius. Es genügt der Vertrag. Die vom römischen Recht geforderte Übergabe ist nur Ausdruck einer zufälligen historischen Entwicklung in Rom, nicht unwandelbares Naturrecht. Das Entscheidende ist doch, daß die beiden sich einig sind. Das genügt. Also geht das Eigentum an der Sache schon in dem Zeitpunkt auf den Käufer über, wenn der Vertrag geschlossen wird, »und dies ist das einfachste« (2. Buch, 8. Kapitel, §§ 25 und 26, und 12. Kapitel, § 15). Neues Vertragsprinzip gegen römisches Traditionsprinzip. In Deutschland hat sich das nicht durchgesetzt. Aber in Frankreich ist es geltendes Recht geworden. Noch heute steht es so in Artikel 1583 des Code Civil.

Von den Römern übernimmt er den Gedanken des ius gentium. Aber auch der wird verändert. Ius gentium, das Recht der Völker, waren für die Römer solche Regeln des Privatrechts, die nicht typisch nationales römisches Recht darstellten, sondern bei allen Völkern galten. Es war der Gegensatz zum ius civile, dem nur für römische Bürger geltenden Recht, zu dem etwa die mancipatio gehörte, ein umständliches altes Übereignungsgeschäft mit Spruchformeln, Zeugen, einer Waage und einem Wägemeister. Das gab es nur in Rom. Aber der Kauf im allgemeinen oder die Sklaverei fanden sich bei allen Völkern des Altertums. Das war ius gentium. Dahinter steckte schon der – stoische – Gedanke der Allgemeinheit. Was sich überall findet, muß der Natur des Menschen entsprechen. Grotius übernimmt diese Art der Beweisführung, mit einer überwältigenden Fülle von Beweisen seiner Belesenheit. Aber das in dieser Weise als Naturrecht erwiesene ius gentium beschreibt er nicht nur als Privatrecht, das bei allen Völkern gilt, sondern als Völkerrecht, das auch zwischen den Völkern gilt. Das war das eigentlich Neue. Damit wurde er zum »Vater des Völkerrechts«.

Sein Gegenspieler war Thomas Hobbes mit dem »Leviathan« von 1651. Hugo Grotius hatte das allgemeine Recht geliefert. Thomas Hobbes war der Staatsphilosoph des Absolutismus. Nicht die socialitas konnte für ihn das entscheidende Element der menschlichen Natur sein, der Gesellschaftstrieb, wie für Hugo Grotius. Er konstruierte sich einen Naturzustand, die »naturall condition« (mit einem doppelten l), in dem das Chaos herrscht, jeder bedroht und ein Feind des anderen ist. Angst und Schwäche treiben die Menschen zur Gründung des Staates. Imbecillitas also ist die Natur des Menschen, das Bewußtsein von Schwäche, nicht socialitas. Deshalb wird alle Gewalt und Gewaltsamkeit auf den Staat übertragen, der damit einerseits ein Ordnungsfaktor wird, aber andererseits ein furchteinflößendes Ungeheuer, eben der Leviathan, der in der Bibel beschrieben wird als Kombination von Schlange und Drachen. Aus seinem Munde gehen Flammen. Aus seiner Nase geht Rauch wie von heißen Töpfen und Kesseln. Auf Erden ist seinesgleichen niemand (Hiob 41). Der Staat als oberste Bestie. Deshalb ist der absolutistische Staat auch nie so richtig glücklich geworden mit seinem obersten Theoretiker.

Zwei Namen sind noch zu nennen, die für die Entwicklung in Deutschland wichtig waren. Samuel Pufendorf und Christian Thomasius. Pufendorf hat das erste große deutsche System des Naturrechts geschrieben. Er war Professor in Heidelberg und in Lund, später Hofgeschichtsschreiber beim Großen Kurfürsten in Berlin. De iure naturae et gentium, 8 Bände. Er beginnt mit allgemeinen philosophischen Erörterungen, in denen er Grotius folgt und Hobbes ablehnt. Recht ist also nicht das Produkt von Herrschaft, sondern das Ergebnis von Vernunft. Daraus wird alles folgende abgeleitet, nämlich zunächst die Lehren von der Person als Rechtssubjekt, dessen Begriff er wohl als erster entdeckt hat. Damit waren die drei wichtigsten Elemente von Privatrecht endgültig klar formuliert: Rechtssubjekt, Eigentum, Vertrag. Noch heute heißt es in § 1 des BGB: »Die Rechtsfähigkeit des Menschen beginnt mit der Vollendung der Geburt«. Nachdem er das beschrieben hatte, geht er systematisch weiter. Es folgt das Eigentum und im Recht des Vertrages die Verbindung von Rechtssubjekt mit Rechtssubjekt. Das Familienrecht umschreibt die nächsthöhere Einheit, gefolgt vom Recht der höchsten Einheit, des Staates. Den Abschluß bildet das Recht der Staaten untereinander, das Völkerrecht.

»Christian Thomasius, ein deutscher Gelehrter ohne Misere«, ist die Überschrift des Anhangs im Buch von Ernst Bloch. Die eindrucksvollste Schilderung dieses Mannes, der die erste große Autorität des Naturrechts an der neugegründeten Universität Halle war. Er hat viele Verdienste. Hat gegen Hexenverfolgung geschrieben und gegen die Folter, hat als erster eine juristische Vorlesung in deutscher Sprache gehalten und die älteste wissenschaftliche Zeitschrift für gebildete Laien herausgegeben, »Teutsche Monate«. Überall hat er gegen Vorurteile gekämpft, aufgeklärt, Denkanstöße gegeben, und auch ein System des Naturrechts geschrieben, Fundamenta iuris naturae et gentium, 1705. Er war die Personifizierung dessen, was fordernd war am klassischen Naturrecht.

War Christian Thomasius das Naturrecht als Person, so ist das Preußische Allgemeine Landrecht die Verköperung der Idee einer naturrechtlichen Gesetzgebung gewesen. Friedrich II. hat am Ende seines Lebens den Auftrag dazu gegeben. Drei Männer haben ihn ausgeführt. Johann Heinrich Casimir von Carmer, Carl Gottlieb Suarez und Ernst Ferdinand Klein. Bezeichnend für den Geist dieses Gesetzes ist die Episode, die den Ausschlag dafür gab, daß der Auftrag erteilt wurde. Der Müller-Arnoldsche Prozeß.

Der Müller Johann Arnold war nicht der Müller von Sanssouci, der in Potsdam zum alten König gesagt haben soll, »Ja, wenn das Berliner Kammergericht nicht wäre.« Woraus dann später der Satz geworden ist, daß es noch Richter in Berlin gebe. Johann Arnold war der andere Müller, der in der Preußischen Geschichte eine Rolle gespielt hat, Pächter der Krebsmühle bei Pommerzig in der Neumark, in der nordöstlichen Mark Brandenburg. Er war wohl ständig in Geldschwierigkeiten und oft in Verzug mit der Zahlung der Pacht. Immer klagte er darüber, daß der Bach, der seine Mühle antrieb, zu wenig Wasser habe. Eines Tages wurde es ganz schlimm, nachdem sich der Landrat von Gersdorf am Oberlauf des Baches drei Karpfenteiche hatte anlegen lassen. Johann Arnold stellte daraufhin seine Zahlungen endgültig ein. Der Eigentümer, Graf Schmettau, zitierte ihn vor Gericht und erhielt Recht. Der Müller wurde verurteilt, die Mühle zu räumen. Er zweifelte an der Richtigkeit dieses Urteils, denn das Amtsgericht in Pommerzig gehörte in gewissem Sinn dem Kläger. Graf Schmettau übte dort als Grundherr nicht nur die Polizeigewalt, sondern auch die sogenannte Patrimonialgerichtsbarkeit aus. Er hatte Einfluß auf Ernennung und Entlassung der Richter. Aber das Urteil wurde vom Landgericht Küstrin bestätigt. Immerhin. Damit war wenigstens für Außenstehende eine gewisse Gewähr für die Richtigkeit gegeben. Die Mühle wurde geräumt und das Inventar des Müllers zwangsversteigert. Das war 1778. Ein Jahr vor dem großen Eklat.

Mehrere Male versuchte die Frau des Müllers, Rosine Arnold, in Bittschriften an die Regierung und an den König eine Aufhebung des Urteils zu erreichen. Vergebens. Sie blieben meistens schon auf halbem Wege stecken. Aber eines Tages hatten die Arnolds Erfolg. Über den Prinzen Leopold von Braunschweig, einen Neffen des Königs. Ein Bruder von Johann Arnold war Soldat in seinem Regiment. Der Prinz wendete sich zunächst an den Justizminister, den Großkanzler Karl Joseph von Fürst. Aber der winkte ab. Wie schon vorher öfter. Es sei alles in Ordnung. Schließlich wurde der König selber eingeschaltet. Und der sah eine Chance, ein Exempel zu statuieren. Im August 1779 schickte er eine Kommission auf den Weg, die das Urteil überprüfen sollte. Sie bestand aus einem Vertreter der Küstriner Bezirksregierung und einem Mann des Königs, Oberst Heucking. Dann gab es zwei Berichte. Einen der Regierung von Küstrin. Kein Fehler im Urteil. Und einen von Oberst Heukking, der als gehorsamer Soldat wohl wußte, was sein König von ihm erwartete. Jedenfalls war er anderer Meinung. Arnold sei Unrecht geschehen, schrieb er. Er habe Wasser verloren. Und bestätigte den Verdacht des alten Königs.

Im Dezember 1779 erhielt das Berliner Kammergericht vom König die Weisung, sich die Küstriner Akten kommen zu lassen. Es sollte alles überprüfen und ein drittes Urteil fällen, was nach der Prozeßordnung an sich nicht vorgesehen war. Und schnell. Nämlich innerhalb eines Tages. Der Präsident des Gerichts beauftragte einen der Richter, die Entscheidung als Berichterstatter vorzubereiten. Der arbeitete einen Tag und eine Nacht und kam zu dem Ergebnis, die Urteile von Pommerzig und Küstrin seien zu Recht ergangen. Am nächsten Morgen entschied das Kammergericht. Das dritte Urteil, gegen Arnold. Man schickte die Akten nach Küstrin zurück und gab dem König nur einen allgemeinen Bescheid. Das war nicht sehr höflich. Den packte die Wut. Er ließ den Großkanzler zu sich kommen, »mit den drei Räten«, die das Urteil erlassen hatten. Wußte nicht, daß das Kammergericht in der Besetzung mit sieben Richtern entschied. Was soll man tun? Man schickte also drei Richter ins Schloß von Potsdam, darunter auch den Berichterstatter, den Kammergerichtsrat Rannsleben. Aber nicht er wurde vom König ins Verhör genommen, sondern ein anderer, großer, stattlicher. Der hatte keine Ahnung. Das steigerte die Empörung des Königs. Er entließ den Großkanzler von Fürst aus seinem Amt. Die drei Richter wurden verhaftet und zu einem Jahr Festungshaft verurteilt. Außerdem mußten sie dem Müller Arnold seinen gesamten Schaden ersetzen. Ein sogenannter »Machtspruch« des Königs. Das war damals staatsrechtlich durchaus möglich. Später gab es immer mehr Versuche, die Unabhängigkeit der Justiz zu stärken und Machtansprüche der Könige zu verbieten. Erst im Rechtsstaat des 19. Jahrhunderts ist das gelungen. Dann standen die Gerichte gleichberechtigt neben dem König, nach außen bewußt hervorgehoben in sogenannten Justizpalästen. Der Palast des Rechts war neben den des Königs getreten.

Der Vorgang erregte ungeheures Aufsehen. Es gab großen Beifall für den König im Ausland, viele Hoffnungen bei der Landbevölkerung und starken Widerstand in der Berliner adligen Gesellschaft. Der Nachfolger Friedrichs II. hat 1786, bei seinem Amtsantritt, die Urteile gegen die Richter aufgehoben und ihnen den Schaden aus der Staatskasse ersetzt. Johann Arnold behielt, was er hatte. Bis heute ist nicht eindeutig geklärt, wer im Recht war. Der König? Das Kammergericht? Im 19. Jahrhundert begründete auch gerade dieser Fall den guten Ruf des Gerichts, das damit Mannesmut vor Fürstenthronen bewiesen habe. Man meinte, es habe zu Recht gegen Johann Arnold entschieden, weil eine Wassergerechtigkeit aus dem 16. Jahrhundert den Ausbau der Fischteiche gerechtfertigt habe. Das von Arnold gepachtete Mühlenrecht sei von vornherein auch damit belastet gewesen. Noch heute ist das allgemeine Auffassung der Rechtshistoriker. Ich habe da so meine Zweifel. Aber es ist schwer, sie zu beweisen. Die Akten des Prozesses sind nicht mehr vorhanden.

Nachfolger des Großkanzlers von Fürst wurde der Justizminister von Schlesien, Graf von Carmer. Er erhielt den Auftrag für die Kodifikation des neuen Rechts. Hatte in Halle studiert, wie seine Mitarbeiter Suarez und Klein. Sie begannen mit den Vorarbeiten, in ziemlicher Isolierung, denn von der Berliner Gesellschaft wurden sie geschnitten. Nach dem Tode Friedrichs II. gab es Schwierigkeiten. Sein Nachfolger stand unter dem Einfluß des preußischen Adels. Dessen prominentester Vertreter, der General von der Marwitz, hatte den Gesetzesentwurf verächtlich einen »Gleichheitskodex« genannt. Also wurde noch ein wenig geändert. 1794 ist er dann doch als Gesetz verkündet worden. Die politische Substanz war im wesentlichen erhalten geblieben. Sie war die gleiche wie im Fall des Müllers Arnold. Für den kleinen Mann, gegen den Adel. Dafür nur ein Beispiel.

Im Mietrecht war die alte deutsche Regel »hur brickt koep« im 16. Jahrhundert durch den römischen Grundsatz »Kauf bricht Miete« abgelöst worden. Das individualistische römische Recht hatte die Sozialbindung des alten deutschen verdrängt (oben S. 63 f.). In der folgenden Zeit gab es dann noch einige Versuche, die sozialen Härten zu mildern. Aber es stand immer das römische Recht entgegen, das seit der Rezeption die Oberhand behalten hatte. Erst das Preußische Allgemeine Landrecht von 1794 konnte mit Gesetzeskraft wieder das Gegenteil verkünden. Gleich am Anfang der gemeinsamen Vorschriften für Miete, Pacht und andere Nutzungsrechte heißt es dort, im 21. Titel des ersten Teils, in §§ 2 und 3 (PrALR I.21.2+3):

»So weit der Berechtigte sich im wirklichen Besitze der zu gebrauchenden oder zu nutzenden Sache befindet, hat seine Befugniß die Eigenschaft eines dinglichen Rechts. Die Verpflichtung, ihm die Ausübung des dinglichen Rechts zu gestatten, geht also auf jeden neuen Eigenthümer der belasteten Sache, welcher sein Recht von dem Besteller des Gebrauchs- oder Nutzungsrechts herleitet, mit über«.

Mit anderen Worten: Der neue Eigentümer konnte die alten Mieter nicht vertreiben. Die Sozialbindung des alten deutschen Rechts war wiederhergestellt. Das mit dem »dinglichen Recht« bedeutet für Juristen sogar noch eine Steigerung in der Sicherheit des Mieters. Praktisch spielte es keine große Rolle. Entscheidend war, daß die Mieter bleiben konnten.

So war die allgemeine Tendenz dieses Gesetzes. Nicht überall konnte sie sich durchsetzen. Die ständische Gliederung war ebensowenig zu beseitigen wie die Erbuntertänigkeit der Bauern. Es ist ein Kompromiß gewesen zwischen Ständestaat und bürgerlicher Gesellschaft. Der Durchbruch kam erst im 19. Jahrhundert.

Zum Naturrecht allgemein: Ernst Bloch, Naturrecht und menschliche Würde, 1961 (suhrk. taschenbuch wiss. 250); Hans Welzel, Naturrecht und materiale Gerechtigkeit, 4. Aufl. 1962 (Nachdruck 1990). Der Aufsatz von Hermann Weinkauff: Der Naturrechtsgedanke in der Rechtsprechung des Bundesgerichtshofes, in: Neue Juristische Wochenschrift 1960, S. 1689-1696. Zum klassischen Naturrecht, zu Hugo Grotius, Pufendorf, Thomasius und zum PrALR: Franz Wieacker, Privatrechtsgeschichte der Neuzeit, 2. Aufl. 1967, §§ 15-19. Die juristischen Probleme des Müller-Arnoldschen Prozesses: M. Diesselhorst, Die Prozesse des Müllers Arnold und das Eingreifen Friedrichs des Großen, 1984. Eine anschauliche und lustige Schilderung der Ereignisse um den Prozeß: Thomas Carlyle, Geschichte Friedrichs des Zweiten, genannt der Große, 6. Band (1928), 7. Kapitel.

VII
Die Entstehung des bürgerlichen Rechts
im 19. Jahrhundert

Verglichen mit dem übrigen Westeuropa war Deutschland in der ersten Hälfte des Jahrhunderts noch ein unterentwickeltes Agrarland. Schrittmacher der Entwicklung ist Preußen, wohl auch deshalb, weil es dort die meisten Bodenschätze gab, in Schlesien, im Ruhrgebiet und im Saarland. Nach der Niederlage gegen die Volksheere der Franzosen beginnt man mit den Reformen. Der Ständestaat wird endgültig beseitigt. Das erste ist die »Bauernbefreiung« von 1807. Die Gewerbefreiheit wird eingeführt, die Selbstverwaltung der Gemeinden und Städte, die allgemeine Schulpflicht und die allgemeine Wehrpflicht. Krönung des ganzen ist die neue Universität in Berlin, gegründet 1810. Humboldt gibt ihr eine moderne Verfassung, die mit dem »Zunftwesen« der bisherigen bricht und in vollkommener Weise den Idealen und Interessen der bürgerlichen Gesellschaft entspricht. »Einsamkeit und Freiheit« sind der Motor einer neuen Wissenschaft.

Die Freisetzung der Bauern ist das Entscheidende. Sie ermöglicht auf der einen Seite der Großlandwirtschaft endlich eine rationale Kalkulation und schafft auf der anderen das für den Aufbau der Industrie notwendige Proletariat. Es strömt in die neuen Städte. Dort lebt es in der Rezession der dreißiger und vierziger Jahre in unvorstellbarem Elend. Zumal der Aufbau einer Großindustrie ohnehin immer bedeutet, daß die dafür notwendigen Investitionen auf Kosten des Konsums der großen Masse gehen. Der juristische Hebel dafür war die Vertragsfreiheit, besonders im Arbeitsrecht.

In der zweiten Hälfte des Jahrhunderts macht die deutsche Ökonomie dann den großen Schritt nach vorn, in einer unerhörten Expansion von Industrie und Landwirtschaft, mit einem starken Wachsen der Bevölkerung, die sich in diesem Jahrhundert verdoppelt. Berlin wächst um das Zehnfache. 1800 hatte es 200 000 Einwohner. 1900 sind es zwei Millionen. Trotz der Landflucht verdreifacht sich die Produktion der Landwirtschaft. Die Zuwachsraten der Industrie sind noch viel höher. Der Krieg von 1870/71 treibt die Produktion weiter an. Dann kommen noch die französischen Milliarden dazu und die Vereinheitlichung des Reichs- und Wirtschaftsgebietes. In den achtziger Jahren gibt es eine leichte Rezession. Die großen sozialen Spannungen versucht man mit der Sozialgesetzgebung abzubauen. Trotzdem haben die Sozialdemokraten hohe Stimmengewinne. 1889 gibt es den ersten umfassenden Streik, der große Aufregung verursacht. Bismarck gibt 1890 auf. Die aufsteigende Konjunktur am Ende des Jahrhunderts ermöglicht wieder eine etwas liberalere Politik, nach den Sozialistengesetzen der späten siebziger und der achtziger Jahre. Die bürgerliche Gesellschaft ist auf ihrem Höhepunkt. Der Staat hat sich aus der Wirtschaftslenkung fast völlig zurückgezogen und versucht sich seit den achtziger Jahren in einer imperialistischen Rohstoffpolitik mit der verspäteten Gründung von Kolonien in Afrika und im Pazifik. Bis zum Ersten Weltkrieg lebte man im goldenen Zeitalter der deutschen Wirtschaft.

Die dafür notwendigen Veränderungen im Recht sind von der Historischen Schule durchgesetzt worden. Gegen das Naturrecht des 17. und 18. Jahrhunderts. Sie gehört in den Gesamtzusammenhang der Entstehung von historischen Geisteswissenschaften, die der bürgerlichen Gesellschaft zu Beginn des 19. Jahrhunderts den Weg bereitet haben, also von Historismus und klassischer Philologie, von Romantik und deutschem Klassizismus. Ihr Programm geht zurück auf Gustav Hugo, einen Professor der Universität Göttingen, der zum Teil noch in das Naturrecht gehört. Ihr Begründer ist Friedrich Carl von Savigny, der bis heute als der bedeutendste deutsche Jurist gilt. Er war Mitbegründer der Berliner Universität, 1812/13 ihr Rektor, Lehrer des Kronprinzen und späteren Königs Friedrich Wilhelm IV., preußischer Staatsrat und von 1842 bis 1848 preußischer Justizminister. Nach der Märzrevolution hat er sich ins Privatleben zurückgezogen. Er war verheiratet mit Gunda von Brentano, der Schwester von Clemens und Bettina, ließ sich gern mit Goethe vergleichen und war schon zu seiner Zeit die unbestrittene Autorität der deutschen Rechtswissenschaft. Savigny, das war aber auch ein Name, der viel böses Blut machte. Heinrich Heine schrieb über ihn (Zeitgedichte, Die Menge tut es):

> »Denk ich an Berlin, auch vor mir steht
> Sogleich die Universität.
> Dort reiten vorüber die roten Husaren,
> Mit klingendem Spiel, Trompetenfanfaren –
> Es dringen die soldatesken Töne

Bis in die Aula der Musensöhne.
Wie geht es dort den Professoren
Mit mehr oder minder langen Ohren?
Wie geht es dem elegant geleckten,
Süßlichen Troubadour der Pandekten,
Dem Savigny? Die holde Person,
Vielleicht ist sie längst gestorben schon –
Ich weiß es nicht – ihr dürfts mir entdecken,
Ich werde nicht zu sehr erschrecken.«

Historische Schule, das bedeutete, daß man nun nicht mehr das Recht aus der Natur oder der Vernunft des Menschen ableitete, sondern als ein historisches Produkt ansah, als ein Produkt des Volksgeistes. Der Jurist hatte nicht mehr die Aufgabe zu überlegen, wie er eine sinnvolle Ordnung für die Menschen konstruieren könne, sondern er mußte nur einfach den vom Volksgeist produzierten Stoff des Rechts sammeln und in eine systematische Ordnung bringen. Das hatte schon Gustav Hugo so formuliert. Man nannte das »historisch und philosophisch«. Erst mußte das schon vorhandene – »positive« – Recht in seinem Bestand festgestellt und dann systematisch geordnet werden. Savigny schrieb dazu, im Einleitungsaufsatz zum ersten Band der Zeitschrift für geschichtliche Rechtswissenschaft, 1815 (Seite 6):

»Die geschichtliche Schule nimmt an, der Stoff des Rechts sei durch die gesamte Vergangenheit der Nation gegeben, doch nicht durch Willkür, so daß er zufällig dieser oder ein anderer sein könnte, sondern aus dem innersten Wesen der Nation selbst und ihrer Geschichte hervorgegangen. Die besonnene Tätigkeit aber jedes Zeitalters müsse darauf gerichtet werden, diesen mit innerer Notwendigkeit gegebenen Stoff zu durchschauen, zu verjüngen und frisch zu erhalten.«

Mit der Willkür meint er die naturrechtlichen Konstruktionen des 18. Jahrhunderts. Ihnen setzt er romantische Volksgeistvorstellungen entgegen, die er bei Herder fand, und Vorstellungen vom organischen Wachsen des Rechts, das er auch oft mit der Sprache eines Volkes verglich (System des heutigen Römischen Rechts, 1. Band, 1840, S. 16 f.):

»Denn wie in dem Leben des einzelnen Menschen kein Augenblick eines vollkommenen Stillstandes wahrgenommen wird, sondern stete organische Entwicklung, so verhält es sich auch in dem Leben der Völker, und in jedem einzelnen Element, woraus dieses Gesamtleben besteht. So finden wir in der Sprache stete Fortbildung und Entwicklung, und auf gleiche Weise in dem Recht.«

Wie im Naturrecht war auch die Grundauffassung der Historischen Schule in einem gewissen Sinn naturwissenschaftlich, nur nicht mehr wie dort mathematisch, geometrisch, physikalisch, sondern biologisch und evolutionistisch. Das entsprach den biologischen und organischen Vorstellungen der bürgerlichen Wirtschaftstheorie, also etwa der Physiokraten in Frankreich und von Adam Smith in England.

Organismusvorstellungen repräsentieren die Autonomie der Gesellschaft gegenüber staatlichem Reglement. Denn ein Organismus funktioniert von selbst, organisch. Eingriffe sind nur schädlich. So hat schon 1758 François Quesnay in seinem Tableau économique den Kreislauf der Wirtschaft als eine Art Blutkreislauf beschrieben, der in einem sich selbst regulierenden Gleichgewicht steht von Ausgaben und Einnahmen der Landwirte, Gewerbetreibenden und Grundbesitzer. Das ist bürgerliches Laissez-faire gegen merkantilistische Wirtschaftslenkung. Mathematische, geometrische und mechanische Konstruktion entspricht staatlicher Planung und Lenkung. »Willkür«, sagt Savigny. Dagegen stehen biologische Organismusvorstellungen, verbunden mit dem stillen und ebenso selbsttätigen Wirken des Volksgeistes, der die bürgerliche Gesellschaft repräsentiert. Dort, in der Gesellschaft und nicht vom Staat, wird das neue Recht ja auch formuliert, nämlich von der bürgerlichen Wissenschaft, vertreten durch die Historische Schule und ihr Pandektenrecht. Nicht als Produkt eines staatlichen Gesetzes wie im Naturrecht.

Das ist der Hintergrund des berühmten Streits zwischen Savigny und dem Heidelberger Professor Justus Thibaut, der 1814 ein Buch geschrieben hatte »Über die Notwendigkeit eines allgemeinen bürgerlichen Rechts für Deutschland«. Damit meinte er ein Gesetz, das in allen deutschen Einzelstaaten in gleicher Weise erlassen werden sollte, um so die Rechtseinheit herzustellen. Savigny antwortete noch im gleichen Jahr mit einer Gegenschrift, »Vom Beruf unserer Zeit für Gesetzgebung und Rechtswissenschaft«. Nämlich gegen Gesetzgebung, und für die Wissenschaft. Denn das Recht eines Volkes sei Teil seines individuellen Lebens. Wie die Sprache. Es verkörpert dieses Leben wie eine Haut, die einen Körper umschließt. Setzt man an ihre Stelle ein rational konstruiertes Gesetzbuch, dann würde das bedeuten, einem Körper die Haut abzuziehen und sie durch ein künstliches Produkt zu ersetzen.

Die Bürger im zersplitterten Deutschland waren eben noch nicht stark genug, über den Staat ein bürgerliches Gesetzbuch durchzusetzen, wie es in Frankreich nach einer erfolgreichen Revolution mit dem Code Civil gelungen war. Deshalb gehen sie den Weg über die Gesellschaft, über die bürgerliche Wissenschaft, mit Friedrich Carl von Savigny und seiner historischen Schule. Das führte im Ergebnis zum gleichen Erfolg wie in Frankreich. Nur eben wissenschaftlich. Am Ende des 19. Jahrhunderts haben sie es dann endgültig geschafft. Auf der Grundlage der Arbeiten dieser Juristen wurde das Bürgerliche Gesetzbuch nun auch vom Staat kodifiziert.

Wissenschaftstheoretisch bedeutete das Ganze den Übergang vom bewußt wertenden Naturrecht zum – angeblich – wertfreien Positivismus im Recht. Im Naturrecht gab es noch eine Einheit von politischen, gesellschaftlichen, ökonomischen und juristischen Überlegungen. Wie die »Kameralistik« eine Wissenschaft vom sinnvollen Handeln war, vom Handeln der camera, der fürstlichen Hof- oder Rentkammer, also der absolutistischen Verwaltung. Planende staatliche Wirtschaftslenkung braucht Sinn, muß sinnvoll sein, indem sie sich Rechenschaft ablegt über die Ziele ihres Handelns. Sie muß »Wertentscheidungen« treffen. Nicht dagegen liberales Laissez-faire, das auf die Selbstregulierung über den Markt abstellt und ganz bewußt nicht planen will. Es muß sich beschränken auf die – angeblich – wertfreie Feststellung des positiv Vorhandenen nach dem Muster der Naturwissenschaften.

In diesem Prozeß der Sinnentleerung gegenüber dem Naturrecht hatte die historische Schule die Funktion, die Verdrängung der Realien des Naturrechts – Politik, Philosophie, Gesellschaft, Ökonomie – aus dem Recht wissenschaftlich zu legitimieren, nämlich durch ihren Rückgriff auf die Geschichte. Die Geschichte war ganz einfach die formale Legitimation. Sie ist in erster Linie Stoffsammlung und in zweiter Linie Beherrschung dieses Stoffs durch Begriffe. Wie Chemie und Physik und Biologie Sammlung von Informationen sind, aus denen man die Naturgesetze ablesen kann.

Von der Theorie der Historischen Schule war es so nur noch ein kleiner Schritt zum unverdeckten Positivismus des Pandektenrechts, also zu der Vorstellung, man könne jede juristische Entscheidung allein durch logisch-wertfreie Ableitung aus vorgegebenen juristischen Regeln finden. Es brauchte nämlich nur noch die historische Dimension aus dem historischen Positivismus gestrichen zu werden. Dieser Schritt wurde getan von Georg Friedrich Puchta, dem Schüler Savignys und dessen Nachfolger auf dem Berliner Lehrstuhl. Er veränderte die Theorie der Rechtsquellen. Genauer gesagt, er erweiterte sie. Für Savigny gab es zwei Möglichkeiten der Entstehung von Recht, nämlich das Gesetz und das Gewohnheitsrecht. Mit dem Nachdruck auf der überragenden Bedeutung des Gewohnheitsrechts. Puchta kennt drei Rechtsquellen: Gesetz, Gewohnheitsrecht und Wissenschaft. Das wichtigste wird nun die Wissenschaft. Denn die wissenschaftlich arbeitenden Juristen wirken in entscheidender Weise an der Formulierung dessen mit, was sich im Volk als Gewohnheitsrecht zunächst nur sehr grob und unbewußt entwickelt hat. Mit ihren Begriffen. Die Juristen werden zum Organ der Rechtsfortbildung, die historische Dimension überflüssig und ersetzt durch die juristische Wahrheit ihrer abstrakten Begriffe.

Das ist das Pandektenrecht des 19. Jahrhunderts. Seinen Namen hat es von den Titeln der Lehrbücher, die nun überall in Deutschland in gleicher Weise geschrieben wurden. Sie hießen »Lehrbuch der Pandekten« oder einfach »Pandekten«. Das ist der griechische Name der Digesten, des wichtigsten Teils des Corpus Iuris Civilis. Pandechestai bedeutet zusammenfassen, wie das lateinische digerere. Die wichtigsten Lehrbücher in der Reihenfolge ihres Erscheinens und mit dem wichtigsten Ort der Lehrtätigkeit ihrer Verfasser:

Puchta	1838	Berlin (Georg Friedrich Puchta 1798 bis 1846)
Vangerow	1839	Heidelberg (Karl Adolph v. Vangerow 1808-1870)
Arndts	1850	München (Ludwig Arndts v. Arnesberg 1803-1878)
Brinz	1857	München (Aloys Brinz 1820-1887)
Windscheid	1862	Leipzig (Bernhard Windscheid 1817-1892)
Dernburg	1884	Berlin (Heinrich Dernburg 1829-1907)
Bekker	1886	Heidelberg (Ernst Immanuel Bekker 1827-1916)
Regelsberger	1893	Göttingen (Ferdinand Regelsberger 1831 bis 1916)

Überall in Deutschland wurde das Recht an den Universitäten nach ihnen gelehrt und gelernt und auf diese Weise die Rechtseinheit – wissenschaftlich – hergestellt. Mangels einer allgemeinen Kodifikation waren sie geltendes Recht. Römisches Recht. Am Ende seiner unmittelbaren Geltung in Deutschland entsteht noch einmal eine großartige Zusammenfassung, wie bei Ulpian und Paulus am Ausgang der klassischen Zeit in Rom oder in der glossa ordinaria des Accursius im 13. Jahrhundert. Auf dem höchsten Niveau der formalen juristischen Begrifflichkeit und Abstraktion. Mit großem internationalen Renommee. Der Verzicht auf die vernunftgemäße Begründbarkeit von Recht, auf seine inhaltliche Rationalität, wurde verschleiert durch die formale Logik. Danach blieb als Aufgabe der Rechtswissenschaft (Paul Laband, Das Staatsrecht des Deutschen Reiches, 1. Aufl. 1876, S. IX):

»die gewissenhafte und vollständige Feststellung des positiven Rechtsstoffes und die logische Beherrschung desselben durch Begriffe . . . Zur Lösung dieser Aufgabe gibt es kein anderes Mittel als die Logik: dieselbe läßt sich für diesen Zweck durch nichts ersetzen; alle historischen, politischen und philosophischen Betrachtungen . . . sind für die Dogmatik eines konkreten Rechtsstoffes ohne Belang.«

Durchgehendes Charakteristikum dieser Methode ist die Abstraktion. Sie ist Ausdruck der Gleichheit aller Menschen. Wenn man sie gleich behandeln will, muß man von den jeweiligen Besonderheiten ihrer Situation absehen, abstrahieren. Der allgemeinen Gleichheit der Menschen entspricht die Allgemeinheit der Regeln des Rechts. Und ihre höchste Höhe erreicht diese Allgemeinheit in einer Errungenschaft, auf die das Pandektenrecht besonders stolz ist. Das ist der »Allgemeine Teil«. In allen Lehrbüchern der Pandekten ist er der erste, sozusagen vor die Klammer gezogen, mit allgemeinen Regeln für alle Rechtsgebiete des Zivilrechts, die dann folgen. Das ist das fünfteilige sogenannte Pandektensystem. Es findet sich noch heute in unserem BGB mit seinen fünf Büchern, nämlich Allgemeiner Teil, Schuldrecht, Sachenrecht, Familienrecht und Erbrecht.
Es gab schon Vorläufer im Naturrecht, zum Beispiel bei Pufendorf. Aber in dieser Reinheit ist es ein Produkt des 19. Jahrhunderts. Der erste Entwurf dazu stammt von Georg Arnold Heise, dem späteren Präsidenten des Lübecker Oberappellationsgerichts. 1808 verfaßte er einen »Grundriß eines Systems des gemeinen Zivilrechts« mit

dieser Fünfteilung. Die große Vollendung war dann Friedrich Carl von Savignys »System des heutigen Römischen Rechts«. Es erschien in acht Bänden von 1840 bis 1849 und war nichts anderes als die erste große ausführliche Darstellung dieses Allgemeinen Teils mit seinen allgemeinen Lehren des Zivilrechts.

Savigny war es auch, der die Abstraktion in einem nicht unwichtigen Einzelfall auf die Spitze trieb. Bei der Übereignung. Wie wird man Eigentümer einer Sache, zum Beispiel beim Kauf? Die Römer sagten, es müsse zweierlei zusammenkommen. Der Kaufvertrag müsse wirksam zwischen Verkäufer und Käufer abgeschlossen sein und die Sache dem Käufer vom Verkäufer übergeben werden. Das sagt Paulus in den Digesten, im 1. Titel des 41. Buches, am Anfang des 31. Fragments. Paul. D. 41. 1. 31 pr.:

Numquam nuda traditio transfert dominium, sed ita, si venditio aut aliqua iusta causa praecesserit, propter quam traditio sequeretur.

Deutsch: Niemals überträgt die bloße Übergabe das Eigentum, sondern nur dann, wenn ein Kauf oder irgendeine andere iusta causa vorhergegangen ist, derentwegen die Übergabe folgte.

Das war das römische Recht bis zum 19. Jahrhundert. Im 17. Jahrhundert hatte Hugo Grotius inzwischen mal eine andere Meinung vertreten. Der Kaufvertrag allein genügt, hatte er gesagt. Allein mit Abschluß des Vertrages geht das Eigentum an der Sache auf den Käufer über, schon bevor sie ihm übergeben wird. Aber er hatte damit nur in Frankreich Erfolg, wo diese Regel dann in den Code Civil übergegangen war. In Deutschland blieb alles beim alten. Bis zu Savigny. Er erfand das sogenannte Abstraktionsprinzip. Danach geht das Eigentum über, auch wenn der Kaufvertrag aus irgendwelchen Gründen unwirksam ist. Der Eigentumsübergang ist losgelöst – »abstrakt« – vom Kaufvertrag. Notwendig ist nur die Übergabe und eine abstrakte dingliche Einigung des bisherigen Eigentümers mit dem Erwerber. Sie müssen sich einigen, daß das Eigentum übergehen soll. Egal warum. Und egal, ob der Vertrag wirksam ist oder nicht. So ist es noch heute bei uns im BGB. § 929 Satz 1:

»Zur Übertragung des Eigentums an einer beweglichen Sache ist erforderlich, daß der Eigentümer die Sache dem Erwerber übergibt und beide darüber einig sind, daß das Eigentum übergehen soll.«

Auf dieses Abstraktionsprinzip sind deutsche Juristen heute immer noch sehr stolz. Obwohl es zu ziemlich blödsinnigen Ergebnissen führt, wie folgender Fall zeigen kann:

Gesine Cresspahl ist 17 Jahre alt geworden und hat von ihrem Vater Jakob etwas Geld geerbt. Ohne Wissen ihrer Mutter kauft sie sich bei einem Juwelier einen goldenen Ring für tausend Mark. Als sie ihn ihrer Mutter Marie zeigt, ist die hell empört. »Bring ihn sofort zurück«, sagt sie. Wem gehört der Ring? Was ist mit dem Kaufvertrag? Was ist mit dem Tausendmarkschein, den Gesine dem Juwelier gegeben hat?

Juristisch gesehen sind nämlich drei Verträge abgeschlossen worden. Ein Kaufvertrag. Ein Vertrag über das Eigentum am Ring. Und ein Vertrag über das Eigentum am Tausendmarkschein. Auch wenn man nur eine Zeitung am Kiosk kauft, ist das so. Drei Verträge. Einer über den Kauf der Zeitung. Einer über das Eigentum an der Zeitung. Und ein dritter über das Eigentum am Geld.
Bei Gesine ist es nun folgendermaßen. Der Kaufvertrag ist unwirksam, weil sie noch minderjährig ist. Das ergibt sich aus § 107 BGB:

»Der Minderjährige bedarf zu einer Willenserklärung, durch die er nicht lediglich einen rechtlichen Vorteil erlangt, der Einwilligung seines gesetzlichen Vertreters.«

Aus dem Kaufvertrag erhält sie zwar den Anspruch auf den Ring. Das ist ein Vorteil. Aber der Vertrag hat auch den Nachteil, daß sie zahlen müßte. Also erlangt sie durch ihn nicht »lediglich einen rechtlichen Vorteil«. Wie etwa bei einem Geschenk. Deshalb ist der Vertrag unwirksam. Ebenso der Vertrag über die Übereignung des Tausendmarkscheins. Gesine ist Eigentümerin geblieben. Aber nicht der Vertrag über das Eigentum am Ring. Der bringt ihr »lediglich einen rechtlichen Vorteil«. Also ist er wirksam. Denn er ist abstrakt, unabhängig von der Wirksamkeit oder Unwirksamkeit des Kaufvertrages. Gesine ist Eigentümerin des Rings geworden. Zwei Verträge sind unwirksam. Nur der eine über das Eigentum am Ring ist wirksam. Das nenne ich blödsinnig.
Es gibt dann zwar wieder einen Ausgleichsanspruch des Juweliers. Aber erst einmal hat Gesine das Eigentum, und das ist in mancher Beziehung nicht ohne Nachteil für ihn. Herzlichen Dank, sagt Gesine, lieber Herr von Savigny, für dieses schöne Abstraktionsprinzip.

Nach römischem Recht hätte sie nämlich kein Eigentum erworben. Die Übereignung dort war »kausal«, ursächlich verbunden mit dem Kaufvertrag. Ist der unwirksam, ist sie es auch. Ebenso in den romanischen und angelsächsischen Ländern, wo die gleiche Regel gilt. Und erst recht in Frankreich, wo ja allein der Kaufvertrag das Eigentum verschafft, ohne Übergabe. Wenn er nicht in Ordnung ist, bleibt das Eigentum erst recht beim Verkäufer.

Das Lustige am Abstraktionsprinzip ist, daß Savigny es völlig unhistorisch in fehlerhafter Auslegung von historischen Quellen entwickelte. Er mußte schon sehr freizügig mit den Äußerungen römischer Juristen umgehen, um das Gegenteil zu beweisen. Mit dem Programm der Historischen Schule war das jedenfalls nicht zu vereinbaren. Ganz abgesehen vom Problem, wieso denn der deutsche Volksgeist eigentlich so still vor sich hin immer wieder richtiges römisches Recht produzieren konnte. Wie auch immer. Das Abstraktionsprinzip des § 929 BGB hat auch seine guten Seiten. Es ist außerordentlich schwer zu verstehen. Wenn man es einmal begriffen hat, kann man sich anderen schon ein wenig überlegen fühlen. Wissen ist Macht. Und Recht ist eine Herrschaftswissenschaft. Außerdem haben Jurastudenten damit am Anfang ihres Studiums viele Schwierigkeiten. Es ist eine der meisten Fehlerquellen in juristischen Übungsarbeiten. Das zieht ganz schön runter. Es wäre ja noch schöner, wenn diese lustigen jungen Menschen am Ende ihres Studiums genauso fröhlich wären wie am Anfang. Wie würde unsere Justiz dann aussehen? Das Abstraktionsprinzip ist ein wichtiger Beitrag zur Sozialisation von Juristen.

Am Ende des Jahrhunderts ist auf der Grundlage dieser Vorarbeiten das Bürgerliche Gesetzbuch erlassen worden. 1871 war die Reichseinheit hergestellt. Es mußte nur noch die Gesetzgebungskompetenz des Reichs für das gesamte bürgerliche Recht in die Verfassung eingebaut werden, durch die lex Miquel-Lasker von 1873, dann konnte man ans Werk gehen. Nach zweiundzwanzigjähriger Beratung ist das Gesetz vom Reichstag 1896 verabschiedet worden, gegen die Stimmen der Sozialdemokraten. Es ist, vereinfacht gesprochen, eine Kodifikation des Pandektenrechts. Mit einigen wenigen Ergänzungen aus der Tradition des alten deutschen Rechts. Es ist individualistisch und unsozial. Man hörte nicht auf Warnungen und Vorwürfe. Sie kamen nicht nur von der politischen Linken, wie etwa vom Wiener Staatssozialisten – und Antimarxisten – Anton Menger in seiner Schrift »Das bürgerliche Recht und die besitzlosen Volksklassen« von 1890. Auch von eher konservativer Seite kamen harte Worte. Otto v. Gierke, Der Entwurf eines Bürgerlichen Gesetzbuchs und das deutsche Recht, 1889, S. 2ff.:

»Wird dieser Entwurf nicht in diesem oder jenem wohlgelungenen Detail, sondern als Ganzes betrachtet, wird er auf Herz und Nieren geprüft und nach dem Geiste befragt, der in ihm lebt, so mag er manche lobenswerte Eigenschaft offenbaren. Nur ist er nicht deutsch, nur ist er nicht volkstümlich, nur ist er nicht schöpferisch – und der sittliche und sociale Beruf einer neuen Privatrechtsordnung scheint in seinen Horizont überhaupt nicht eingetreten zu sein! Was er uns bietet, das ist in seinem letzten Kern ein in Gesetzesparagraphen gegossenes Pandektenkompendium. Selbstverständlich mit umfassenden Konzessionen an das deutsche und moderne Recht, mit Weglassung vieler noch vegetierender römischer Institute und mit Aufnahme zahlreicher einheimischer Rechtsbildungen, ohne die nun einmal ein Recht der Gegenwart nicht denkbar ist. Aber das innere Gerüst des ganzen Baues vom Fundament bis zum Giebel entstammt der Gedankenwerkstätte einer vom germanischen Rechtsgeiste in der Tiefe unberührten romanistischen Doktrin, und fast wie ein fremdartiger Stoff nur ist das deutsche Recht ihm eingefügt, überall so behauen und beschnitten, wie es die reinen Linien des stilvollen Kunstbaues am wenigsten zu stören schien. Mit jedem seiner Sätze wendet dieses Gesetzbuch sich an den gelehrten Juristen, aber zum deutschen Volke spricht es nicht – nicht zu seinen Ohren, geschweige denn zu seinem Herzen. In kahle Abstraktionen löst es auf, was von urständigem und sinnfälligem Rechte noch unter uns lebt; starrem Formalismus und dürrem Schematismus opfert es den Ideenreichtum und die organische Gestaltenfülle unserer vaterländischen Rechtsbildung. Und arm, unbeschreiblich arm erweist es sich an schöpferischen Gedanken. In der Hauptsache begnügt es sich mit einer Kodifikation des usus modernus pandectarum . . .

Wohnt ihm dennoch etwa eine verborgene sociale Tendenz inne? Aber dann wäre dies die individualistische und einseitig kapitalistische Tendenz des reinsten Manchestertums, es wäre jene gemeinschaftsfeindliche, auf die Stärkung des Starken gegen den Schwachen zielende, in Wahrheit antisociale Richtung, mit der im übrigen unsere neue deutsche Gesetzgebung so entschieden gebrochen hat! Schwerlich liegt dem Entwurfe eine derartige Absicht zu Grunde. Vielmehr ist es der Mangel jeder den Bannkreis der Jurisprudenz überschreitenden Absicht, der unwillkürlich ein solches Ergebnis hervorgebracht hat und immer und überall hervorbringen muß, wenn der römische Rechtsgedanke über den germanischen triumphiert.«

Einer der wenigen Tropfen »socialistischen Öls« (Otto v. Gierke), der aus dem alten deutschen Recht in das BGB gekommen ist, fiel übrigens in das Mietrecht. Bei der Lösung des Problems, was mit dem Mieter geschieht, wenn der Vermieter das Haus verkauft. Das römische Recht hatte ihn völlig schutzlos gestellt. Das alte deutsche Recht war sozial und mieterfreundlich und sagte »hur brickt koep«. Die humanistischen Juristen des gemeinen Rechts kehrten zum Prinzip des römischen Rechts zurück, »Kauf bricht Miete«. Das Naturrecht wieder sah auf das Wohl des kleinen Mannes. Das Preußische Allgemeine Landrecht verstärkte den Schutz des Mieters außerordentlich. Gab ihm sogar ein »dingliches Recht«. Aus war es mit den Räumungen. Aber die Historische Schule und das Pandektenrecht stellten im 19. Jahrhundert das reine römische Recht wieder her. Im ersten Entwurf des BGB, der 1887 veröffentlicht wurde, blieb es dabei. Man meinte, ein Schutz für den Mieter würde zu tief in das Eigentum eingreifen. Dagegen gab es heftige Polemik, besonders bei Otto von Gierke in seinem Buch von 1889. Und hier hatte er Erfolg, zumal es noch eine ganze Menge anderer Veröffentlichungen zu dieser Frage gab, die ebenfalls seiner Meinung waren. Seitdem heißt es bei uns wieder, wie beim Hamburger Bürgermeister Langenbeck, »hur brickt koep«, oder »Kauf bricht nicht Miete«. In der Sprache des BGB, in § 571:

»Wird das vermietete Grundstück nach der Überlassung an den Mieter von dem Vermieter an einen Dritten veräußert, so tritt der Erwerber an Stelle des Vermieters in die sich während der Dauer seines Eigentums aus dem Mietverhältnis ergebenden Rechte und Verpflichtungen ein.«

Der neue Eigentümer muß die vertraglichen Verpflichtungen seines Vorgängers übernehmen. Immerhin. Ein kleiner Erfolg. In der großen Fibel des Egoismus.
Aber es gibt nicht nur soziale Probleme. Auch technische. Die Regeln des Allgemeinen Teils am Anfang müssen später manchmal wieder eingeschränkt werden. Und zu allem Überfluß gibt es noch einen zweiten allgemeinen Teil, im Schuldrecht des zweiten Buches. Das führt zu komplizierten Verschachtelungen und Verweisungen. Hat allerdings den Vorteil großer Schwierigkeiten für das Lehren und Lernen im Studium. Die Studenten langweilen sich und lernen entweder schlecht oder verbissen. Und geraten immer mehr in ein gnadenlos formales Denken. Insgesamt ist das BGB ohne Zweifel eine große Leistung. Seine Qualität ergibt sich aus der schon weit entwickelten Technizität des römischen Rechts und seiner jahrhundertelangen Tradition von der Glosse bis zum Pandektenrecht. Es ist außerdem ein Gesetz, das den damaligen gesell-

schaftlichen und wirtschaftlichen Verhältnissen, so ungerecht sie gewesen sind, vollkommen angemessen war. Mit anderen Worten, es ist eine »typische Schöpfung der bürgerlichen Gesellschaft des 19. Jahrhunderts« (Franz Wieacker).

Einen guten Überblick über die Wirtschaftsgeschichte gibt Helmut Böhme, Prolegomena zu einer Wirtschafts- und Sozialgeschichte Deutschlands im 19. und 20. Jahrhundert, 1968 (edition suhrkamp). Zur Wirtschaftstheorie der Physiokraten, zu François Quesnay und zu Adam Smith: Joseph Schumpeter, Geschichte der ökonomischen Analyse, 1. Band (1965), S. 290-313 und S. 240-256. Über die Historische Schule, Savigny, das Pandektenrecht und die Entstehungsgeschichte des BGB am besten: Franz Wieacker, Privatrechtsgeschichte der Neuzeit, 2. Aufl. 1967, §§ 20-25. Eine eindringliche und gute Kritik am Positivismus der Juristen gibt Georg Lukács, Geschichte und Klassenbewußtsein (1923), nachzulesen in der Ausgabe der Sammlung Luchterhand, 1970, S. 204 bis 207. Vgl. dazu noch Ernst Bloch, Naturrecht und menschliche Würde, 1972 (suhrkamp taschenbuch) S. 155-164, dort auch zur Funktion von Abstraktion (»Rechtsstaat für arm und reich«). Zum Abstraktionsprinzip bei der Übereignung: Ernst Felgenträger, Savignys Einfluß auf die Übereignungslehre, 1927, und rechtsvergleichend: Ernst von Caemmerer, Rechtsvergleichung und Reform der Fahrnisübereignung, in: ders., Gesammelte Schriften, 1. Band (1968), S. 146-186. Die technischen und didaktischen Probleme des Allgemeinen Teils sind jetzt sehr gut beschrieben von Dieter Medicus, Allgemeiner Teil des BGB, 7. Aufl. 1997, § 5 (»Die rechtspolitische Problematik des Allgemeinen Teils«, S. 14-17). Zum § 571 BGB, »Kauf bricht nicht Miete«, das schon oben S. 70 genannte Buch von K. Genius, Der Bestandsschutz des Mietverhältnisses, 1972.

VIII

Vertragsfreiheit und bürgerliches Recht heute

Am 1. Januar 1900 ist das BGB in Kraft getreten, bis heute fast unverändert. Auch das Dritte Reich hat es unbeschadet überstanden, obwohl es entstanden ist auf der Grundlage des römischen Rechts und trotz Art. 19 des Parteiprogramms der NSDAP, in dem geplant war, dieses römische Recht zu beseitigen. Zwar hat der Staatssekretär im Reichsjustizministerium, Franz Schlegelberger, gleich nach der Machtübernahme in einem berühmten Vortrag den »Abschied vom BGB« verkündet, wie er ihn nannte. Es gab ein großes Echo darauf und die faschistische Akademie für Deutsches Recht begann mit den Vorarbeiten für ein Volksgesetzbuch, das endlich frei sein sollte vom liberalistischen und – wie man meinte – jüdisch beeinflußten römischen Recht. Aber man wurde nicht fertig. Der Krieg kam dazwischen. Und als er zu Ende war, galt das BGB noch immer. Bis heute.

Jedoch der äußere Schein trügt. Das BGB ist tatsächlich fast das gleiche wie vor hundert Jahren. Trotzdem hat sich eine Menge verändert. Außerhalb des Gesetzbuches, dessen wirtschaftspolitische liberale Substanz zunehmend geschwächt wurde. Am stärksten im Bereich der Vertragsfreiheit.

Sie hängt auch zusammen mit seiner Abstraktion. Denn sie bedeutet, daß die einzelnen Lebensvorgänge losgelöst von ihren Besonderheiten gleichbehandelt werden. Der Kaufvertrag zwischen Herrn A und Frau B über eine Kuh wird genauso behandelt wie der Kaufvertrag zwischen Frau C und Herrn D über ein Auto. Es ist eben gleichgültig, ob es sich um Herrn A oder D oder um Frau B oder C handelt und ob es um ein Auto oder eine Kuh geht. Sie werden alle gleichbehandelt. Abstraktion bedeutet Gleichbehandlung. Das ist ein durchaus gerechtes Prinzip in einer Gesellschaft, in der alle Menschen gleich sind. Das Problem ist nur, sie sind es nicht. Und dann führt die Gleichbehandlung von Ungleichen zu ungleichen Ergebnissen. Und das ist ungerecht. Denn Gerechtigkeit bedeutet Gleichheit. Das wissen wir seit Aristoteles.

Das BGB geht nämlich über die Abstraktion bei Kaufverträgen

weit hinaus. Es behandelt auch die verschiedenen Arten von Verträgen alle gleich. Egal ob es ein Kaufvertrag, Darlehnsvertrag, Mietvertrag oder ein Arbeitsvertrag ist. Der Vertrag ist geschlossen, wenn die beiden sich geeinigt haben. Und es gilt nur das, worüber sie sich geeinigt haben. Das ist das Konsensprinzip, die Vertragsfreiheit. Man nennt es auch Privatautonomie. Jeder soll das Recht haben auf Selbstbestimmung, nämlich über den Vertrag. Ohne staatliches Reglement.

Bleiben wir bei Herrn A und Frau B. Beim Kaufvertrag über das Auto ist dieses Prinzip sinnvoll. Nehmen wir an, es ist ein gebrauchtes Auto. Wenn Herr A einen zu hohen Preis fordert, sagt Frau B »Dankeschön« und geht zum nächsten. Wenn der auch noch zu teuer ist, sucht sie weiter. Und irgendwo findet sie jemanden, der ihr zu einem vernünftigen Preis ein Auto überläßt, das ihr gefällt. Das ist das Prinzip des freien Marktes, das Prinzip von Angebot und Nachfrage, nach dem sich durch dieses freie Aushandeln der Markt von selbst reguliert und auf vernünftige Preise einpendelt. Das wurde zum ersten Mal in großartiger Weise formuliert von Adam Smith, 1776, in seinem »Wealth of Nations«. Es ist das Prinzip der bürgerlichen Gesellschaft, nach dem sich der Staat aus der Wirtschaft heraushalten soll, weil die unsichtbare Hand des Konsensprinzips schon alles regelt. Der Staat braucht nicht anzuordnen, ein VW-Golf, Baujahr 1997, ohne Schiebedach, mit 30 000 Kilometern kostet 19 000 Mark. Das wäre falsch und hätte viele unsinnige Folgen.

Wenn Herr A und Frau B aber einen Arbeitsvertrag schließen und nicht einen Kaufvertrag über ein gebrauchtes Auto, dann sieht es schon ganz anders aus. Besonders, wenn die Arbeit knapp ist, in Zeiten hoher Arbeitslosigkeit. Frau B braucht dringend eine Stellung. Und hier kann sie nicht ruhig von einem zum anderen ziehen, wenn ihr die Bedingungen nicht passen. Sie muß akzeptieren, was Herr A fordert. Und wenn er sagt: Wir einigen uns auf eine Möglichkeit für beide, jederzeit zu kündigen, dann muß sie das annehmen. Ebenso, wenn er darauf bestehen würde: zwei Tage Urlaub im Jahr, oder: sofortige Kündigung bei Schwangerschaft. Denn worauf man sich einigt, das gilt. Das ist das Prinzip der Vertragsfreiheit. Wenn es da keine gesetzlichen Reglungen des Staates gäbe, Kündigungsschutz, Urlaubsgesetze, Mutterschutz und so weiter, dann würde das auf gröbste Ungerechtigkeiten hinauslaufen. Auch das wußte man schon beim Erlaß des BGB. Noch einmal

Otto von Gierke, in einem Vortrag über »Die soziale Aufgabe des Privatrechts«, gehalten 1889 in Wien:

Schrankenlose Vertragsfreiheit zerstört sich selbst. Eine furchtbare Waffe in der Hand des Starken, ein stumpfes Werkzeug in der Hand des Schwachen wird sie zum Mittel der Unterdrückung des Einen durch den Anderen, der schonungslosen Ausbeutung geistiger und wirthschaftlicher Übermacht. Das Gesetz, welches mit rücksichtslosem Formalismus aus der freien rechtsgeschäftlichen Bewegung die gewollten oder als gewollt anzunehmenden Folgen entspringen läßt, bringt unter dem Schein einer Friedensordnung das bellum omnium contra omnes in legale Formen. Mehr als je hat heute auch das Privatrecht den Beruf, den Schwachen gegen den Starken, das Wohl der Gesamtheit gegen die Selbstsucht der Einzelnen zu schützen.« (abgedruckt in: Erik Wolf, Quellenbuch zur Geschichte der deutschen Rechtswissenschaft, 1949, S. 499).

Das BGB hat hier auf ihn nicht gehört. Es blieb bei der kalten Abstraktion einer allgemeinen Vertragsfreiheit. Das änderte sich allerdings bald. Schon im Ersten Weltkrieg und danach. Die Vertragsfreiheit ist seitdem zunehmend eingeschränkt worden.

Zum Beispiel im Arbeitsrecht. Die vielen Regeln des Arbeitsrechts sind letztlich nichts anderes als lauter Einschränkungen der Vertragsfreiheit. Im BGB gibt es zum Arbeitsvertrag insgesamt zwanzig Paragraphen, nämlich die §§ 611-630. »Dienstvertrag« heißt es dort. Vergleicht man das mit dem Kaufvertrag, staunt man erst recht. Ihm sind immerhin 82 Paragraphen gewidmet worden, also viermal so viel, obwohl der Arbeitsvertrag es nun wirklich nötig gehabt hätte, der Kaufvertrag nicht. Wie man an dem Beispiel von Herrn A und Frau B sehen kann. Aber das ist inzwischen behoben. Das BGB hat zwar immer noch seine zwanzig Paragraphen, von 611 bis 630. Aber außerhalb des BGB gibt es eine Unzahl von staatlichen Gesetzen und von Tarifverträgen, die durch Gesetz dem staatlichen Recht gleichgestellt werden. Sie gleichen diese Ungerechtigkeiten des BGB wieder aus.

Diese Einschränkungen der Vertragsfreiheit gab es zwar auch schon vor dem Erlaß des BGB, in der Arbeiterschutzgesetzgebung des 19. Jahrhunderts. Aber sie spielte keine große Rolle. Letztlich ging es nur um das Verbot der Kinderarbeit, im wesentlichen aus militärischen Gründen, nicht aus sozialen 1828 hatte nämlich der preußische General von Horn in einem Bericht an den König Alarm geschlagen. Die Fabrikbezirke würden ihre Kontingente an Wehrfähigen nicht stellen. Zu viele Jugendliche seien aus gesundheitlichen Gründen untauglich. Er führte das auf die frühe Arbeit der Kinder in den Bergwerken und Fabriken zurück. Sie würden zu früh zur Arbeit gezwungen, müßten zu lange arbeiten und oft auch nachts. Daraufhin wurde 1839 die Arbeit von Kindern unter neun Jahren verboten, 1853 für Kinder unter zwölf Jahren. Die Vertragsfreiheit ihrer Eltern und der Unternehmer ging also nicht mehr so weit, daß sie auch darüber verfügen konnten. Die Frauenarbeit wurde nicht geregelt. Im Gegensatz zu Englands Zehnstundenbill von 1847. Das blieb im wesentlichen alles. In den achtziger Jahren kam noch die Sozialversicherung dazu. 1891 endlich wurde im Arbeiterschutz die Sonntagsarbeit allgemein eingeschränkt, die Nachtarbeit von Frauen verboten und der Mutterschutz eingeführt. 1910 kam der Zehnstundentag für Jugendliche unter 16 Jahren und für Frauen.

1828	Bericht des Generals von Horn
1839	Kinderarbeit unter 9 Jahren verboten
1853	Kinderarbeit unter 12 Jahren verboten
1883	Krankenversicherung
1884	Unfallversicherung
1889	Invaliditäts- und Altersversicherung
1891	Arbeiterschutzgesetz
1910	Zehnstundentag für Jugendliche und Frauen

Im Grunde beginnt die Geschichte des Arbeitsrechts erst mit der Weimarer Zeit. Am Ende des Ersten Weltkrieges ist die Stellung der Arbeiterklasse sehr stark gewesen. Das war ihr Erfolg. Nicht eine Revolution. Die hatten sie nicht geschafft. Aber ein Arbeitsrecht, das ihnen das Leben erträglich machte. Der größte Erfolg war der Achtstundentag. Er breitete sich dann schnell in ganz Europa aus. Allerdings wurde der Elan des Anfangs – Artikel 157 der Weimarer Reichsverfassung: »Das Reich schafft ein einheitliches Arbeitsrecht« – nicht durchgehalten. Trotzdem. Nicht nur die Grundlagen eines sozialen Arbeitsrechts waren geschaffen. Manches ging sogar noch weit über das hinaus, was heute bei uns gilt. Zum Beispiel im Streikrecht, das allgemein anerkannt war. In der Verordnung über Tarifverträge von 1918 wurde das kollektive Arbeitsrecht begründet, mit der Anerkennung des Tarifvertrages als unmittelbar geltendem Recht für jeden einzelnen Arbeitsvertrag. Es entsteht eine eigene arbeitsrechtliche Literatur. Vorlesungen werden darüber gehalten an den Universitäten. Das Arbeitsrecht war auch als eigene Wissenschaft entstanden.

Im Faschismus wird das gesamte kollektive Arbeitsrecht beseitigt, also das Recht der Gewerkschaften und der Tarifverträge, der Betriebsräte und des Streiks. Die Arbeitsgerichte wurden aufgelöst und die Gewerkschaften. Arbeitgeber und Arbeitnehmer vereinigte man in der »Deutschen Arbeitsfront«. Im individuellen Arbeitsrecht, also dem Recht des einzelnen Arbeitsvertrages, gab es weniger Störungen. Mutterschutz und Urlaubsrecht wurden sogar ausgebaut.

Nach dem Zweiten Weltkrieg stellte man den in der Weimarer Zeit erreichten Zustand wieder her, mit Gewerkschaften und eigener Arbeitsgerichtsbarkeit. In der Montanindustrie wurde sogar schon die Mitbestimmung eingeführt. Es gab viele Einzelgesetze, aber kein zusammenfassendes Arbeitsgesetzbuch. Denn der Bundestag scheute die Konfrontation mit Arbeitgebern und Gewerkschaften. Also überließ man den Ausbau des Arbeitsrechts der Rechtsprechung der Gerichte. Besonders die des Bundesarbeitsgerichts war sehr unternehmerfreundlich und gewerkschaftsfeindlich. Im kollektiven Arbeitsrecht gibt es bis heute große Rückschritte gegenüber der Weimarer Zeit. Zum Beispiel im Streikrecht. Beim Mitbestimmungsgesetz von 1976 setzte sich die SPD mit dem Ziel der Parität von Kapital und Arbeit gegen die starken Widerstände der FDP nicht durch.

Wenn man sich vorstellt, es würde heute die vielen Einschränkungen der Vertragsfreiheit im Arbeitsrecht nicht geben, dann kann man erkennen, wie unsozial das BGB gewesen ist.

»Jeder hat das Recht auf freie Entfaltung seiner Persönlichkeit«, heißt es in Artikel 2 Absatz 1 des Grundgesetzes. Es ist das Hauptfreiheitsrecht unserer Verfassung. Ihm folgt in Artikel 3 das Hauptgleichheitsrecht. Beide werden dann noch in einzelne Grundrechte aufgelöst. Sie ergeben sich aus der Würde des Menschen, die in Artikel 1 garantiert ist. Aus dem Freiheitsrecht des Artikels 2 begründet man heute allgemein das Prinzip der Vertragsfreiheit. Nicht mehr wie früher aus dem BGB. Das BGB, sagt man heute, ist nur der stärkste Ausdruck der Vertragsfreiheit, nicht ihre Rechtsgrundlage. Aber Vertragsfreiheit ruht auch auf dem Gedanken der Gleichheit aller Menschen. Da sie alle frei und gleich sind, können sie ihr Leben selbst gestalten, ohne staatliches Reglement, durch private Verträge, mit wem und wie sie wollen. Dementsprechend unterscheidet man Abschlußfreiheit und Inhaltsfreiheit. Jeder soll nicht nur frei entscheiden können, ob und mit wem er einen Vertrag abschließt sondern auch, zu welchen Bedingungen. Sogar in der juristischen Literatur von heute sagt man dann manchmal, daß die Voraussetzungen dafür oft nicht gegeben sind. Viele Lehrbücher scheuen zwar noch klare Worte, so das wohl am meisten verbreitete: Hans Brox, Allgemeiner Teil des BGB, 23. Aufl. 1999, Randziffern 24, 25, 73. Aber es gibt auch andere. Helmut Köhler zum Beispiel, BGB Allgemeiner Teil, 24. Aufl. 1998, § 12 Randziffer 2:

»Erst im Laufe der Zeit wurde man sich mehr und mehr der Tatsache bewußt, daß die Vertragsfreiheit und die rechtliche Sanktionierung der ›frei‹ zustande gekommenen Verträge bei wirtschaftlichem Übergewicht einer Vertragspartei zum Instrument der Herrschaft über die andere umfunktioniert werden konnte. Man erkannte, daß die Vertragsfreiheit ihr eigentliches Ziel, die Selbstverwirklichung der Person, nur da erreichen kann, wo annäherndes wirtschaftliches Gleichgewicht herrscht, und nur dort funktionieren kann, wo Wettbewerb und Chancengleichheit auch faktisch vorhanden sind. Der Vertragsmechanismus, also das Erfordernis der wechselseitigen Zustimmung zu den Forderungen der anderen Partei, liefert allein keine Richtigkeitsgewähr für den Vertragsinhalt. Mit welchem Inhalt ein Vertrag bei uneingeschränkter Vertragsfreiheit zustande kommt, hängt immer davon ab, wie sehr die eine Partei auf die Leistung der anderen angewiesen ist und welche Ausweichmöglichkeiten bestehen. Ist das Verhandlungsgleichgewicht zwischen den Parteien nicht gegeben

(›gestörte Vertragsparität‹), müssen Gesetzgeber, Verwaltung und Gerichte eingreifen, um entweder die Chancengleichheit zu verwirklichen oder den Vertragsinhalt zu kontrollieren … Dieser Eingriff erscheint heute als notwendige Ergänzung der Vertragsfreiheit: Vertragsfreiheit und Vertragsgerechtigkeit müssen in ihrem Zusammenhang und Zusammenspiel gesehen werden.«

Allgemein ist man der Überzeugung, die Vertragsfreiheit könne und müsse eingeschränkt werden. Auch dafür gibt Artikel 2 Absatz 1 die Rechtsgrundlage. Vollständig lautet er nämlich:

»Jeder hat das Recht auf freie Entfaltung seiner Persönlichkeit, soweit er nicht die Rechte anderer verletzt und nicht gegen die verfassungsmäßige Ordnung oder das Sittengesetz verstößt.«

Führt die Vertragsfreiheit zu unsozialen Ergebnissen, kann man sie einschränken, weil sie dann gegen die verfassungsmäßige Ordnung verstößt. Denn einer der wichtigsten Grundsätze unserer Verfassung ist das Sozialstaatsgebot in Artikel 20 Absatz 1 des Grundgesetzes:

»Die Bundesrepublik Deutschland ist ein demokratischer und sozialer Bundesstaat.«

Damit werden nicht nur die Regelungen des Arbeitsrechts gerechtfertigt. Eine Unzahl von Einschränkungen der Vertragsfreiheit gibt es, die man darauf zurückführt. Zum Beispiel das Kartellrecht im Gesetz gegen Wettbewerbsbeschränkungen von 1957, das Ludwig Erhard als das Kernstück des Sozialen in seiner Marktwirtschaft ansah. Oder das Gesetz über die Allgemeinen Geschäftsbedingungen von 1976. In ihm werden einzelne Klauseln für unwirksam erklärt, wenn Unternehmen einfach schon formularmäßig die Vertragsbedingungen zu ihren Gunsten und zu stark auf Kosten ihrer Vertragspartner bestimmen.
Meistens geht es um die Inhaltsfreiheit. Wie etwa im Arbeitsrecht oder bei den Allgemeinen Geschäftsbedingungen. Seltener um die Abschlußfreiheit, wie zum Beispiel im Kartellrecht, wo eben bestimmte Unternehmen einige Verträge – über Marktaufteilung oder Zusammenschluß – schon überhaupt nicht abschließen dürfen. Und ganz selten wird die Abschlußfreiheit in der Weise eingeschränkt, daß man abschließen muß und sich nicht weigern darf, mit jemand anders einen Vertrag zu schließen. Das ist der sogenannte Abschlußzwang, den man auch Kontrahierungs-

zwang nennt. Es gibt ihn für öffentliche Versorgungsunternehmen, bei Post und Bahn, für die Versorgung mit Wasser, Gas oder Elektrizität. Aber auch wenn private Unternehmer ein Monopol in der Verteilung lebenswichtiger Güter haben, sind sie zum Abschluß von Verträgen verpflichtet, wenn er ihnen »billigerweise zugemutet werden kann«, wie man meistens formuliert. Es sind sehr seltene Fälle. Tagtäglich wird die Vertragsfreiheit dagegen in einem Bereich eingeschränkt, der für die meisten Menschen genauso wichtig ist wie das Arbeitsrecht. Ich meine das soziale Mietrecht.

Im Gegensatz zum Arbeitsrecht liegen seine Anfänge erst nach dem Erlaß des BGB. Im ersten Weltkrieg wurde Wohnraum sehr knapp, weil die Bautätigkeit nachließ. Schon damals schuf man sich die drei Instrumente, die dann immer wieder eine Rolle spielten: Wohnraumbewirtschaftung, Preisregulierung, Kündigungsschutz. Und es entwickelte sich, ebenfalls im Gegensatz zum Arbeitsrecht, zunächst nur als Notrecht in Mangelzeiten. Man sah es als vorläufig an, als Notbehelf für schlechte Zeiten. Wenn die sich bessern, das war die Vorstellung, dann gehen wir wieder über zur Vertragsfreiheit des BGB. Nur langsam lernte man, daß das soziale Ungleichgewicht zwischen Vermieter und Mietern auch in normalen Zeiten existiert. Erkannte am Ende der Weimarer Zeit die Notwendigkeit eines allgemeinen sozialen Mietrechts. Deshalb wurde 1931 die für 1933 vorgesehene Aufhebung des Mieterschutzgesetzes und des Reichsmietengesetzes von einer sozialen Ausgestaltung des Mietrechts im BGB abhängig gemacht. Aber die fand nicht statt. Also blieben die Gesetze bis in die Anfänge der Bundesrepublik in Kraft. Das Mieterschutzgesetz wurde im Faschismus sogar noch ausgebaut. Das bedeutet, daß das Notrecht 1931 zum normalen sozialen Mietrecht geworden war, mit Dauercharakter wie das Arbeitsrecht.

Der Umschwung kam unter Adenauer. 1950 wurde der Mieterschutz für frei finanzierte Neubauwohnungen aufgehoben, die volle Vertragsfreiheit des BGB wiederhergestellt. Das war nun das Ziel für den gesamten Wohnungsmarkt. Mieterschutz galt wieder als Notrecht. Die Rückkehr zum BGB schien 1960 endgültig eingeleitet. Mit dem »Gesetz zum Abbau der Wohnungszwangswirtschaft und über ein soziales Miet- und Wohnrecht«. Wenn Worte sprechen könnten. Es ist der Höhepunkt des Nachkriegsliberalismus im Mietrecht. Bis 1965 sollten schrittweise alle Stadt- und

Landkreise aus der »Zwangswirtschaft« ausscheiden. Der Schluß-
termin wurde allerdings immer wieder verschoben.

1971 geschieht ein Wunder. Der letzte Umschwung. Die sozialliberale Koalition erläßt das Gesetz über den Kündigungsschutz für
Mietverhältnisse über Wohnraum. Das Wohnraumkündigungs-
schutzgesetz. Das Kündigungsrecht des Vermieters wird praktisch
abgeschafft und nur noch ausnahmsweise zugelassen bei erheblichen Vertragsverletzungen des Mieters, für den Eigenbedarf oder
bei Änderung der wirtschaftlichen Verwertung, zum Beispiel Abbruch. Es ist verboten für Mieterhöhungen, die nach einem neuen
Verfahren stattfinden. Das Gesetz war zunächst befristet bis 1974.
Man befürchtete Schwierigkeiten. Die kamen unter anderem in
Gestalt einer Verfassungsbeschwerde der Vermieter. Die Freiheit
ihres Eigentums sei beseitigt. 1973 bestätigte das Bundesverfassungsgericht die Rechtmäßigkeit des Gesetzes. 1974 wurde es endgültig – als § 564b – in das BGB eingebaut. Das war innerhalb des
Bürgerlichen Gesetzbuches die wichtigste soziale Änderung seit
seinem Inkrafttreten. Von den Wählern kaum bemerkt.

1917-1931	Notrecht
1931-1950	soziales Mietrecht
1950-1971	Notrecht
seit 1971	soziales Mietrecht

Ende 1982 gab es unter der neuen Regierung Kohl eine leichte
Wende mit den Zeitverträgen des § 564c. Aber die Substanz des sozialen Mietrechts wurde dadurch nicht entscheidend verändert.
Insgesamt kann man sagen, daß es im Normalfall tatsächlich einigermaßen sozial funktioniert. Der Normalfall, das sind die Mittel-
schichtmieter in Wohnhäusern von durchschnittlicher Bausubstanz. Hier haben sie durch den § 564b BGB eine gut funktionie-
rende Sicherung erhalten. Nicht so an den Randbezirken, also bei
sozial schwachen Mietern und schlechtem Zustand der Bausubstanz. In den Großstädten. Dort, wo dann wegen der Verschlechte-
rung der Bausubstanz und zusätzlichen Steueranreizen das Kapital
eindringt, mit Räumungen und Sanierungen, kommt es immer
noch zu Vertreibungen von Mietern und großen sozialen Härten.

Zum Schluß noch ein Fall aus dem täglichen Leben. An ihm kann
man sehr deutlich erkennen, was Vertragsfreiheit ist und wie ihr
Gegenteil aussieht. Er ist 1978 vom Amtsgericht Tempelhof-

Kreuzberg in Berlin entschieden worden und hat bis heute Unruhe gestiftet. Seitdem diskutiert man über das Problem. Immer wieder werden in den juristischen Zeitschriften Entscheidungen von Obergerichten veröffentlicht, die das Ganze nun langsam wieder in das rechte Lot der Vertragsfreiheit gerückt haben. Es geht um das Problem der sogenannten Schönheitsreparaturen in Mietwohnungen.

Amtsgericht Tempelhof-Kreuzberg, Urteil vom 23. Mai 1978, abgedruckt in der Zeitschrift für Miet- und Raumrecht 1979, S. 242-244:

Mieter M hatte im September 1974 von Vermieter V eine Einzimmerwohnung gemietet. Er unterschrieb einen vorgedruckten Mietvertrag, einen sogenannten Einheitsmietvertrag. Darin war unter anderem auch bestimmt, daß die Schönheitsreparaturen vom Mieter getragen werden. Im Februar 1977 zog er aus. Er hatte die Wohnung gekündigt. Ihm wurde eine Frist zum Renovieren gesetzt. Er unternahm nichts. Danach bekam er von V eine Rechnung über 2263,08 DM für Schönheitsreparaturen. Das war die Summe, die ein Malereibetrieb für die Renovierung seiner Wohnung gefordert hatte. M weigerte sich zu zahlen. Also erhob V gegen ihn Klage vor dem Amtsgericht.

Das Amtsgericht hat entschieden: M braucht nicht zu zahlen. Die Klage wurde abgewiesen, wie man so sagt. Obwohl M sich in einem freien Vertrag mit V ganz frei verpflichtet hatte, die Renovierung zu übernehmen. Diese Vereinbarung ist unwirksam, sagte das Amtsgericht. Das geht zu weit mit der Vertragsfreiheit. Sie ist hier eingeschränkt. Und zwar durch das Gesetz über die Allgemeinen Geschäftsbedingungen (AGBG). Ganz neu war es damals, 1976 erst erlassen.

Das ist eigentlich auch der Grund für die Aufregung bis heute. An Mietverträge hatte man beim Erlaß des Gesetzes nicht gedacht. Das »selbstgeschaffene Recht der Wirtschaft« (Großmann-Doerth, 1933) wollte man damit unter Kontrolle bringen, die vorformulierten Massenverträge von großen Unternehmen im allgemeinen Geschäftsverkehr. Aber ohne Zweifel werfen vorgedruckte Mietverträge das gleiche Problem auf. Auch hier findet sich ein Diktat des wirtschaftlich Stärkeren unter der falschen Flagge der Vertragsfreiheit. Der von M unterschriebene Mietvertrag fällt selbstverständlich unter die Begriffsbestimmung am Anfang des neuen Gesetzes. § 1 AGBG:

Allgemeine Geschäftsbedingungen sind alle für eine Vielzahl von Verträgen vorformulierten Vertragsbedingungen, die eine Vertragspartei (Verwender) der anderen Vertragspartei bei Abschluß eines Vertrages stellt. Gleichgültig ist, ob die Bestimmungen einen äußerlich gesonderten Bestandteil des Vertrages bilden oder in die Vertragsurkunde selbst aufgenommen werden, welchen Umfang sie haben, in welcher Schriftart sie verfaßt sind und welche Form der Vertrag hat.«

Es geht dann darum, daß einzelne Vertragsbestimmungen für unwirksam erklärt werden, in denen sich der »Verwender« unangemessen günstige Bedingungen formuliert hat, zum Beispiel zu lange Fristen für die Lieferung, Vertragsstrafen oder den Ausschluß der Haftung für Mängel der gelieferten Ware. Meistens gibt es für solche Fälle Regeln im Bürgerlichen Gesetzbuch. Aber sie sind »abdingbar«. Die Vertragsparteien können in einem Vertrag sich auch darauf einigen, daß diese Regeln des BGB nicht gelten sollen, sondern andere, die im Vertrag formuliert werden. Dagegen ist so lange nichts einzuwenden, wie die Vertragsparteien sich wirklich im freien Spiel der Kräfte in Ruhe und ohne Druck einigen. Wenn aber der eine dem anderen routinemäßig ein Formular vorlegt, mit dem bekannten »Kleingedruckten«, dann hört der Spaß oft auf. Das ist kein freies Aushandeln mehr, sondern läuft, wenn es massenhaft geschieht, auf eine Änderung des Gesetzes hinaus. Dafür ein Beispiel. In § 551 BGB heißt es:

»Der Mietzins ist am Ende der Mietzeit zu entrichten. Ist der Mietzins nach Zeitabschnitten bemessen, so ist er nach dem Ablauf der einzelnen Zeitabschnitte zu entrichten.«

Wann muß man also nach dem BGB die Miete zahlen? Am Ende des Monats. Und wann zahlen wir alle regelmäßig unsere Miete? Am Anfang. Warum? Weil es in den vorgedruckten Mietverträgen seit Jahrzehnten so vorgesehen ist. Kein Mensch denkt mehr an § 551 BGB. Er hat keine Bedeutung mehr. Ist von den Formularen der Hauseigentümer abgeschafft worden. Gegen solche de facto-Änderungen des BGB wendet sich das AGBG. Denn die Regeln des BGB beruhen auf einer angemessenen Abwägung der Interessen der Vertragsparteien. Wenn sie im Einzelfall davon abgehen wollen, sollen sie es. Aber nicht massenhaft vorformuliert. Deshalb ist im Gesetz auch ausdrücklich gesagt, es gelte nicht für solche Verträge, in denen die einzelnen Bestimmungen jeweils individuell ausgehandelt worden sind (§ 1 Abs. 2). Das sind die sogenannten

Individualabreden. Hier kann sich dann natürlich auch oft der wirtschaftlich Stärkere durchsetzen. Aber das ist ein anderes Problem, das dieses Gesetz nicht lösen will.

Zurück zu den Schönheitsreparaturen. Das AGB-Gesetz enthält zwar eine Fülle von Einzelbestimmungen, in denen vielverwendete Klauseln genau bezeichnet und für unwirksam erklärt sind. Über Schönheitsreparaturen ist aber natürlich nichts gesagt. Trotzdem. Es gibt eine allgemeine Bestimmung. Auf sie hat sich auch das Amtsgericht Tempelhof-Kreuzberg berufen. Danach sind Vertragsbestimmungen unwirksam, wenn man von den wichtigen Regeln des BGB abweicht. Die Sache mit der Zahlung der Miete am Anfang oder am Ende des Monats, sagt man, ist nicht so wichtig. Aber da, wo es um die Substanz von Hauptpflichten geht, etwa des Mieters und Vermieters, da greifen wir ein und erklären die Benachteiligung des einen durch den anderen für unwirksam. Das steht in § 9 des Gesetzes.

Er ist ein wenig kompliziert aufgebaut. Macht zunächst eine allgemeine Vorbemerkung im ersten Absatz und nennt dann die entscheidenden Kriterien im zweiten:

§ 9. Generalklausel (1) Bestimmungen in Allgemeinen Geschäftsbedingungen sind unwirksam, wenn sie den Vertragspartner des Verwenders entgegen den Geboten von Treu und Glauben unangemessen benachteiligen.
(2) Eine unangemessene Benachteiligung ist im Zweifel anzunehmen, wenn eine Bestimmung
1. mit wesentlichen Grundgedanken der gesetzlichen Regelung, von der abgewichen wird, nicht zu vereinbaren ist, oder
2. wesentliche Rechte oder Pflichten, die sich aus der Natur des Vertrages ergeben, so einschränkt, daß die Erreichung des Vertragszwecks gefährdet ist.

Für die Schönheitsreparaturen muß man also fragen: Wie ist die gesetzliche Regelung im BGB? Und gehört sie zu den wesentlichen Rechten und Pflichten, die sich danach aus dem Mietvertrag für Mieter und Vermieter ergeben? Nun, die Fragen sind leicht zu beantworten. Der Mietvertrag wird im BGB ab § 535 geregelt. Gleich in § 536 heißt es:

»Der Vermieter hat die vermietete Sache dem Mieter in einem zu dem vertragsmäßigen Gebrauche geeigneten Zustande zu überlassen und sie während der Mietzeit in diesem Zustande zu erhalten.«

Auf deutsch: Der Vermieter muß renovieren. Diese Pflicht, als eine seiner ersten genannt, ist auch eine sogenannte Hauptpflicht. Darüber besteht in der juristischen Literatur seit langem Einigkeit. Das Ganze wird weiter unten im Gesetz auch noch einmal wiederholt, jetzt bei den Pflichten des Mieters am Ende der Mietzeit. § 548 BGB:

»Veränderungen oder Verschlechterungen der gemieteten Sache, die durch den vertragsmäßigen Gebrauch herbeigeführt werden, hat der Mieter nicht zu vertreten.«

Das heißt, auch beim Auszug hat der Mieter keinen Ersatz für die Renovierung zu zahlen. Nach dem BGB ist die Regelung eindeutig. Der Vermieter muß renovieren. Das ist ein wesentlicher Grundgedanke der gesetzlichen Regelung und eine wesentliche Pflicht des Vermieters. Also, sagte das Amtsgericht Tempelhof-Kreuzberg, die anders lautende Regelung im Vertrag vom September 1974 ist nach § 9 AGBG unwirksam. M braucht an V die 2263 DM nicht zu zahlen. Im Namen des Volkes.
Aber keine Panik auf der Titanic. Ein Jahr später hat das Landgericht Berlin genau das Gegenteil gesagt (Zeitschrift für Miet- und Raumrecht 1979, S. 244-245). Mit einer juristisch sehr schlechten Begründung. Das Amtsgericht Krefeld erließ um die gleiche Zeit ein Urteil, in dem man eine mittlere Linie ansteuerte. Wenn der Mieter am Ende die ganzen Kosten tragen soll, ohne Rücksicht darauf, wann zuletzt renoviert worden ist, dann ist das unwirksam. Sonst nicht. Möglich ist also eine Überwälzung der Renovierungskosten auf den Mieter nach Quoten. Hat er ein Jahr vorher renoviert, braucht er nur 20% zu zahlen. Ist es zwei Jahre her, dann muß er 40% beim Auszug zahlen. Und so weiter. Juristisch begründen läßt sich das kaum. § 9 AGBG und §§ 536, 548 BGB sind eindeutig. Deshalb argumentiert das Amtsgericht Krefeld auch ökonomisch. »Die heutigen Mieten wären völlig unzureichend, hätte der Vermieter aus dem Mietzins noch regelmäßige Wohnungsrenovierungen zu erbringen« (Neue Juristische Wochenschrift 1979, S. 2520). Da ist ja vielleicht was Wahres dran. Es gibt keine unumstrittenen Berechnungen. Im übrigen übersieht es nur völlig, daß regelmäßig der neue Mieter die Kosten übernimmt. Es geht doch um die Kosten am Ende der Mietzeit.
Viele Aufsätze sind darüber geschrieben worden. Dafür und dagegen. In den Kommentaren zum BGB und zum AGBG hat man

dazu Stellung genommen. Dafür und dagegen. Einige Oberlandesgerichte haben dann gesprochen. Sie waren einhellig der Meinung, der Vermieter kann die Kosten vom Mieter verlangen. Etwa so, wie es das Amtsgericht Krefeld gesagt hat. Und schließlich hat der Bundesgerichtshof mit einer Entscheidung von 1984 das Ganze bestätigt, mit derselben Begründung. Die Vertragsfreiheit ist im wesentlichen wiederhergestellt. Sie ist, wie man sieht, unsozial. Oder, wie der französische Kommunist und Philosoph Roger Garaudy formuliert hat (La Liberté, 1955): die Freiheit eines freien Fuchses in einem freien Hühnerstall.

Zur Entwicklung der Vertragsfreiheit: Andreas Kaiser, Industrielle Revolution und Privatautonomie, in: Kritische Justiz 1976, S. 60-74. Zur Geschichte des Arbeitsrechts: Th. Blanke, R. Erd, U. Mückenberger, U. Stascheit, Kollektives Arbeitsrecht, Quellentexte zur Geschichte des Arbeitsrechts in Deutschland, 2 Bände (rororo studium) 1975, und Rohderich Wahsner, Das Arbeitsrechtskartell – Die Restauration des kapitalistischen Arbeitsrechts in Westdeutschland nach 1945, in: Kritische Justiz 1974, S. 369-386. Zur Entwicklung des sozialen Mietrechts findet man nur kurze Übersichten in den Kommentaren, z.B. W. Schmidt-Futterer, Blank, Wohnraumschutzgesetze (6. Aufl. 1988) S. 1-28. Zum Mietrecht allgemein: Joachim Brech (Hg.), Wohnen zur Miete. Wohnungsversorgung und Wohnungspolitik in der Bundesrepublik, 1981. Zum Problem der Schönheitsreparaturen die grundlegende Entscheidung des Bundesgerichtshofes: BGHZ 92.363 (1984), etwas verändert in einem Urteil von 1992, BGH NJW 1993.532.

IX

Rechtsstaat und öffentliches Recht
im 19. und 20. Jahrhundert

Herzstück der Verfassung der Bundesrepublik ist Artikel 20 des Grundgesetzes. Seine ersten drei Absätze lauten:

»Die Bundesrepublik Deutschland ist ein demokratischer und sozialer Bundesstaat.

Alle Staatsgewalt geht vom Volke aus. Sie wird vom Volke in Wahlen und Abstimmungen und durch besondere Organe der Gesetzgebung, der vollziehenden Gewalt und der Rechtsprechung ausgeübt.

Die Gesetzgebung ist an die verfassungsmäßige Ordnung, die vollziehende Gewalt und die Rechtsprechung sind an Gesetz und Recht gebunden.«

Fünf Prinzipien sind genannt. Das Demokratiegebot, das Sozialstaatsgebot und der Föderalismus im ersten Absatz, das Gewaltenteilungsprinzip im zweiten und das Rechtsstaatsgebot im dritten. Zentrales Verfassungsprinzip, sagt man, ist dabei die Entscheidung für die Demokratie.

Das kann alles mögliche bedeuten. Wie die Freiheit. Demos ist griechisch und bedeutet das Volk, die Gemeinde. Kratein heißt herrschen. Demokratie ist also Volksherrschaft. Es gibt sogar Volksdemokratien, in denen das Volk in Worten verdoppelt wird, ohne daß es deswegen mehr zu sagen hat. In Griechenland und Rom, den antiken Vorbildern, ist es damit auch nicht weit her gewesen. Drei Viertel der Menschen waren ohnehin lebenslänglich von Wahlen ausgeschlossen. Die eine Hälfte waren Sklaven und die Hälfte der anderen sind Frauen gewesen. Beide hatten keinerlei politische Rechte. Blieben also die erwachsenen Männer. Aber auch da gab es feine Unterschiede, nämlich nach dem Vermögen. In den Zenturiatkomitien der Römer zum Beispiel, in denen die Oberbeamten gewählt wurden, die Konsuln und Prätoren, hatten die Angehörigen der beiden ersten Steuerklassen mit 98 von 193 Zenturien die absolute Mehrheit. Der Rest verteilte sich auf die fünf anderen. Es war eine Herrschaft der Reichen unter dem Namen der Herrschaft des Volkes.

Unsere Demokratie dagegen beruht auf allgemeinen und gleichen Wahlen. Das steht in Artikel 38 des Grundgesetzes, der insofern das Demokratiegebot des Artikels 20 in einem nicht unwesentlichen Detail konkretisiert. Aber auch da kann noch gemogelt werden. Wie gleich diese Wahlen sind und wie stark das Volk dabei herrscht, läßt sich an Überlegungen zeigen, die in der staatsrechtlichen Literatur über eine Partei angestellt wurden, für die sich 1983 immerhin zwei Millionen Wähler entschieden hatten. Es waren staatsrechtliche Überlegungen zu den Grünen. Man wollte verhindern, daß sie das nächste Mal wieder in den Bundestag einziehen. Das Beispiel zeigt, was parlamentarische Demokratie bedeutet. Mit der Betonung auf parlamentarisch.

Die Grünen propagierten nämlich die Basisdemokratie und wollten das Rotationsprinzip praktizieren. Ihre Abgeordneten sollten rotieren, also alle zwei Jahre abgelöst werden, damit sie nicht zu Berufspolitikern werden, die in erster Linie im Interesse ihrer eigenen Machtposition und erst in zweiter Linie in dem ihrer Wähler entscheiden. Außerdem sollten sie bei Abstimmungen im Parlament an Parteitagsbeschlüsse gebunden werden. Nehmen wir nur das letzte, die sogenannte Basisdemokratie. Sie ist verfassungswidrig, sagen die Staatsrechtler. Also seien die Grünen eine verfassungswidrige Partei und könnten verboten werden. Oder, noch einfacher, sie sind deshalb überhaupt keine Partei und dürfen vom Bundeswahlleiter gar nicht erst zur nächsten Wahl zugelassen werden.

Die Basisdemokratie sei verfassungswidrig, weil sie dem Prinzip der parlamentarischen Demokratie widerspricht, das ebenfalls in Artikel 38 Absatz 1 des Grundgesetzes zum Ausdruck kommt. Man nennt es auch mittelbare Demokratie:

»Die Abgeordneten des Deutschen Bundestages werden in allgemeiner, unmittelbarer, freier, gleicher und geheimer Wahl gewählt. Sie sind Vertreter des ganzen Volkes, an Aufträge und Weisungen nicht gebunden und nur ihrem Gewissen unterworfen.«

Die Abgeordneten sind an Weisungen nicht gebunden und nur ihrem Gewissen verantwortlich. Die Bürger gehen alle vier Jahre zur Wahl. Dann hat das Parlament allein das Wort, völlig unabhängig von ihnen. Deshalb sagen viele noch heute, daß Volksabstimmungen – auf Bundesebene – verfassungswidrig sind. Sie widersprächen dem Prinzip des Parlamentarismus. Dahinter steckt ein tiefes

Mißtrauen gegen die politische Reife des Volkes. Die allgemeine Entscheidung über die Zusammensetzung des Parlaments traut man ihnen noch zu. Aber jede Einwirkung auf Einzelentscheidungen soll verhindert werden. Das ist das Prinzip der parlamentarischen Demokratie und entspricht tatsächlich in gewissem Umfang der Stimmung unter den Mitgliedern des Parlamentarischen Rates, der 1949 das Grundgesetz beschlossen hat. Immerhin hatte dieses Volk dem Führer zwölf Jahre lang zugejubelt. Und trotzdem schrieben sie dann in die Verfassung, in Artikel 20 Absatz 2:

»Alle Staatsgewalt geht vom Volke aus. Sie wird vom Volke in Wahlen und Abstimmungen und durch besondere Organe der Gesetzgebung, der vollziehenden Gewalt und der Rechtsprechung ausgeübt.«

Wohlgemerkt: vom Volke in Wahlen und Abstimmungen. Volksabstimmungen. So steht es im Herzstück unserer Verfassung. Trotzdem sind Volksabstimmungen nach allgemeiner Auffassung der Staatsrechtslehrer verfassungswidrig. Warum? Weil sie dem Prinzip der parlamentarischen Demokratie widersprechen, das in Artikel 38 ausgedrückt ist. Und was ist mit den Abstimmungen, die in Art. 20 genannt werden? Das ist ganz einfach. Das sind nur die in Artikel 29 genannten, in denen es um die Aufteilung des Bundesgebietes unter die Länder geht. Gebietsveränderungen unter den Bundesländern. Andere gibt es nicht. Weil, so schließt man messerscharf, nicht sein kann, was nicht sein darf. Und wenn einmal nach Landesrecht ausnahmsweise eine Volksabstimmung erlaubt ist, die komplizierten Bedingungen erfüllt und Hunderttausende von notwendigen Unterschriften beigebracht sind, dann fand man oft eine juristische Notbremse. Wie im Fall des hessischen Volksbegehrens zum Bau der Startbahn West auf dem Frankfurter Flughafen. Nachdem die hessische Landesregierung darüber bis 1981 jahrelang Entscheidungen getroffen hatte, war das Land Hessen nun plötzlich nicht mehr zuständig, konnte auch das hessische Volk nicht mehr entscheiden. Denn nun war das Ganze eine Angelegenheit des Luftverkehrs, für den der Bund zuständig ist, und nicht mehr des Landesplanungsrechts. Es gibt eben in der Bundesrepublik ein institutionalisiertes Mißtrauen gegen die Bevölkerung, außer bei Wahlen. Aber die finden ja nur alle vier Jahre statt.
Unter dieses Mißtrauen fällt nun auch die sogenannte Basisdemokratie. Abgeordnete sind eben völlig frei, wenn sie einmal gewählt sind. So steht es in Artikel 38. Aber schon in den fünfziger Jahren

hat der liberalkonservative Staatsrechtslehrer und Bundesverfassungsrichter Gerhard Leibholz darauf hingewiesen, daß das weitgehend eine Fiktion ist. Man denke nur an den Fraktionszwang, der bei Abstimmungen im Parlament ständig praktiziert wird. Wie ist es denn da mit dem Verbot von Weisungen und mit dem Gewissen des Abgeordneten? Der Artikel 38 stammt aus dem 19. Jahrhundert, als die Parteien noch keine große Rolle spielten und in erster Linie die Persönlichkeit des Abgeordneten für seine Wahl entscheidend war, nicht die Parteizugehörigkeit. In der modernen Massendemokratie ist das völlig anders. Deshalb hat das Bonner Grundgesetz auch als erste deutsche Verfassung in das Zentrum ihres Staatsaufbaus eine Vorschrift aufgenommen, die den Parteien bescheinigt, daß sie bei der Willensbildung des Volkes in entscheidender Weise mitwirken. Artikel 21 des Grundgesetzes. Das hatte es noch nie gegeben, auch nicht in der Weimarer Verfassung. Die Parteien hatte man immer als etwas eher Peinliches angesehen, war immer noch dem Phantom nachgejagt, die einzelnen Abgeordneten – mit ihrem individuellen Gewissen – seien es, die das Parlament bilden, nicht die Parteien. Das ist nun bei uns endlich anders, ehrlicher. Die Parteien spielen in der Arbeit des Parlaments mindestens die gleiche Rolle wie der einzelne Abgeordnete. Deshalb wird ja auch der Fraktionszwang als erlaubt angesehen, obwohl er genauso dem Geist des Artikels 38 widerspricht wie die Bindung an Parteitagsbeschlüsse. Warum soll jener erlaubt sein, diese aber nicht? Dafür gibt es überhaupt keine vernünftige Begründung. Nur die eine, daß man mit aller Gewalt die Grünen zu Verfassungsfeinden stempeln wollte. Mit dem Rotationsprinzip ist es übrigens nicht anders.

Nun, die Grünen konnten auf ihrem Weg bei den nächsten Wahlen nicht verhindert werden, haben das Rotationsprinzip und manches andere abgeschafft und stellen inzwischen Bundesaußenminister und einiges mehr. Auch die anderen Parteien haben sich leicht verändert. Volksabstimmungen stoßen nicht mehr auf so viel Widerstand wie bis Anfang der achtziger Jahre – sie wurden de facto von der CDU 1999 in Hessen mit der Kampagne gegen die doppelte Staatsbürgerschaft durchgeführt, und dieselbe Partei hat nach Art der Basisdemokratie sogar ihre neue Bundesvorsitzende Angela Merkel im Jahr 2000 an die Spitze gebracht.

Trotzdem. Parlamentarische Demokratie bedeutet immer noch, daß im Staat eine Minderheit, die an den Schalthebeln der Macht sitzt, über die Mehrheit herrscht. Dabei wäre es durchaus im Sinne der Väter des Grundgesetzes gewesen, wenn die Parteien die Aufgabe übernommen hätten, das Volk politisch mündig zu machen. Das meinte auch Gerhard Leibholz. Die Parteien seien in einer Massendemokratie die Transmissionsriemen, über die eine Meinungsbildung von unten nach oben laufen sollte. Hätte man das getan, wäre die Parteiendemokratie tatsächlich verwirklicht worden, dann würde man heute nicht soviel Angst zu haben brauchen vor direkter Demokratie. Wie auch immer. Noch nicht einmal das Grundgesetz ist den Menschen in der Bundesrepublik direkt zur Abstimmung gestellt worden, wie es nach der klassischen Verfassungslehre hätte geschehen müssen. Es ist ein Produkt der mittelbaren Demokratie.

1948 haben die Besatzungsmächte den Ministerpräsidenten der elf Länder in den drei westlichen Besatzungszonen vorgeschlagen, eine verfassunggebende Nationalversammlung für ihr Gebiet wählen zu lassen. Das lehnte man ab. Man wollte sich nicht den Weg zur deutschen Einheit verbauen. Aber die Ministerpräsidenten ernannten von sich aus, ohne Wahl, eine sogenannte Expertenkommission, die in Herrenchiemsee tagte und einen Entwurf des Grundgesetzes ausarbeitete. Dann wählten die elf Landtage das entscheidende Gremium, den Parlamentarischen Rat. Er hatte 65 Mitglieder, abgestuft nach der Größe der Länder. Man tagte in Bonn, hatte ständigen Kontakt mit den Militärregierungen. Im Mai 1949 wurde das Grundgesetz von ihm endgültig beschlossen. Es ist in Kraft getreten, ohne daß das Volk unmittelbar darüber abgestimmt hat. Nur die Landtage taten es, der bayerische mit einem eingeschränkten Nein. Auch bei der Wiedervereinigung 1990 ist über diese Verfassung nicht abgestimmt worden, obwohl es durchaus möglich gewesen wäre ohne große zeitliche Verzögerung und ohne Gefahr einer negativen Entscheidung. Sicher ist sicher.

Am Anfang des Grundgesetzes stehen die Grundrechte. Dann folgt mit Artikel 20 die wichtigste Vorschrift für die Organisation des Staates. Sie leitet den zweiten Abschnitt ein, mit der Überschrift »Der Bund und die Länder«. In Artikel 38 bis 69 werden die Rechte des Bundestages, Bundesrates, Bundespräsidenten und der Bundesregierung geregelt. Danach geht es bis Artikel 91 um die Aufteilung von Gesetzgebungs- und Verwaltungskompetenzen zwischen Bund und Ländern. Es folgen Vorschriften über den Aufbau der Gerichte, die Unabhängigkeit der Richter, die Rechte von Angeklagten und schließlich über die Aufteilung der Finanzen.

1968 kam mit den Notstandsgesetzen die wichtigste Ergänzung. An verschiedenen Stellen wurden sie in das Grundgesetz eingebaut, mit Sonderrechten des Staates beim inneren und äußeren Notstand, zum Beispiel für den Einsatz von Polizei und Militär.

Äußerer Notstand mit dem »Verteidigungsfall« – dem Krieg nach außen – in Art. 115a-l, dem Spannungsfall in Art. 80a und dem gemeinsamen Ausschuß von Bundestag und Bundesrat in Art. 53a. Innerer Notstand: Art. 87a Abs. 4 und Art. 91. Notstand bei Naturkatastrophen: Art. 35 Abs. 2 und 3.

Auf Drängen der SPD wurde als Ausgleich für die vielen zusätzlichen Befugnisse des Staates auch ein Recht in die Verfassung aufgenommen, das gegen ihn gerichtet ist. Das Widerstandsrecht. Man hat es als Absatz 4 in die Zentralvorschrift des Artikels 20 eingebaut, um ihm eine besondere Bedeutung zu geben. Aber juristisch-praktisch wird es nie eine Rolle spielen. Staatliche Gerichte werden gewaltsamen Widerstand gegen den Staat nie akzeptieren. Seine Aufnahme in die – staatliche – Verfassung hat eher symbolische Bedeutung. Es ist eben ein Naturrecht, widersprechendes Naturrecht, seit Jahrhunderten diskutiert und seit der Antike mit dem Recht des Tyrannenmordes immer auf das persönliche Risiko dessen gestellt, der zur Tat geschritten ist. Es gibt keinen staatlich erlaubten Widerstand gegen den Staat. Anders ist es mit den Grundrechten, mit dem Hauptfreiheitsrecht und dem Hauptgleichheitsrecht in Artikel 2 und 3 und den dann folgenden und sich daraus ergebenden besonderen Grundrechten wie der Glaubens- und Meinungsfreiheit in Artikel 4 und 5. Sie stammen zwar auch aus dem Naturrecht, haben die gleiche Geschichte, sind aber sehr viel länger staatlich anerkannt. 1776 erschienen sie schon – kurz – in der amerikanischen Unabhängigkeitserklärung und – ausführlich – in der Verfassung von Virginia. Von dort kamen sie 1789 in die französische Erklärung der Menschen- und Bürgerrechte. Der Staat wird ja von ihnen auch nicht total in Frage gestellt, wie vom Widerstandsrecht, das im äußersten Fall die private Anwendung von Gewalt legitimiert. Sie sind ruhiger. Dem einzelnen wird ein Freiraum gewährt, in dem er sich – gewaltfrei – bewegen darf. Sie beschränken nur die Macht des Staates, richten sich nicht gegen seine Existenz. Im Gegensatz zu anderen Verfassungen hat das Grundgesetz sie sogar an den Anfang gestellt, bevor der Grundstein des Staates in Artikel 20 gelegt wird. Das beruht auf den Erfahrungen mit staatlicher Totalität im Faschismus. In der Bismarckschen Reichsverfassung von 1871 gab es keine Menschenrechte. In der Weimarer Verfassung von 1918 standen sie am Ende, in Artikel 109 bis 165, als »Grundrechte und Grundpflichten der Deutschen«.

Dem gleichen Zweck, der Begrenzung der Macht des Staates, dienen das Rechtsstaatprinzip und die Gewaltenteilung, die dann in Artikel 20 genannt sind. Drei geteilte Gewalten gibt es im Staat von heute, die früher in der Person des Monarchen vereinigt waren. Die Gesetzgebung, die Regierung und die Gerichte. Aber das Prinzip funktioniert nicht mehr. Als Montesquieu es formulierte und man es im 18. und 19. Jahrhundert einführte, waren es verschiedene politische Kräfte, die sich da gegenseitig kontrollierten. Die Regierung blieb ja in der Hand des Königs. Heute leben wir im Parteienstaat. Die Partei, die im Parlament die Mehrheit hat, stellt auch die Regierung. Bei uns bestimmt sie praktisch auch die Zusammensetzung des höchsten und wichtigsten Gerichts, des Bundesverfassungsgerichts. Seit im Mai 1999 Johannes Rau zum Bundespräsidenten gewählt wurde, hat eine einzige Partei alle wichtigen Positionen im Staat besetzt und ist damit mächtiger als der berühmte Sonnenkönig, der gesagt haben soll, der Staat, das sei er selbst. Parlamentspräsident, Bundeskanzler, Bundesverfassungsgerichtspräsident und Bundespräsident gehören dann zur selben Partei. Von vornherein sind sie in grundsätzlichen Fragen einer Meinung. Es gibt keine Balance der Kräfte mehr, die Montesquieu mit seinem Prinzip bezweckt hatte. Außerdem wird dieser Staat noch aus einem anderen Grund immer bedrohlicher. Durch die ungeheure Konzentration von militärischem Vernichtungspotential. Der, den Thomas Hobbes im 17. Jahrhundert wegen seines Monopols an physischer Gewalt mit dem Namen eines biblischen Ungeheuers bezeichnet hat, ist dagegen ein friedliches Lamm. Vom

Superstaat USA ganz zu schweigen. Dementsprechend ist die Staatsideologie gewachsen, der Staatsfeind zum Ersatz für den Teufel geworden. Niemand wagt zu sagen, es könne durchaus vernünftig sein, sich feindlich gegen diese Macht des Staates zu wenden.

Besser steht es um das Rechtsstaatsgebot. Es ist weitgehend verwirklicht, allerdings stark relativiert durch die zunehmende Verbindung von Recht mit – staatlicher – Politik. Das Prinzip stammt aus dem Kampf gegen den absolutistischen Staat. Das Wort selbst ist deutsch. Den Rechtsstaat gibt es nicht auf englisch oder französisch. Berühmte Schriften waren es, mit denen die deutschen Liberalen es im 19. Jahrhundert verbreitet haben. Otto Bähr, Robert von Mohl, Rudolf von Gneist, Otto Mayer. Ihre Konzeption ging zurück auf Immanuel Kant, der das Wort selbst noch nicht verwendete. Zweck des Staates ist die Verwirklichung von Recht. Und Recht ist die Bedingung der Freiheit.

Gegensatz zum Rechtsstaat ist der Polizeistaat, in dem die schrankenlos gewordene öffentliche Gewalt vom Fürsten, seinen Beamten und der Polizei ausgeübt wird. Es gibt nur Privatrecht und Strafrecht, kein öffentliches Recht. Das heißt es gibt nur Recht unter den Bürgern und des Staates gegen die Bürger, aber kein Recht der Bürger gegen den Staat. Sogar in das Privat- und Strafrecht kann der Fürst noch willkürlich eingreifen, durch sogenannte Machtsprüche, wie im Prozeß des Müllers Arnold. Es gibt kein öffentliches Recht zur Kontrolle des Staates. Otto Mayer, Deutsches Verwaltungsrecht, 2. Aufl. 1914, S. 48:

»Hier ist denn für den Polizeistaat der Weisheit letzter Schluß, daß es ein solches Recht nicht gibt. Das öffentliche Recht ist kein Recht.«

Dagegen heißt es im Grundgesetz, am Ende des Abschnitts über die Grundrechte, in Artikel 19 Absatz 4:

»Wird jemand durch die öffentliche Gewalt in seinen Rechten verletzt, so steht ihm der Rechtsweg offen.«

Das ist die Grundlage unseres heutigen Verwaltungsrechts. Dessen klassische Disziplin, das ergibt sich aus der Geschichte des Rechtsstaats, ist das Polizeirecht. Was darf die Polizei? Und wie wehrt man sich dagegen, wenn sie etwas tut, was sie nicht darf? Aber auch das Baurecht gehört hierher, das Gewerberecht und der große Bereich, den Ernst Forsthoff die Daseinsvorsorge genannt hat (»Die Verwaltung als Leistungsträger«, 1938). Dazu gehören staatliche

Krankenhäuser, Schulen, Gas- und Stromversorgung und Verkehrsbetriebe. Theoretische Schwierigkeiten gibt es hier bei der Abgrenzung von öffentlichem und privatem Recht, denn in vielen dieser Gebiete betätigt sich die staatliche Verwaltung wie ein privates Unternehmen. Nachdem man jahrzehntelang für das öffentliche Recht die »Subjektionstheorie« vertreten hat, ist man jetzt zu einer anderen Theorie übergegangen, der Sonderrechtstheorie. Nach der Subjektionstheorie unterscheiden sich öffentliches und Privatrecht dadurch, daß dieses von der Gleichordnung der Beteiligten ausgeht, das öffentliche Recht dagegen ein sogenanntes »Über-Unterordnungsverhältnis« voraussetzt, also den der Staatsgewalt unterworfenen Untertanen. Nach der von Otto Bachof entwickelten Sonderrechtstheorie dagegen handelt es sich um Privatrecht dann, wenn der Staat sich derselben Rechtssätze bedient, die im Geschäftsverkehr für jedermann gelten. Eben des Privatrechts, des BGB. Zum Beispiel bei der Lieferung von Strom. Wenn er für sein Handeln jedoch Sonderrecht verwendet, zum Beispiel bei der Organisation von Schulen, dann sei es öffentliches Recht, Verwaltungsrecht.

Die beiden Denkfiguren, mit denen man den Rechtsschutz des Bürgers gegen die Maßnahmen der staatlichen Verwaltung in eine Ordnung bringt, sind der Verwaltungsakt und das subjektive öffentliche Recht. Beide entwickelten sich in der Rechtsstaatsdiskussion des 19. Jahrhunderts.

Der Verwaltungsakt kam aus Frankreich. Dort hieß er acte administratif. Eine Baugenehmigung oder ihre Verweigerung sind ein Verwaltungsakt, ebenso wie die Erteilung der Erlaubnis, eine Gaststätte zu betreiben. Der »Vater der deutschen Verwaltungsrechtswissenschaft«, Otto Mayer, hat ihn auf deutsch formuliert, und so ähnlich heißt es noch heute in § 35 des Verwaltungsverfahrensgesetzes:

Verwaltungsakt ist jede Verfügung, Entscheidung oder andere hoheitliche Maßnahme, die eine Behörde zur Regelung eines Einzelfalles auf dem Gebiet des öffentlichen Rechts trifft und die auf unmittelbare Rechtswirkung nach außen gerichtet ist.«

Otto Mayer sah in ihm ein Seitenstück zum gerichtlichen Urteil. Er sollte eine bestimmte Form haben, mußte begründet werden und überprüfbar sein (Deutsches Verwaltungsrecht, 1. Band, 2. Aufl. 1914, S. 63 f.):

»Was also ist unser gegenwärtiger Rechtsstaat? Es ist ein Staat, in welchem durch die Trennung der Gewalten die Herrschaft des Gesetzes gesichert ist, auch für das Gebiet der Verwaltung, und zugleich für diese obrigkeitliche Aussprüche, Verwaltungsakte, vorgesehen sind, um im Einzelfalle zu bestimmen, was Rechtens sein und vollzogen werden soll. Diese Einrichtungen beruhen auf einer Entlehnung dessen, was in der vorausgehenden Entwicklungsstufe für die Justiz sich bereits bewährt hatte (: nämlich mit dem Urteil, U. W.). Wir können also kurz sagen: der Rechtsstaat bedeutet die Justizförmigkeit der Verwaltung.«

Dazu trat die Vorstellung von Rechten der Bürger, die verletzt werden, wenn die Verwaltung unrechtmäßig handelt. Das konnten private Rechte sein, wie das Eigentum, wenn die Polizei zum Beispiel ein Tier getötet hat, das angeblich gefährlich geworden war. Aber auch in anderen Fällen ging man von dieser Vorstellung aus. Mit anderen Worten: Auch wenn private Rechte nicht verletzt waren, und wenn das Handeln der Behörde unrechtmäßig war, und wenn man – das war entscheidend – dem betroffenen Bürger eine Klagemöglichkeit geben wollte, dann konstruierte man einfach ein sogenanntes subjektives öffentliches Recht. Nach dem Vorbild des privaten Eigentums. Man sagt, die Behörde hat ein Recht des Bürgers verletzt. Also kann er vor dem Verwaltungsgericht klagen. Das subjektive öffentliche Recht entwickelte sich zunächst unabhängig von der Denkfigur des Verwaltungsakts. Sein Schöpfer war Carl Friedrich Gerber. Im Buch »Über öffentliche Rechte« schrieb er 1852 (S. 20):

»... das öffentliche Recht beruht weniger auf principiellen objektiven Normen als auf der sachgemäßen Ausübung von Individualrechten, die in bezug auf Klarheit, Bestimmtheit und Fähigkeit zur gerichtlichen Geltendmachung den Privatrechten nicht nachstehen.«

Schließlich hat man beides kombiniert, den Verwaltungsakt und das subjektive öffentliche Recht, nämlich zu der Vorstellung, daß eine Behörde mit ihrem Verwaltungsakt in das subjektive Recht des Bürgers eingreift und daraus eine Klage gegen die Behörde entspringt, eine Anfechtungsklage. Sie führt dazu, daß das Verwaltungsgericht den Verwaltungsakt aufhebt, wenn er unrechtmäßig ist. So, wie unter Privatleuten ein Anspruch des einen gegen den anderen auf Schadensersatz entsteht, wenn das Eigentum verletzt, zum Beispiel eine Sache beschädigt wird (Abb. S. 121).
Dabei hat das subjektive öffentliche Recht auch die Aufgabe, den

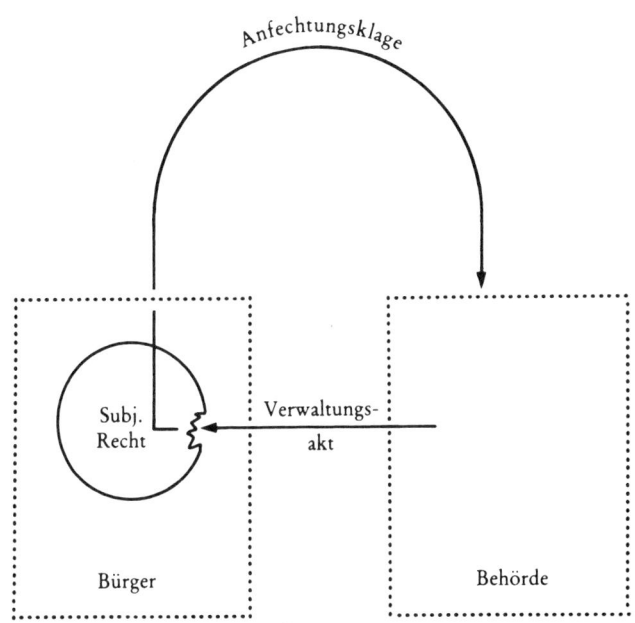

Kreis derjenigen einzugrenzen, die die Befugnis zur Klage gegen einen Verwaltungsakt haben sollen. Nur die unmittelbar von ihm Betroffenen will man klagen lassen. Nur ihnen spricht man ein subjektives öffentliches Recht zu. Dafür als Beispiel ein Fall aus der täglichen Praxis der Verwaltungsgerichte. Er ist 1967 vom Oberverwaltungsgericht Münster entschieden worden (abgedruckt in der BRS, der »Rechtsprechung des Bundesverwaltungsgerichts, der Oberverwaltungsgerichte der Länder und anderer Gerichte zum Bau- und Bodenrecht«, herausgegeben von F. Thiel und K. Gelzer, Band 18, 1967, Nr. 83):

N_1 und N_2 sind mit ihren Einfamilienhäusern Nachbarn des Eigentümers E, dem das dazwischen liegende Grundstück gehört. Sie wohnen in einer Gemeinde mit sogenannter offener Bauweise. Das bedeutet, daß die Häuser nicht wie in den Städten mit geschlossener Straßenfront gebaut werden dürfen. Es müssen Grenzabstände eingehalten werden. Dort 3 Meter zur Grenze des Nachbarn. Man nennt das einen Bauwich. Der Bau muß min-

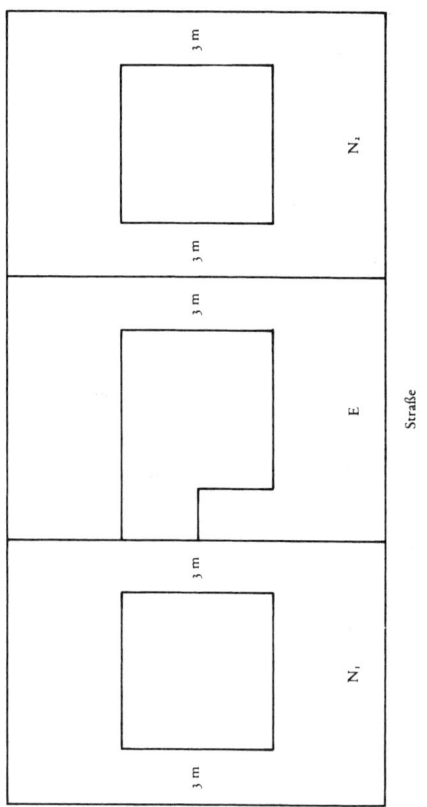

destens 3 Meter von der Grenze gewichen sein. E hat nun von der Baubehörde die Genehmigung für den Bau eines Hauses erhalten, das mit der Garage bis an die Grenze des N_1 gebaut werden soll (Abb. S. 122).

Das ist nicht unmöglich. Die Regel ist zwar, daß man Abstände einhalten muß. Aber die Baubehörde kann Ausnahmen genehmigen. Häufigster Fall sind Garagen. Früher sogenannte »Bauwich-Garagen«. Rechtsgrundlage dafür war in Nordrhein-Westfalen § 7 Absatz 4 der dortigen Bauordnung (heute hauptsächlich § 6):

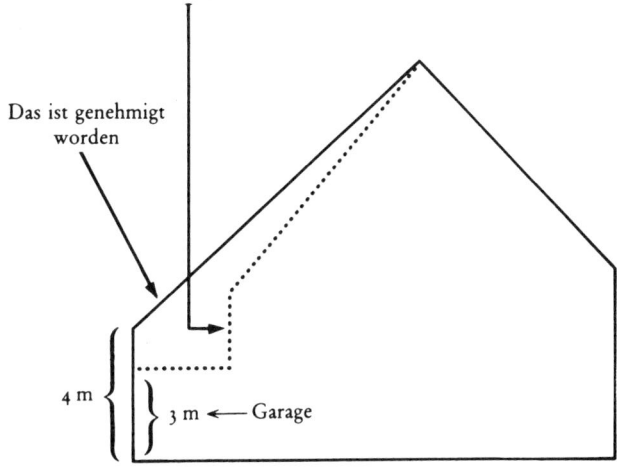

Das hätte nach § 7 Abs. 4 BauONW genehmigt werden dürfen

Das ist genehmigt
worden

4 m

3 m ←— Garage

»Stellplätze, Garagen und überdachte Stellplätze bis zu einer Traufhöhe von 3 Metern . . . können ohne eigenen Bauwich . . . gestattet werden.«

Die Garage des E, die von der Baubehörde genehmigt worden war, hatte aber Mauern von 4 Metern Höhe und war außerdem noch in das Satteldach des Wohngebäudes einbezogen worden:
Hier sind also die Voraussetzungen für eine Ausnahmegenehmigung nach § 7 Abs. 4 der Bauordnung nicht mehr erfüllt. An sich ist auch eine Einbeziehung der Garage in das Wohngebäude erlaubt. Wenn sie aber übermäßig groß ist, ihre Seitenwand die erlaubte Höhe von 3 Metern um einen ganzen Meter übersteigt und damit letztlich das Hauptgebäude in voller Höhe bis an die Nachbargrenze gebaut wird, dann ist das von § 7 Abs. 4 zugelassene Bauvolumen weit überschritten. Die Baubehörde durfte die Ausnahme nicht zulassen. Also ist die von ihr dem E erteilte Genehmigung rechtswidrig.
Die Baugenehmigung ist ein Verwaltungsakt. Zunächst nur gegenüber E. Aber auch N_1 ist davon betroffen, denn hier wurden Vorschriften des Baurechts verletzt, die für ihn günstig sind. Der Grenzabstand dient dazu, daß ihm das Nachbarhaus nicht die

Sonne wegnimmt. Er ermöglicht, wie es das Oberverwaltungsgericht Münster formuliert, »ein störungsfreies Wohnen«. Deshalb sagt man, daß N_I hier ein subjektives öffentliches Recht hat, und zwar ein subjektives öffentliches Recht auf Einhaltung des Abstands. Die Vorschriften des Baurechts sind in erster Linie im Interesse der allgemeinen Ordnung im Lande erlassen worden. Wenn sie aber auch dem Interesse eines einzelnen dienen sollen, dann sagt man, hat er ein eigenes Recht darauf, daß sie eingehalten werden.

Also konnte N_I vor dem Verwaltungsgericht mit einer Anfechtungsklage gegen die Baugenehmigung vorgehen. Das Oberverwaltungsgericht Münster hat sie aufgehoben. Grundlage dieser Klage ist § 42 der Verwaltungsgerichtsordnung, in dessen zweitem Absatz die entscheidende Bedingung genannt wird, daß N_I nämlich »in seinen Rechten verletzt« sein muß:

»Durch Klage kann die Aufhebung eines Verwaltungsakts (Anfechtungsklage) sowie die Verurteilung zum Erlaß eines abgelehnten oder unterlassenen Verwaltungsaktes (Verpflichtungsklage) begehrt werden.
Soweit gesetzlich nichts anderes bestimmt ist, ist die Klage nur zulässig, wenn der Kläger geltend macht, durch den Verwaltungsakt . . . in seinen Rechten verletzt zu sein.«

N_2 dagegen kann nicht klagen. Ihm gegenüber sind die zu seinem Schutz bestehenden Vorschriften über den Abstand zu seiner Grenze eingehalten worden. Er hat kein subjektives öffentliches Recht auf Einhaltung des Abstands gegenüber N_I. Und beide könnten sich auch nicht darüber beschweren, wenn dem E von der Baubehörde genehmigt worden wäre, er dürfte ausnahmsweise näher an die Straße bauen als allgemein erlaubt. Insofern haben weder N_2 noch N_I ein subjektives öffentliches Recht. Denn die Vorschrift über den Abstand zur Straße dient nur der allgemeinen Ordnung, nicht auch dem Interesse der Nachbarn.

Das Verwaltungsrecht ist also in erster Linie ein Recht zum Schutze des einzelnen gegenüber dem Staat. Deshalb ist es auch nicht erstaunlich, wenn sich beim subjektiven öffentlichen Recht sehr deutlich zeigt, wie stark auch dieses Rechtsgebiet von Vorstellungen geprägt ist, die dem privaten Eigentum folgen. Im übrigen hat der Schutz sich sehr langsam entwickelt.

Zunächst war es im 19. Jahrhundert sogar noch umstritten, ob man dafür überhaupt besondere Verwaltungsgerichte braucht oder ob man nicht einfach gleich vor die ordentlichen Gerichte gehen soll, die auch allgemein für den Schutz des privaten Eigentums zuständig sind. Aber dann gab es doch bald die ersten deutschen Verwaltungsgerichte. 1863 im liberalen Baden. 1875 in Preußen. Der Schutz des Bürgers war zunächst auf bestimmte Bereiche beschränkt, die in den Prozeßordnungen im einzelnen aufgezählt waren. Man nannte es das Enumerationsprinzip. So blieb es bis zum Ende der Weimarer Republik.

Wie wichtig dieser Schutz gewesen war, zeigte sich dann im Faschismus. Gegen die in Jahrhunderten gewachsenen Strukturen eines individualistischen Privatrechts konnten die Nationalsozialisten nichts ausrichten. Das BGB blieb bestehen. Zumal sie ja auch angetreten waren, das private Eigentum gegen kommunistische Gefahren zu verteidigen. Aber das öffentliche Recht war noch eine zarte Pflanze. Zum Schutze des Kapitals brauchte man jetzt einen starken Staat. »Du bist nichts. Dein Volk ist alles«. Also wurde die Lehre vom subjektiven öffentlichen Recht schnell wieder aufgegeben.

Eine völlige Entrechtung gab es im polizeilichen Bereich. Es war eine anscheinend unbedeutende und gesetzestechnisch einfache Veränderung. Aber sie öffnete den Weg in die Folterzellen der Gestapo und in die Hölle der Konzentrationslager. In § 7 des Gesetzes über die Geheime Staatspolizei von 1936 wurde der verwaltungsrechtliche Schutz gegen Maßnahmen dieser Behörde abgeschafft. Weniger deutlich, aber praktisch mit dem gleichen Erfolg, war das schon am 28. Februar 1933 geschehen, nach dem Reichstagsbrand, in Hindenburgs Notverordnung »zum Schutz von Volk und Staat«. Mit ihr rechtfertigte man die Einrichtung der ersten Konzentrationslager. Der Polizeistaat hatte den Rechtsstaat wieder abgelöst.

Nach dem Krieg, nach diesen Erfahrungen, hat man die Verwaltungsgerichtsbarkeit wieder aufgebaut. Und man ging weiter als vorher. Das Enumerationsprinzip wurde durch die sogenannte Generalklausel ersetzt. Heute kann der Bürger grundsätzlich gegen jede Maßnahme der Verwaltung klagen. Es ist noch nicht einmal notwendig, daß es sich um Streit über einen Verwaltungsakt handelt. Was früher die Voraussetzung war. In § 40 der Verwaltungsgerichtsordnung heißt es:

»Der Verwaltungsrechtsweg ist in allen öffentlich-rechtlichen Streitigkeiten nichtverfassungsrechtlicher Art gegeben, soweit die Streitigkeiten nicht durch Bundesgesetz einem anderen Gericht ausdrücklich zugewiesen sind.«

Die Rechtsprechung der Verwaltungsgerichte hat diesen politischen Auftrag des Gesetzgebers erfüllt. Sie hat die Interessen des einzelnen und des Staates gegeneinander abgewogen, bürgerfreundlich, ohne verwaltungsfeindlich zu werden. Das ist wohl das erfreulichste Kapitel in der Rechtsgeschichte der Bundesrepublik. Erst in den siebziger Jahren gab es einigen Rückschritt, in der Rechtsprechung des Bundesverwaltungsgerichts gegen politische Minderheiten, bei Berufsverboten, Atomkraftwerken und umweltfeindlichen Maßnahmen wie dem Bau der Startbahn West auf dem Frankfurter Flughafen. Die Staatsraison hatte wieder zugenommen. Nach der Katastrophe von Tschernobyl 1986 und dem wachsenden Umweltbewußtsein in den neunziger Jahren ist das wieder besser geworden.

Zum Thema »Grüne und Grundgesetz« etwa: Rupert Scholz, Krise der parteienstaatlichen Demokratie?, 1983. Zum Volksbegehren über den Bau der Startbahn West mein Aufsatz in der Kritischen Justiz 1982, S. 117-131. Die Theorie von Gerhard Leibholz über das Spannungsverhältnis zwischen Artikel 21 und 38 des Grundgesetzes am besten in seinem Aufsatz »Der Strukturwandel der modernen Demokratie« von 1958, der wiederabgedruckt ist bei Ulrich Matz (Herausgeber), Grundprobleme der Demokratie, 1973, S. 171-244. Bachofs Sonderrechtstheorie zuletzt: Otto Bachof, Über öffentliches Recht, in: Festgabe für das Bundesverwaltungsgericht, 1978, S. 1-21. Zur Geschichte der Grundrechte: Georg Jellinek, Die Erklärung der Menschen- und Bürgerrechte, 2. Aufl. 1904, und Hasso Hofmann, Zur Herkunft der Menschenrechtserklärungen, Juristische Schulung 1988, S. 841-848. Zur Systematik der Grundrechte im Grundgesetz: Maunz-Dürig, Kommentar zum Grundgesetz, Randnummern 4-13 zu Artikel 1. Zum subjektiven öffentlichen Recht als Fortbildung des privaten Eigentums: Walter Wilhelm, Zur juristischen Methodenlehre im 19. Jahrhundert – Die Herkunft der Methode Paul Labands aus der Privatrechtswissenschaft, 1958. Zum Verwaltungsakt und seiner Geschichte: Hans-Uwe Erichsen (Hg.), Allgemeines Verwaltungsrecht, 11. Aufl. 1988, S. 265-279. Die allgemeinen Probleme des Nachbarschutzes, die hinter dem Urteil des OVG Münster stehen: Albrecht Grundei, Der Nachbarschutz im Bauordnungsrecht, in: Neue Juristische Wochenschrift 1970, S. 833-838; Boeddinghaus, Abstandsflächen im Bauordnungsrecht Nordrhein-Westfalens, 1996.

X

Die Entwicklung des Strafrechts

Am Anfang stehen Strafrecht und Privatrecht immer in einer Einheit, wie bei den Nuer. Vor der Entstehung des Staates gelten Mord oder Diebstahl als private Verletzungen der privaten Rechte eines anderen. Sie erfordern einen Ausgleich, über den man sich einigen muß. Wenn es nicht dazu kommt, bleibt nur die private Gewalt, die Rache. Auch nach der Entstehung des Staates ändert sich das zunächst nicht. Privatrecht und Strafrecht treten erst allmählich auseinander, sind noch einige Zeit verbunden als urtümliches Privatstrafrecht. In der frühen Antike ist das genauso zu beobachten wie im Sachsenspiegel von 1224 n. Chr. Mit sogenannten Bußen. Für jede Verletzung der Rechte eines anderen werden Bußen gezahlt, die regelmäßig höher sind als der materielle Schaden. Oft gibt es Kataloge, für Körperverletzungen zum Beispiel im babylonischen Kodex Hammurapi von 1700 v. Chr., in den Zwölftafeln, im Sachsenspiegel. Aber auch für Diebstahl und ähnliches. Der Dieb in Rom mußte mindestens das Doppelte des Wertes der gestohlenen Sachen zahlen. Er sollte für seinen Frevel auch büßen und der andere eine Genugtuung haben. Allerdings gab es wohl auch schon in Rom das Problem, daß bei Dieben regelmäßig nicht viel zu holen ist. Deswegen ging man langsam zu staatlichen Strafen über. Wahrscheinlich schon im 3. Jahrhundert v. Chr. wurden dort die tresviri capitales eingesetzt als Strafverfolgungsbehörde gegen Gewaltverbrecher, Brandstifter, Giftmischer und Diebe. Das war nicht zufällig die gleiche Zeit, in der sich das römische Schadensersatzrecht mit der lex Aquilia zu den Grundsätzen wandelte, die auch heute noch bei uns gelten. Wer einem anderen Schaden zufügt, muß ihm den Wert ersetzen, nicht Buße leisten. Das ist im Privatrecht die Entwicklung von der Privatstrafe zum Schadensersatz. Daneben tritt dann an die Stelle des Sühnecharakters der Buße der staatliche Strafanspruch.

Noch heute wird ein Dieb vom Staat bestraft, nach § 242 oder § 243 des Strafgesetzbuches, mit Geldstrafe oder Freiheitsstrafe, und muß daneben nach § 823 des Bürgerlichen Gesetzbuches dem Eigentümer privatrechtlich den Schaden ersetzen. Privatrecht und

Strafrecht sind auseinandergetreten. In Rom seit dem 3. Jahrhundert v. Chr.

Spätestens mit der Entstehung des Staates gibt es neben dem Privatstrafrecht aber auch schon allgemeingefährliche Handlungen, die nicht nur einen einzigen verletzen, sondern durch die sich alle bedroht fühlen. Zauberei zum Beispiel. In den Zwölftafeln wie im Sachsenspiegel ist sie unter Todesstrafe gestellt, vom Staat, der die Allgemeinheit vertritt.

Noch nicht ausreichend geklärt sind die Gründe, die dazu führen, daß sich in der Frühzeit des Staates das Strafrecht oft mit einer Grausamkeit entwickelt, die für uns heute kaum faßbar erscheint. Man findet das in Mesopotamien wie in afrikanischen Königreichen vor dem Auftreten der Europäer und in unserer eigenen Vergangenheit, im Mittelalter. Selbst der einfache Diebstahl wurde mit Tod oder Verstümmelung bestraft. Die Todesstrafe wurde für alle möglichen Vergehen ausgesprochen, vollzogen durch Hängen, Enthauptung, Vierteilung, Rädern, Begraben bei lebendigem Leibe mit oder ohne Pfählung, Ertränken, Verbrennen oder Sieden in Wasser oder Öl. Das Ganze verbunden mit der Folter bei den Untersuchungen vor dem Prozeß, insgesamt eine »unfaßliche Grausamkeit und Roheit« (Eberhard Schmidt, Einführung in die Geschichte der deutschen Strafrechtspflege, 3. Aufl., 1965, S. 65). Und warum das Ganze? Man weiß es nicht. Eberhard Schmidt meint, Härte und Grausamkeit seien ein Zeichen der politischen Schwäche des mittelalterlichen Staates gewesen. Mag sein.

Das Ende kam erst mit der Aufklärung, mit dem Naturrecht, im 18. Jahrhundert. Berühmt bis heute ist Cesare Beccaria aus Mailand, dessen Buch Dei delitti e delle pene 1764 erschien. Es wurde in ganz Europa gelesen. Sinn des Strafens, lehrte er, ist nicht Rache oder Vergeltung oder die Vorwegnahme des Zorns Gottes auf Erden. Das Strafen diene allein dem öffentlichen Wohl. Es soll verhindern, daß Verbrechen begangen werden. Man nennt das, noch heute, den Gedanken der Generalprävention. Das sind die beiden ersten der drei wichtigsten Theorien über die Strafe. Vergeltungstheorie und Theorie der Generalprävention. Und er wandte sich gegen die Grausamkeit der Strafen. Die Strafe muß nur ein Übel sein, sagte er, das die Vorteile überwiegt, die der Verbrecher aus seiner Tat ziehen kann. Alles, was darüber hinausgeht, ist »tyrannisch«. Berühmt gemacht hat ihn die Ablehnung der Todesstrafe. Damit überschreite der Staat seine Befugnisse. Das sei im Gesellschaftsvertrag nicht mitvereinbart. Für die damalige Zeit war das ein unerhörter Gedanke. Erst zweihundert Jahre später hat er sich durchgesetzt.

Die Liberalisierung des Strafrechts im 19. Jahrhundert stand zum Teil sogar unter dem Vorzeichen der Vergeltung, nicht der Generalprävention. Zum Beispiel in den Straftheorien von Kant und Hegel. Kant hat sich sehr energisch gegen die Generalprävention ausgesprochen. Die Bestrafung eines einzelnen könne unmöglich zu dem Zweck erfolgen, andere abzuschrecken. Damit würde man einen Menschen instrumentalisieren, ihn als Sache und nicht als Menschen behandeln. Für Hegel war das Verbrechen die Negation des Rechts, die Strafe seine Wiederherstellung, als Negation der Negation.

Die deutsche Strafrechtswissenschaft des 19. Jahrhunderts wurde von Anselm Feuerbach begründet, dem Vater des Philosophen und Großvater des Malers. Er verstand sich als Schüler Kants. Im Gegensatz zu ihm stellte er seine Straftheorie aber nicht auf das moralische Prinzip der Vergeltung, sondern auf Gründe der Zweckmäßigkeit. Wie Beccaria vertrat er die Theorie der Generalprävention. Das Strafgesetz hat keine moralische Funktion, sondern eine rechtspolitische. Nämlich die der Abschreckung. Später, in der »klassischen Schule« des Strafrechts, kombinierte man beide Gedanken. So ist es lange geblieben. Bis in unsere Zeit.

Eine der erstaunlichen Erscheinungen der neueren deutschen Rechtsgeschichte ist das Beharrungsvermögen von politisch längst überholten Regelungen im Strafrecht. Im Grunde genommen ist das Strafgesetzbuch erst 1969, zwanzig Jahre nach der Gründung der Bundesrepublik, endgültig auf den Stand von Erkenntnissen über die Ursachen und die Bekämpfung von Straftaten gebracht worden, die man schon am Ende des 19. Jahrhunderts gewonnen hatte. Damals standen sich die beiden »Schulen« gegenüber. Auf der einen Seite stand die »klassische Schule« der Rechtsliberalen, für die der Staat nur die Aufgabe hatte, als Nachtwächter für Ruhe und Ordnung zu sorgen. Ihr Hauptvertreter war Karl Binding (1841-1920). »Jeder ist seines Glückes Schmied«, war ihre Devise, und, muß man ergänzen: seines Unglücks. Sie gingen aus von der Vorstellung, daß jeder Mensch völlig frei darüber entscheiden kann, was er tun und lassen will. Der Straftäter war also ein Mensch, der sich frei dafür entschieden hatte, gegen die Gesetze zu verstoßen. Also verfiel er der gerechten Strafe, die er voraussehen konnte und die er – freiwillig – in Kauf genommen hatte. Vergeltung für den Rechtsbruch und – daneben – Abschreckung für andere, das waren die Leitgedanken der »klassischen Schule« und des Strafgesetzbuches von 1871. Erst einhundert Jahre später, im ersten Strafrechtsreformgesetz von 1969, sind sie endgültig zu Grabe getragen worden.

Auf der anderen Seite stand schon damals die »moderne Schule« der fortschrittlichen Liberalen, begründet von Franz von Liszt (1851-1919). Er setzte nicht mehr allein auf die »majestätische Gleichheit der Gesetze, die«, wie Anatol France es formuliert hatte, »den Armen wie den Reichen verbietet, unter den Brücken zu schlafen, auf den Straßen zu betteln und Brot zu stehlen«. Er sah den sozialen Hintergrund von Kriminalität, Ursachen, die unabhängig sind vom freien Willen des einzelnen Straftäters. Und er sah die Möglichkeit, bessernd oder sichernd auf ihn Einfluß zu nehmen, statt ihn durch die mechanische Verhängung von Freiheitsstrafen immer stärker auf kriminelle Abwege zu drängen. Er vertrat also die dritte der drei wichtigen Straftheorien, die Theorie der Spezialprävention. Die Strafe soll verhindern, daß der Straftäter wieder ein Verbrechen begeht. Auf ihn speziell soll sie einwirken, nicht auf die Allgemeinheit. Vergeltungstheorie, Generalprävention, Spezialprävention. Darüber diskutiert man noch heute. Im Grunde läßt sich keine einzige als richtig erweisen. Denn ob man einen Straftäter durch die Strafe davon abbringen kann, in Zukunft wieder ähnliches zu tun, das ist doch sehr fraglich. Franz von Liszt wandte sich besonders gegen die kurze Freiheitsstrafe, die, aus geringfügigem Anlaß verhängt, leicht die verhängnisvolle Wirkung haben konnte, daß der Täter wieder rückfällig wird. Und er kam schon auf die Idee, daß man Freiheitsstrafen zur Bewährung aussetzen könnte, um dem Täter noch einmal eine Chance zu geben. Dahinter steht die politische Vorstellung vom Sozialstaat, der seine Mitverantwortung auf die Überwindung sozialer Schäden erstreckt und für die Straftäter die Aufgabe der Resozialisierung übernimmt. Es hat lange gedauert, bis sich diese Gedanken durchsetzen konnten. Weder im Kaiserreich noch in der Weimarer Zeit ist das geschehen.

Im Dritten Reich gab es einen furchtbaren Rückschritt. Der Druck des Staates gegen jegliche Abweichung wurde unerträglich. Nulla poena sine lege, hieß es im 19. Jahrhundert. Keine Strafe ohne Gesetz. Die Bastion des Rechtsstaates. Diesen Satz kehrte man um.

Keine Abweichung ohne Strafe, war nun die Parole. Das Analogieverbot im Strafrecht wurde aufgehoben und das Verbot der Rückwirkung von Gesetzen beseitigt. Schon 1933 ist Marinus van der Lubbe wegen des Reichstagsbrandes zum Tode verurteilt worden, obwohl die Todesstrafe für Brandstiftung erst danach eingeführt worden war. Die sogenannte Gewaltverbrecherverordnung von 1939 zielte nicht mehr auf die Verhinderung von Verbrechen, sondern nur noch auf die Beseitigung von Verbrechern. In zwölf Jahren war die Zahl der mit dem Tode bedrohten Verbrechen von drei auf sechsundvierzig erhöht, mit unzähligen Opfern. Von den Millionen zu schweigen, die ohne Prozeß umgebracht worden sind.

Das Grundgesetz reagierte darauf mit der Abschaffung der Todesstrafe, in Artikel 102. 185 Jahre nach Cesare Beccaria. Und langsam wurde auch der eine oder andere Gedanke der »modernen Schule« verwirklicht, 1953 zum Beispiel die Möglichkeit der Strafaussetzung zur Bewährung. Aber erst 1969 ist das Strafgesetzbuch endgültig im Sinne Franz von Liszts erneuert worden, mit einem Katalog von Maßregeln der Besserung und Sicherung, starken Einschränkungen bei der Verhängung von kurzen Freiheitsstrafen und einer erheblichen Verbesserung der Möglichkeiten für die Strafaussetzung zur Bewährung.

Trotzdem. In Kernbereichen herrscht letztlich immer noch die »klassische Schule«, zum Beispiel beim Verbrechensbegriff. Hier wird seit einigen Jahrzehnten in der Strafrechtswissenschaft eine Diskussion geführt, die bisher noch keine sonderlich praktische Bedeutung hat. In erster Linie hatte sie zur Folge, daß Generationen von Studenten mit komplizierten Theorien geplagt worden sind, die ein normaler Mensch ohnehin kaum versteht. Letztlich ist die Sache aber doch nicht unwichtig. Zumal es um die Grundlagen unseres Strafrechts geht. Ich meine den Streit um die kausale und finale Handlungslehre.

Der Verbrechensbegriff ist zunächst deshalb wichtig, weil er die zentrale Schaltstelle für die Anwendung eines Strafgesetzes darstellt. Wie bei der Anwendung einer zivilrechtlichen Vorschrift muß auch der Strafrichter eine Subsumtion vornehmen. Dafür gibt es im Strafrecht ein fest umrissenes Schema. Wird einem Angeklagten vorgeworfen, er habe sich strafbar gemacht, dann muß seine Tat darunter gebracht werden. Das ist die Voraussetzung für seine Verurteilung. Im Gesetz steht zum Beispiel in § 223 Absatz 1 des Strafgesetzbuches:

»Wer eine andere Person körperlich mißhandelt oder an der Gesundheit schädigt, wird mit Freiheitsstrafe bis zu drei Jahren oder Geldstrafe bestraft.«

Hat jemand dabei mitgewirkt, daß ein anderer Gesundheitsschäden davongetragen hat – und das kann in vielfältiger Weise geschehen –, dann ist das nur strafbar, wenn seine Handlung drei Bedingungen erfüllt. Sie muß tatbestandsmäßig, rechtswidrig und schuldhaft sein. Das ist das Schema. Sind diese Voraussetzungen nicht erfüllt, dann muß er freigesprochen werden. Denn, so heißt es in Artikel 103 Absatz 2 des Grundgesetzes:

»Eine Tat kann nur bestraft werden, wenn die Strafbarkeit gesetzlich bestimmt war, bevor die Tat begangen wurde.«

Nulla poena sine lege. Das ist die Magna Charta des Angeklagten. Und ein Teil davon ist der Verbrechensbegriff. Für § 223 StGB heißt das, der Angeklagte muß erstens eine Verletzung verursacht haben. Zweitens muß er es rechtswidrig getan haben. Was bedeutet, daß er kein Recht dazu haben durfte, zum Beispiel aus Notwehr. Drittens muß er schuldhaft gehandelt haben. Nach überwiegender Auffassung heißt das für § 223 StGB immer noch: vorsätzlich. Notwendig ist der sogenannte Vorsatz. Das heißt, der Angeklagte muß gewußt haben, was er tat, und er muß es auch gewollt haben. Vorsatz ist, sagen die Juristen, »Wissen und Wollen der Tat«, oder genauer: »Wissen und Wollen der Verwirklichung des gesetzlichen Tatbestandes«. Der Angeklagte muß also gewußt haben, daß er den anderen verletzen würde. Und er muß es gewollt haben. So sieht es die kausale Handlungslehre. Im Hinblick auf Artikel 103 Absatz 2 des Grundgesetzes ist alles in Ordnung. Es ist ein klar umrissenes Schema, an das sich das Gericht halten muß.

Auf der anderen Seite ist das Ganze sehr mechanisch. Die Handlung des Angeklagten wird in Einzelteile zerlegt, von denen mindestens zwei sehr eng zusammengehören, nämlich die Verletzung und der Vorsatz. Menschliches Handeln ist meistens zweckgerichtet. Deshalb sagt die finale Handlungslehre, der Vorsatz ist ein Teil des Tatbestandes. Die Schuld sei etwas anderes, nämlich ein Vorwurf, der nicht unbedingt damit zusammenhängt, daß der Angeklagte die Verletzung wollte. Es kann doch zum Beispiel sein, daß er in dem betreffenden Fall irrtümlich meinte, er dürfe den anderen verletzen, aus irgendwelchen Gründen. Wie ist es dann? Wie ist es,

Tatbestands- mäßigkeit	Rechtswidrig- keit	Schuld
(Körperverletzung)	(z. B. keine Notwehr)	(Vorsatz)

Die Voraussetzungen für eine Bestrafung nach § 223 StGB
(kausale Handlungslehre)

wenn dieser Irrtum unvermeidlich war? Dann kann man ihm doch
keinen Vorwurf machen. Also hat er nicht schuldhaft gehandelt.
Also wird er nicht bestraft. Aber trotzdem muß man doch sagen,
daß er vorsätzlich gehandelt hat. Er hat doch die Verletzung gewollt. Deshalb sagt die finale Handlungslehre, der Vorsatz gehört
zum Tatbestand. Es gibt keine rein kausalen Handlungen von Menschen. Nur zweckgerichtete, finale. Und die Schuld ist etwas anderes, ist Vorwerfbarkeit.
Die finale Handlungslehre, die von dem Bonner Strafrechtler Hans
Welzel schon in den dreißiger Jahren entworfen worden ist, hat den
großen Vorteil, daß man sehr viel klarer über die Frage der Schuld
nachdenken und damit der Person des Angeklagten besser gerecht
werden kann. Das ganze Problem der sozialen Ursachen von abwei-
chendem Verhalten läßt sich hier viel besser lösen. Die kausale Hand-

Tatbestands- mäßigkeit	Rechtswidrig- keit	Schuld
(vorsätzliche Körperverletzung)	(z. B. keine Notwehr)	(Vorwerfbarkeit)

Die Voraussetzungen für eine Bestrafung nach § 223 StGB
(finale Handlungslehre)

lungslehre ist ein typisches Produkt des 19. Jahrhunderts. So, wie Friedrich von Liszt sich erst in unseren Tagen durchsetzen konnte, hat auch Hans Welzel seine Zeit gebraucht und sich heute endlich durchgesetzt. Im Strafrecht geht es eben um elementare Interessen staatlicher Herrschaft, ums Eingemachte. Da dauert es immer etwas länger. Ohne daß man allerdings die kriminal-politische Chance schon richtig nutzt, die in der finalen Handlungslehre liegt.

Das Strafrecht ist das schärfste Instrument in der Hand des Staates. Wenn man mal von der Polizei und dem Militär absieht. Deshalb sind hier die Formalien zum Schutz des Bürgers besonders wichtig. Mit anderen Worten: Das Verfahrensrecht ist für den Angeklagten oft viel wichtiger als das eigentliche Strafrecht. Ein Verteidiger ist meistens mehr darauf angewiesen, daß er die Vorschriften der Strafprozeßordnung kennt. Das Strafgesetzbuch kommt dann erst in zweiter Linie. Ob ein Angeklagter wegen Unterschlagung oder wegen Diebstahls verurteilt wird, das macht keinen großen Unterschied. Er kriegt dafür seine Freiheitsstrafe, deren Höhe sich deswegen nicht verändert. Aber welche Zeugen auftreten und welche nicht, und wie und was sie sagen, ob sie vereidigt werden dürfen oder nicht und welche anderen Beweismittel man verwerten darf, das kann entscheidend sein.

So ein Strafverfahren hat regelmäßig drei Abschnitte. Vorverfahren, Zwischenverfahren, Hauptverfahren. Im Vorverfahren wird »ermittelt«. Staatsanwaltschaft und Polizei untersuchen, ob sich jemand strafbar gemacht hat. Mit einem gewissen Vorrang der Staatsanwaltschaft bei diesen Ermittlungen, der nicht unbestritten ist, und mit schwierigen Problemen bei der Frage, ob und wieweit der Justizminister berechtigt ist, hier Weisungen zu erteilen. Denn der Staatsanwalt hat nicht die verfassungsrechtliche Unabhängigkeit eines Richters, war einmal ein ganz normaler Beamter, eine Behörde der Exekutive. Inzwischen hat er immer mehr eine Zwischenstellung erhalten, zwischen Exekutive und Rechtsprechung, zwischen zweiter und dritter Gewalt. Ist immer mehr eine Art Richter geworden. Was nicht unproblematisch ist. Denn im 19. Jahrhundert ist die Staatsanwaltschaft gerade zu dem Zweck eingeführt worden, den Richter in dieser Funktion abzulösen. Bis dahin gab es den sogenannten Inquisitionsprozeß. Der Richter, der das Urteil sprechen mußte, hatte auch schon vorher selbst die Ermittlungen durchgeführt. Wenn er dann einen Verdächtigen in das Hauptverfahren brachte, war der meistens auch schon verurteilt.

Insofern war der Anklageprozeß ein großer Fortschritt, hatte die Einrichtung einer Staatsanwaltschaft, die die Anklage erhebt, eine wichtige Funktion zum Schutze des Angeklagten. Wie wichtig sie ist und besonders ihre Unabhängigkeit, darüber streitet man sich seit dem 19. Jahrhundert. Die stärksten Worte dazu fielen kurz vor dem ersten Weltkrieg, als der Berliner Oberstaatsanwalt Isenbiel in einem politischen Prozeß der staunenden Mitwelt verkündete, sie sei »die objektivste Behörde der Welt«. Damit war der Staatsanwalt auf die Ebene des Richters gehoben, was nicht nur damals leicht übertrieben war.

Wenn der Staatsanwalt am Ende seiner Ermittlungen zu dem Ergebnis kommt, es sei zu erwarten, daß der Beschuldigte vom Gericht verurteilt wird, dann erhebt er die Anklage. Damit tritt das Strafverfahren in seinen zweiten Abschnitt, in das Zwischenverfahren. Nun prüft nämlich das Gericht, ob es die Anklage zulassen will. Im Vorverfahren spricht man vom Beschuldigten. Im Zwischenverfahren wird er zum Angeschuldigten. Und wenn das Gericht zu dem Ergebnis kommt, es sei ein ausreichender Verdacht gegeben, dann läßt es die Anklage zu. Man nennt das die Eröffnung des Hauptverfahrens. Damit ist der dritte Abschnitt erreicht. Der Angeschuldigte wird zum Angeklagten. Der dritte Abschnitt ist häufig der längste des Verfahrens. Denn oft ist er mit dem ersten Urteil nicht abgeschlossen. Der Angeklagte und der Staatsanwalt können Berufung einlegen, wenn sie mit ihm nicht einverstanden sind. Dann entscheidet das nächsthöhere Gericht, indem es die ganze Verhandlung noch einmal wiederholt, mit allen Zeugen und Beweismitteln. Oder man legt Revision ein. Sie unterscheidet sich von der Berufung dadurch, daß das höhere Gericht nur die reinen Rechtsfragen überprüfen soll. Weder der Angeklagte noch die Zeugen werden noch einmal vernommen. Wann und wo man Berufung und Revision einlegen kann, das hängt davon ab, welches Gericht in erster Instanz entschieden hat. Dazu die Übersicht auf S. 136. Wenn man die verschiedenen Bereiche des Rechts daraufhin untersucht, mit welcher Geschwindigkeit in ihnen die Veränderungen vor sich gehen, dann ist es sehr schwer, ein allgemeines Urteil über das Strafrecht abzugeben. Am ruhigsten verläuft die Entwicklung im Zivilrecht, schneller im öffentlichen Recht, sehr unterschiedlich in den verschiedenen Teilen des Strafrechts. Die schnellsten Veränderungen hat es hier in der letzten Zeit mit den starken Wandlungen der Sexualmoral gegeben.

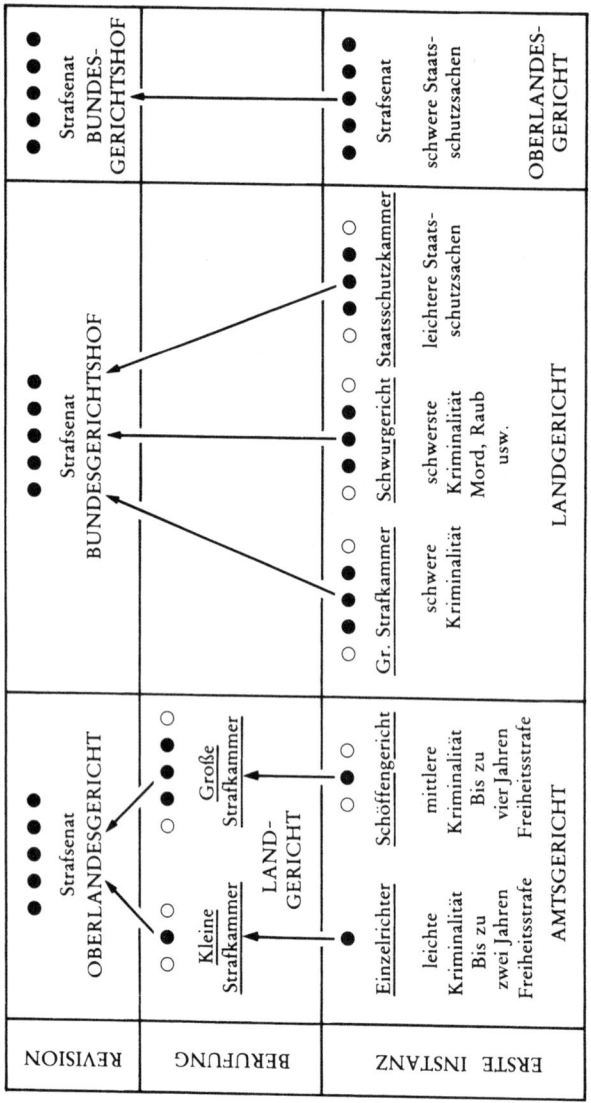

Die wichtigsten Zuständigkeiten der Strafgerichte (○ = Schöffe, ● = Berufsrichter)

Noch 1954 hatte der Bundesgerichtshof in einer berühmten Entscheidung erklärt, daß eine Mutter sich der Kuppelei schuldig macht, wenn sie ihrer erwachsenen und bei ihr wohnenden Tochter erlaubt, mit ihrem Verlobten in der Wohnung zu schlafen. Das galt als Gewährung von Gelegenheit der Unzucht, wie es im Strafgesetzbuch hieß, und damit, weil im Verhältnis von Eltern zu Kindern, sogar als schwere Kuppelei, die mit Zuchthaus bis zu fünf Jahren bestraft wurde. Unzucht war jeder geschlechtliche Verkehr außerhalb der Ehe. Entscheidungen des Bundesgerichtshofs in Strafsachen, 6. Band, S. 53 f.:

»Die sittliche Ordnung will, daß sich der Verkehr der Geschlechter grundsätzlich in der Einehe vollziehe, weil der Sinn und die Folge des Verkehrs das Kind ist. Um seinetwillen und um der personhaften Würde und der Verantwortung der Geschlechtspartner willen ist dem Menschen die Einehe als Lebensform gesetzt. Nur in der Ordnung der Ehe und in der Gemeinschaft der Familie kann das Kind gedeihen und sich seiner menschlichen Bestimmung gemäß entfalten. Nur in dieser Ordnung und in dieser Gemeinschaft nehmen sich die Geschlechtspartner so ernst, wie sie es sich schulden. Gerade weil die naturhaft nächste Beziehung der Geschlechter so folgenreich und zugleich so verantwortungsbeladen ist, kann sie sich nur in der ehelichen Gemeinschaft zweier einander achtenden und einander zur lebenslangen Treue verpflichteter Partner sinnvoll erfüllen. Indem das Sittengesetz dem Menschen die Einehe und die Familie als verbindliche Lebensform gesetzt und indem es diese Ordnung auch zur Grundlage des Lebens der Völker und der Staaten gemacht hat, spricht es zugleich aus, daß sich der Verkehr der Geschlechter grundsätzlich nur in der Ehe vollziehen soll und daß der Verstoß dagegen ein elementares Gebot geschlechtlicher Zucht verletzt.«

In den nächsten zwanzig Jahren, mit wachsendem Wohlstand und mit der Anti-Baby-Pille, veränderte sich die allgemeine Moral, wurde das Verhältnis der Geschlechter zueinander freier. Das Recht ist ihr gefolgt mit einigem Zögern, das sich zum größten Teil aus politischen Gründen erklärt. Denn sexuelle Freiheit bedeutet eine wesentliche Erweiterung der individuellen Freiheit. Dadurch sahen konservative und kirchliche Politiker die allgemeine Disziplin bedroht, in der Familie, in der Schule, im Betrieb, in der Verwaltung. Trotzdem hat sich der Staat langsam aus der Überwachung der Moral zurückgezogen. Das Sexualstrafrecht wurde unter der sozialliberalen Koalition erheblich liberalisiert. Schon 1969 war die Strafbarkeit des Ehebruches abgeschafft worden, ebenso die der Homosexualität unter erwachsenen Männern und der Sodomie. Im vierten Strafrechtsreformgesetz wurde dann 1973 das gesamte Sexualstrafrecht neu geregelt. Die Kuppelei ist seitdem nur noch im Bereich der Prostitution und gegenüber Minderjährigen strafbar. Eltern, die 1954 selbst bei erwachsenen Kindern noch mit einem Bein im Zuchthaus standen, haben seitdem sogar bei minderjährigen Kindern ein sogenanntes Erzieherprivileg, machen sich also grundsätzlich nicht strafbar, wenn sie ihnen den Geschlechtsverkehr erlauben oder erleichtern, auch dann nicht, wenn es fragwürdig erscheint, sondern nur, wenn sie ihre erzieherischen Pflichten dabei in besonders schwerwiegender Weise verletzen. Auch der umstrittene Partnertausch ist seitdem nicht mehr strafbar. Besonders heftig war der politische Kampf um die Freigabe der Pornographie. In ihm hat sich die CDU/CSU weitgehend durchgesetzt. Deshalb wurde hier kaum etwas verändert. In den neunziger Jahren kamen wieder einige Verschärfungen, besonders unter dem Eindruck zweier Sexualmorde an Kindern 1996 und 1997.

Noch stärker waren die Auseinandersetzungen um die Erleichterung des Schwangerschaftsabbruchs. Seine Bestrafung geht historisch zurück auf kirchliche Verbote aus dem frühen Mittelalter, die sich auf die Bibel stützen. In der Antike war ein Verbot noch unbekannt. Allerdings gab es im kirchlichen Recht zunächst – wegen eines Mißverständnisses des 2. Buchs Mose – eine Fristenlösung. Der Schwangerschaftsabbruch war straffrei in den ersten vierzig, bei einer weiblichen Leibesfrucht in den ersten achtzig Tagen. Das änderte sich erst im 17. Jahrhundert. Als nun die sozialliberale Koalition 1974 eine entsprechende Lösung durchsetzte, mit einer Frist von zwölf Wochen – das sind 84 Tage – seit der Empfängnis, gingen CDU/CSU-geführte Länder und die CDU/CSU-Bundestagsfraktion vor das Bundesverfassungsgericht. 1975 wurde das Gesetz für verfassungswidrig erklärt, in einer umstrittenen Mehrheitsentscheidung der Richter von fünf zu drei. Das ungeborene Leben habe Vorrang vor der Freiheit und dem Selbstbestimmungsrecht der Frau. Ein Jahr später erließ der Bundestag, wieder gegen die Stimmen der CDU/CSU, ein neues Gesetz, nach dem die Abtreibung dann nicht strafbar ist, wenn die Frau durch die Geburt des Kindes in eine körperliche, seelische oder soziale Notlage kommen würde (§ 218a StGB). Diese »Indikationslösung« hatte das Bundesverfassungsgericht als verfassungsrechtlich möglich angedeutet. Nach der Wiedervereinigung blieb nach dem Einigungsvertrag die

Fristenlösung der DDR in den neuen Bundesländern zunächst bestehen aus Rücksicht auf die Frauen, die das nun jahrelang so gewohnt waren. 1992 beschloß der Bundestag eine neue einheitliche Fristenlösung für die ganze Bundesrepublik. Das Neue im Gegensatz zu der alten Lösung von 1974 bestand in der Ergänzung durch eine Beratungspflicht. Aber auch das wurde vom Bundesverfassungsgericht ein Jahr später wieder für verfassungswidrig erklärt. Lange Verhandlungen im Bundestag, bis man sich 1995 quer durch die Parteien – mehrheitlich – auf eine Fristenlösung mit »positiver« Beratungspflicht einigte. Sie wurde verfassungsrechtlich nicht mehr angegriffen, weil die Beratungsstellen jetzt die Pflicht haben, »positiv« darauf hinzuwirken, daß die schwangeren Frauen den Abbruch nicht vornehmen lassen, obwohl sie in ihrer Entscheidung nach dieser positiven Beratung letztlich völlig frei sind.

Am stärksten ist der Einfluß der Politik auf das Recht natürlich in der politischen Justiz. In politischen Prozessen wird das Für und Wider nur selten ohne Einfluß der eigenen politischen Vorstellungen der Richter abgewogen. So kam es zu den skandalösen Ergebnissen der politischen Verfahren in der Weimarer Zeit, mit außerordentlicher Milde gegenüber Gewalttaten von rechts und erbitterter Härte gegen Gewalttaten von links. Emil Julius Gumbel (1891-1966), ein Heidelberger Professor der Mathematik, hat das in seinem Buch »Zwei Jahre Mord« schon 1921 beschrieben. Für 314 politische Morde von rechts wurden die Täter zu insgesamt 31 Jahren Freiheitsstrafe, einer zu lebenslänglicher Festungshaft verurteilt. Für 13 Morde von links gab es 8 Todesurteile und 176 Jahre Freiheitsstrafe. Läßt man die Todesurteile weg, dann bedeutet das 36 Tage für einen Mord von rechts, 36 Jahre für einen von links. »Das ist alles mögliche«, schrieb Kurt Tucholsky dazu, »Justiz ist das nicht.« Im Dritten Reich wurde es noch schlimmer. Politik und Recht verschmolzen zu einer totalen Einheit.

In der Bundesrepublik gab es ein ähnliches Ungleichgewicht wie in der Weimarer Zeit. Teilweise war es noch sehr viel krasser. Manchmal war es nicht ganz so stark. In den letzten Jahren wurden politische Gewalttaten von Rechtsextremisten immerhin in etwa gleicher Weise geahndet wie die von links. Aber in den fünfziger Jahren haben wir uns völlig unmöglich gemacht. Tausende von faschistischen Gewaltverbrechern sind straffrei geblieben, während Hunderte von Kommunisten in die Gefängnisse geworfen wurden. Deren einziges Verbrechen bestand darin, daß sie Mitglieder der Kommunistischen Partei waren. In den sechziger Jahren liberalisierte sich das politische Strafrecht ein wenig. Der Staat wurde sicherer, auf der Erfolgswelle des Wirtschaftswunders. Als das aber zu schwinden drohte, gab es einen schweren Rückschritt in den siebziger Jahren, ausgelöst durch die Studentenrevolte und die dann einsetzenden Aktionen der sogenannten Stadtguerilla.

Der stärkste Einbruch fand im Prozeßrecht statt. Der Ausschluß von Strafverteidigern wurde gesetzlich zugelassen und die Strafverteidigung insgesamt außerordentlich erschwert, durch Kontrolle der Verteidigerpost in bestimmten Fällen, mit Trennscheiben beim Gespräch von Verteidiger und Angeklagten, durch das Verbot, daß ein Verteidiger gleichzeitig mehrere Angeklagte vertritt, durch die Beschränkung der Zahl der Verteidiger für einen einzelnen Angeklagten, durch die Einsetzung von sogenannten Zwangsverteidigern gegen den Willen des Angeklagten, durch das Kontaktsperregesetz und eine Fülle von Disziplinarverfahren gegen Verteidiger, die der politischen Linken angehören. Aber auch das Strafrecht selbst wurde nicht unerheblich verschärft.

Das geschah zum einen einfach im Wege der Auslegung, der Subsumtion, von schon bestehenden Vorschriften. Zum Beispiel durch die unerträgliche Ausdehnung des Gewaltbegriffs bei der Nötigung in § 240 des Strafgesetzbuches. Damit wurden Sitzblockaden zu Gewalt und entsprechend hart bestraft. Das war um so skandalöser, als man die Schwelle für die Annahme von Gewalt in einem anderen Fall, bei der Vergewaltigung in § 177 StGB, außerordentlich hoch ansetzt, nämlich fordert, daß sie »zur Überwindung eines erheblichen Widerstandes« angewendet wird. 1986 war diese Rechtsprechung des Bundesgerichtshofs – zuerst im »Laepple-Urteil« von 1969 (BGHSt 23.46) – vom Bundesverfassungsgericht noch bestätigt worden. 1995 änderte es seine Meinung und erklärte sie für verfassungswidrig.

Zum anderen gab es eine Vielzahl neuer Gesetze. Das schlimmste war das »Gesetz zum Schutze des Gemeinschaftsfriedens« von 1976, mit seinen berüchtigten Paragraphen über »verfassungsfeindliche Befürwortung von Gewalt« (§ 88a) und »Anleitung zu Straftaten« (§ 130a). 1981, kurz vor dem Ende der sozialliberalen Koalition, wurde es wieder aufgehoben. Wie es um den politischen Geist derjenigen bestellt ist, die im deutschen Strafrecht das Sagen haben, kann man an Bemerkungen sehen, die sich zur Aufhebung dieser Vorschriften im wichtigsten Kommentar zum Strafgesetzbuch finden, nämlich bei Dreher-Tröndle, Strafgesetzbuch, 41. Aufl. 1983, zu § 130a:

»Die Wiederaufhebung der §§ 88a und 130a ... offenbart eine beklagenswerte und dem Rechtsbewußtsein abträgliche Konzeptionslosigkeit in der Terrorismusbekämpfung ... so wird es zB künftig nicht mehr möglich sein, strafrechtlich einzuschreiten, wenn radikale Gruppen ihren Anhängern Anleitungen erteilen, wie man Bomben bastelt oder Sabotagehandlungen an Versorgungsunternehmen durchführt. Mit einem besonderen Gesetz zur Bekämpfung des Rechtsextremismus ... ist dem nicht zu begegnen. Im übrigen gebietet und verdient die Rechtsordnung umfassenden Schutz.«

Der letzte Satz zeigt die Verlogenheit solcher Argumentation. Einerseits gibt es ausreichende Vorschriften. Es geht nur um die Verschärfung. Andererseits reden sie von der Rechtsordnung und meinen den Kampf gegen politische Gegner. Nicht nur Kommentare zum Strafgesetz gestikulieren mit diesem Zeichen. Auch Gerichte gebrauchen es gern, wenn Politisches im Spiele ist. Es klingt so korrekt. Hören wir ruhig etwas genauer hin.
Bei politischen Demonstrationen kommt es öfter zu Gewalttätigkeiten von beiden Seiten. Demonstranten schmeißen mit Steinen auf Polizisten. Polizisten prügeln rechtswidrig auf Demonstranten, die sich nicht wehren. Beides ist strafbar. Die Demonstranten begehen einen schweren Landfriedensbruch, § 125a StGB. Die Polizisten machen sich einer Körperverletzung im Amt schuldig, § 340 StGB.
Die meisten Prozesse wegen solcher Krawalle gab es seit Anfang der achtziger Jahre in Berlin, im Zusammenhang mit den Hausbesetzungen. Mehrere Tausend Verfahren wurden in Gang gesetzt. 1983 waren etwa fünfhundert in erster Instanz entschieden, mehr als fünfzig davon in der zweiten. Regelmäßig ging es um dasselbe. Steinwürfe gegen die Polizei. Ein Drittel endete mit einem Freispruch. Die Verurteilungen waren sehr hoch, lagen im Durchschnitt bei elf Monaten Freiheitsstrafe in der ersten Instanz. Die zweite war regelmäßig höher. Der Durchschnitt lag dort bei dreizehn Monaten. In der ersten Instanz wurden die meisten Strafen zur Bewährung ausgesetzt. Nur bei etwa zwanzig Prozent wurde ohne Bewährung verurteilt. Beim Landgericht in der Berufung war man sehr viel härter. Fünfzig Prozent ohne Bewährung. Und es waren regelmäßig nicht vorbestrafte Täter. Und wohlgemerkt: Es sind

zwar Steinwürfe gewesen, aber ohne Treffer, Gefährdungen, aber keine Verletzungen. Dafür ist das sehr hart. Wie sehr, das zeigt sich, wenn man ins Ausland sieht. Auch dort gab es Krawalle, mindestens so heftig wie in Berlin, in London, Zürich und Amsterdam. Auch dort wurden Steine gegen die Polizei geworfen und die Täter verurteilt.

In London gab es für Steinwürfe bei Demonstrationen in der Regel drei Monate Freiheitsstrafe. In Zürich lag der Durchschnitt bei zwei Monaten. In Amsterdam waren es sechs Wochen bis zwei Monate. Rechnet man zusammmen, dann ergibt sich, daß der Durchschnitt in den drei Ländern bei zwei Monaten lag. Bei uns sind es zwölf gewesen, das ist sechsmal so hoch, völlig unangemessen, eine Überreaktion des Staates, der hier sozusagen auch noch in eigenen Angelegenheiten entscheidet, weil es um Angriffe gegen ihn selbst geht. Vergleicht man das mit Urteilen wegen Straftaten, die von Polizisten bei Demonstrationen begangen werden, dann wird die Ungerechtigkeit noch deutlicher. Es gibt sehr wenige. Ich nenne nur eines.

In Köln wurde 1980 gegen einen Polizisten verhandelt. Er hatte bei einer Demonstration auf einen fünfzehnjährigen Jungen eingeschlagen, der mit dem Rücken auf der Kühlerhaube eines Polizeifahrzeuges lag. Er wurde verurteilt, wegen Körperverletzung im Amt. Wie hoch wird die Strafe gewesen sein?

Der schwere Landfriedensbruch wird nach § 125a bedroht mit Freiheitsstrafe zwischen sechs Monaten und zehn Jahren. Für die Körperverletzung im Amt ist nach § 340 eine Strafe von drei Monaten bis zu fünf Jahren vorgesehen. Der Strafrahmen für den schweren Landfriedensbruch ist also genau doppelt so hoch wie der für die Körperverletzung im Amt. Wenn bei Auseinandersetzungen auf der Straße Demonstranten mit Steinen schmeißen und Polizisten auf Festgenommene prügeln, die sich nicht wehren, dann müßten die Strafen für die Demonstranten im Durchschnitt etwa doppelt so hoch sein wie die für die Polizisten. Das mag mancher für falsch halten, weil er Steine, die nicht treffen, nicht so schlimm findet wie Prügel, die tatsächlich verletzen, oder vielleicht beides gleich schlimm. Aber das ist nun einmal die Entscheidung des Gesetzgebers. Wir haben sie zu respektieren. Wie hoch die Strafen für schweren Landfriedensbruch ausfielen, wissen wir. Im Durchschnitt sind es zwölf Monate, rechnet man erste und zweite Instanz in Berlin zusammen. Wie hoch müßte also die Strafe für den Polizisten sein? Die Hälfte, das sind sechs Monate. Und wie war es tatsächlich? Das Landgericht Köln hat ihn zu vier Monaten Freiheitsstrafe verurteilt, mit Bewährung. Das Oberlandesgericht Köln hat das Urteil aufgehoben und gesagt, eine Geldstrafe müsse genügen (Neue Juristische Wochenschrift, 1981, S. 411).

Die Regierung Helmut Kohls bewegte sich zunächst weiter auf dieser Linie, die von den Sozialliberalen vorgegeben war. § 125a – schwerer Landfriedensbruch – wurde verschärft wegen der Demonstrationen von Atomkraftgegnern und der Friedensbewegung, § 130a wieder eingeführt (»lex taz«) und § 129 a – terroristische Vereinigungen – im Strafrahmen verdoppelt und auf sogenannte Freizeitterroristen erweitert (»lex Wackersdorf«).

In den neunziger Jahren beruhigte sich das politische Strafrecht der Bundesrepublik. Keine Bedrohung aus dem Osten mehr, und die sterile Aufgeregtheit legte sich. Man wurde liberaler. Die Strafen für Gewalttaten von Neonazis waren zwar nach Meinung vieler zu niedrig, tatsächlich aber völlig angemessen. Denn die meisten wurden nach Jugendstrafrecht behandelt und – zu Recht – wie ganz normale Straftäter, auch mit entsprechend hohen Strafen bei schweren Körperverletzungen und Tötungen. Problematisch war nur der Umgang mit dem ehemaligen politischen Gegner aus der DDR. Nach dem Einigungsvertrag hatte die Justiz der Bundesrepublik die Aufgabe, Straftaten zu verfolgen, die in der DDR begangen und noch nicht gerichtlich behandelt waren. Verurteilt werden durfte nur, wenn die Täter sich strafbar gemacht hatten nach dem Recht der DDR. Eine Selbstverständlichkeit, übrigens ausdrücklich vereinbart im Einigungsvertrag. Aber westdeutsche Juristen – oft noch benebelt von Risiken und Nebenwirkungen des alten Antikommunismus – setzten sich darüber großzügig hinweg und urteilten im wesentlichen nach ihren eigenen Vorschriften und Vorstellungen, auch wenn die Zahl und die Höhe der Verurteilungen sich in Grenzen hielt. Richter und Staatsanwälte aus dem einen Teil des Landes, die Angeklagten aus dem anderen. Das war das eigentliche Problem dieser Prozesse, die sich meistens an der Schwelle zur Rechtsbeugung bewegten und sie ab und zu – objektiv – sogar überschritten haben.

Zur Geschichte des Strafrechts allgemein: Hinrich Rüping, Grundriß der Strafrechtsgeschichte, 3. Aufl. 1998; Eberhard Schmidt, Einfuhrung in die Geschichte der deutschen Strafrechtspflege, 3. Aufl. 1965 (das Standardwerk, wie Wieacker für die Privatrechtsgeschichte). Über Beccaria sehr klar: Wilfried Küper, Cesare Beccaria und die kriminalpolitische Aufklärung des 18. Jahrhunderts, in: Juristische Schulung 1968, S. 547-553. Zu den drei Straftheorien: Claus Roxin, Strafrecht, Allgemeiner Teil, Band 1, 3. Aufl. 1997, § 3, S. 37-67. Anschaulich zur finalen (und kausalen) Handlungslehre (und ihrem Hauptproblem): Arthur Kaufmann, Die finale Handlungslehre und die Fahrlässigkeit, in: Juristische Schulung 1967, S. 145-152. Über das politische Strafrecht in der Weimarer Zeit das vorzügliche Buch von Heinrich Hannover und Elisabeth Hannover-Drück, Politische Justiz 1918-1933, Fischer-Taschenbuch Nr. 770, 1966; außerdem: Kurt Tucholsky, Politische Justiz, mit einem Vorwort von Franz-Josef Degenhart, rororo Nr. 1336, 1970. Zur Adenauerzeit auf der einen Seite: Alexander von Brünneck, Politische Justiz gegen Kommunisten in der Bundesrepublik Deutschland 1949-1968, edition suhrkamp Nr. 944, 1978. Auf der anderen: Adalbert Rückerl, Die Strafverfolgung von NS-Verbrechen 1945-1978, 2. Aufl. 1982. Zu den Verschärfungen in den siebziger Jahren: Sebastian Cobler, Die Gefahr geht von den Menschen aus. Der vorverlegte Staatsschutz, Rotbuch Nr. 152, 2. Aufl. 1978. Zur politischen Justiz der Bundesrepublik bis in die letzte Zeit vorzüglich: Heinrich Hannover, Die Republik vor Gericht 1954-1974 – Erinnerungen eines unbequemen Rechtsanwalts, 1. Band 1998 und 2. Band (1975-1995) 1999. Zur Verfolgung von DDR-Unrecht die – etwas zu seichte – Bilanz von Klaus Marxen und Gerhard Werle, Die strafrechtliche Aufarbeitung von DDR-Unrecht, Eine Bilanz, 1999 (mit ausführlichem Literaturverzeichnis).

XI
Recht im Faschismus

Justiz und Juristen im Dritten Reich, das ist ein weites Feld. Man hat sie verteufelt und entschuldigt oder Beispiele von tapferem Widerstand genannt. Roland Freisler, der Präsident des Volksgerichtshofes als die Bestie in der roten Robe. Sein Kollege, der Staatssekretär im Reichsjustizministerium, Franz Schlegelberger, als Opfer des ständigen Drucks von Hitler und Himmler, die die Justiz zum verlängerten Arm der Polizei machen wollten. Was ihnen dann schließlich auch gelang. Oder Lothar Kreyßig, der tapfere Amtsrichter in Brandenburg, der sich nicht scheute, Strafanzeige zu erstatten gegen Reichsleiter Bouhler, der verantwortlich war für die »Aktion T4«, in der Tausende von geistig und körperlich Behinderten als »unwertes Leben« grausam getötet wurden, als Vorlauf des Holocaust. Die Geschichte des Rechts im Dritten Reich ist letztlich noch nicht geschrieben, und jeder kann sich das heraussuchen, was ihm am besten in den Kram paßt. Es gibt eine Unmenge von Veröffentlichungen dazu, dicke Bücher und dünne Bücher, gute und schlechte, Aufsätze, Sammelwerke, und viel mehr Geschriebenes aus der Zeit selbst, das noch überhaupt nicht aufgearbeitet ist. Wir wissen viele Einzelheiten, einiges über einzelne Personen, einiges über die Anwendung einzelner Gesetze, der Rassengesetze etwa, über die Militärgerichtsbarkeit, die Verwaltung einzelner besetzter Gebiete, über die berüchtigten »Nacht- und Nebel«-Aktionen, die von deutschen Sondergerichten durchgeführt wurden und so weiter und so weiter. Aber das sind alles Einzelheiten, meistens schreckliche, aber eben Einzelheiten. Ein Gesamtbild haben wir noch nicht. Der Grund dafür ist leicht zu nennen. Es gab noch zu viele Überlebende und auch noch mächtige Überlebende, Richter und Professoren und andere Juristen aus dieser Zeit, denen man nicht zu nahe treten wollte oder konnte. Sie sterben nun langsam aus. Die »Kollegenschwelle« wird niedriger. Und so hat man erst in der letzten Zeit ernsthaft mit einer Aufarbeitung des riesigen Materials begonnen. Wir sind noch nicht soweit. Im Recht dauert manches eben ein wenig länger.

Trotzdem hat es hier und da Versuche gegeben, mit denen man erklären wollte, wie es gelingen konnte, die deutsche Justiz gleichzuschalten. Die deutsche Justiz, auf die man so stolz war, daß man ihr am Ende des 19. Jahrhunderts sogar Paläste baute, Justizpaläste, um zu dokumentieren, daß auch das deutsche Reich ein Rechtsstaat ist. Wie konnte das dann geschehen? Daß deutsche Richter die Gerechtigkeit mit Füßen traten, deren oberstes Prinzip die Gleichheit ist, das Prinzip der Gleichbehandlung von Gleichem. Daß zum Beispiel ein jüdischer Mieter anders behandelt wurde als ein sogenannter arischer Mieter, obwohl sie beide mit dem gleichen Vermieter den gleichen Mietvertrag geschlossen hatten, um ein Beispiel zu nennen, das nicht ganz so grausam ist wie die anderen. Oder ein grausames: Wie konnte es geschehen, daß von deutschen Richtern Tausende von Todesurteilen in sogenannten Nacht- und Nebel-Sachen gefällt wurden, in geheimen Prozessen, in denen die ausländischen Angeklagten noch nicht einmal die Anklage richtig verstanden und man sich ganz ernsthaft Gedanken darüber machte, ob man ihnen nicht doch einen Dolmetscher zur Seite stellen sollte, was man dann schließlich tat, ohne sich Gedanken darüber zu machen, daß es ihnen aus Gründen der Geheimhaltung unmöglich war, Entlastungszeugen in den Prozeß zu bringen. Ein Recht, das man deutschen Angeklagten vor der Justiz immer noch zubilligte. Und obwohl doch ausländische Angeklagte in gleicher Weise Angeklagte sein sollten wie deutsche Angeklagte. Wie konnte das alles geschehen? Es hat schon ab und zu eine Antwort auf diese Frage gegeben, eine Antwort, die naheliegt, wenn man die Ausbildung und die Arbeitsweise von Juristen kennt. Andere haben dann widersprochen und gesagt, das sei es gerade nicht gewesen. Wir werden sehen. Zunächst einige Bemerkungen zur allgemeinen Entwicklung des Rechts in dieser Zeit.

Das Zivilrecht blieb im wesentlichen unverändert. Das römische Recht war auch 1945 immer noch Grundlage des ökonomischen und gesellschaftlichen Geschehens, trotz Artikel 19 im Parteiprogramm der NSDAP mit seiner Absicht, das römische Recht zu beseitigen und durch ein deutsches Volksrecht zu ersetzen. Die Zeit war zu knapp. Das Arbeitsrecht war halbiert, das individuelle erhalten, zum Teil sogar leicht verbessert, das kollektive beseitigt. Starke Einbrüche gab es im Staats- und Verwaltungsrecht. Die Verfassung war suspendiert, wesentliche Rechtsstaatsgrundsätze außer Kraft gesetzt, das Verwaltungsrecht reduziert, das subjektive öffentliche Recht beseitigt. Das Grauenvollste: die Abschaffung des Verwaltungsrechtsschutzes gegen Maßnahmen der politischen Polizei. Damit entstand der Doppelstaat, den Ernst Fraenkel so eindrucksvoll beschrieben hat (The Dual State, 1940, deutsch: Der Doppelstaat, 1974).

Auf der einen Seite gab es diese völlig unkontrollierten Maßnahmen der Gestapo gegen politische Gegner, rassische Minderheiten und alles, was dem faschistischen Staat im Wege stand. Willkürliche Verhaftungen, Folter, Konzentrationslager, Tod. Das war der Alltag des Maßnahmestaates. Daneben stand die scheinbare Normalität. Der Normenstaat, mit Gesetzen, Gerichten, respektiertem Privateigentum, Verträgen und Strafverfahren. Für denjenigen, der vom Maßnahmestaat bedroht war, sind sie sogar oft noch eine gewisse Rettung gewesen. Zumindest in den ersten Jahren.

Diese Beobachtungen Fraenkels beruhen auf seinen Erfahrungen als Anwalt in Berlin bis 1938. Dann mußte er Deutschland verlassen. Später veränderte sich der Doppelstaat. Während des Krieges wuchs die Vernichtungsmaschinerie des Maßnahmestaates in unvorstellbare Dimensionen. Der Normenstaat verlor endgültig den Schein der Normalität, die Justiz ihre Unabhängigkeit. Der Druck der Regierung auf die Rechtsprechung war immer stärker geworden. 1942 ließ Hitler sich zum obersten Gerichtsherrn ernennen, und im gleichen Jahr begann der neue Justizminister Thierack mit seinen berüchtigten Richterbriefen. In ihnen verteilte er am Beispiel einzelner Urteile Lob und Tadel und machte den Gerichten unmißverständlich klar, wie sie zu entscheiden hätten. Mit sogenannten Nichtigkeitsbeschwerden oder außerordentlichen Einsprüchen konnte der Oberreichsanwalt jedes Verfahren an sich ziehen. Er war den Weisungen des Justizministers unterstellt, brachte die Sache vor einen besonderen Strafsenat des Reichsgerichts, und hier wurde dann so entschieden, wie die Regierung es verlangte. Das war der Weg der deutschen Justiz vom Rechtsstaat über den Doppelstaat zum Polizeistaat.

Aber auch im Normenstaat der dreißiger Jahre war nicht mehr alles normal. Ich will das an einem Beispiel zeigen, das aus einem Bereich stammt, den man immer für den am wenigsten politischen im Recht hält, nämlich aus dem Zivilrecht. Es spielt in Berlin, im Jahre 1936.

Man stritt um die Kündigung einer Mietwohnung. Eine kleine Zweizimmerwohnung in Schöneberg. Für solche Wohnungen gab es schon damals einen Kündigungsschutz, im Mieterschutzgesetz von 1923. Wie bei uns heute war eine Kündigung durch den Vermieter an sich gar nicht möglich. Nur in drei Ausnahmefällen. Das stand im § 2 des Mieterschutzgesetzes. Danach konnte der Vermieter kündigen, wenn der Mieter mit der Zahlung der Miete in Verzug war, wenn er die Wohnung ohne Erlaubnis einem anderen überlassen hatte und, drittens, wie es in § 2 wörtlich hieß, wenn er sich einer erheblichen »Belästigung des Vermieters« schuldig gemacht hatte und sein Verhalten derart war, daß dem Vermieter die Fortsetzung des Mietvertrages nicht zugemutet werden konnte. Um einen solchen Fall, Belästigung des Vermieters, ging es damals. Allerdings nicht um eine der üblichen Belästigungen, durch Lärm, Beschimpfungen, Drohungen oder ähnliches, sondern um eine, die in den 15 Jahren des Bestehens des Mieterschutzgesetzes noch nie zu einer wirksamen Kündigung nach § 2 Mieterschutzgesetz geführt hatte. Die Belästigung bestand nämlich darin, daß die Mieterin eine Jüdin war. Weiter nichts. Möglicherweise eine ruhige und freundliche Mieterin. In einer kleinen Zweizimmerwohnung, in der sie seit 1927 lebte. Aber eben eine Jüdin. Und das genügte jetzt für die Kündigung. Die Sache wurde vor dem Amtsgericht Schöneberg verhandelt. Das Urteil erging am 16. September 1938. Nachzulesen, noch heute, in der Juristischen Wochenschrift, der größten juristischen Zeitschrift damals, von 1938, auf Seite 3045.

Man hätte natürlich sagen können, das Mieterschutzgesetz gilt allgemein, für alle Mieter, gleichgültig ob männlich oder weiblich, Beamte oder Angestellte oder Arbeiter, Alleinstehende oder Familien, evangelisch oder katholisch, und eben auch: ob sie Juden sind oder nicht Juden. So hatte man das bisher auch gesehen und die jüdische Mieterin hatte das auch gemeint. Nein, sagt das Amtsgericht Schöneberg, die Tatsache, daß sie Jüdin ist, ist eine Belästigung des Vermieters. Er kann kündigen.

Wenn man das so hört, stutzt man erst einmal und fragt sich, wie ist das möglich. Die Eigenschaft einer Person kann doch schlecht die Belästigung einer anderen sein. Es muß doch auch ein bestimmtes Verhalten dazukommen, damit man von einer Belästigung sprechen kann. Das steht doch sogar im Gesetz. § 2 Mieterschutzgesetz von 1923:

»... und das Verhalten des Mieters derart ist, daß dem Vermieter die Fortsetzung des Mietverhältnisses nicht zugemutet werden kann.«

Die Frau hatte doch überhaupt nichts getan. Und außerdem setzt der § 2 des Mieterschutzgesetzes noch ein Verschulden des Mieters voraus, denn es heißt, wörtlich:

». . . wenn der Mieter sich einer erheblichen Belästigung des Vermieters schuldig gemacht hat.«

Sie kann doch nichts dafür, daß sie Jüdin ist. Nun, als Jurist kann man mit den üblichen Argumentationsformen diese Klippen mühelos umschiffen. Ich zeige das jetzt im einzelnen. Erste Klippe: Wieso ist das eine Belästigung des Vermieters? Er hat doch mit der Frau gar nichts weiter zu tun, außer daß er die Miete kassiert. Das Amtsgericht Schöneberg sagt dazu in seinem Urteil, indem es die Vorschrift des § 2 Mieterschutzgesetz allgemein nach ihrem Zweck auslegt:

»Diese Bestimmung soll die Ruhe, den Frieden und die Ordnung im Hause sichern und will den Vermieter berechtigen, Mieter, die in unerträglicher Weise die Ruhe und Ordnung stören, aus dem Hause zu entfernen. § 2 Mieterschutzgesetz dient damit dem Schutz zur Erhaltung der Hausgemeinschaft. Die Hausgemeinschaft, die Gemeinschaft aller ein Haus bewohnender Parteien, ist ein Bestandteil der deutschen Volksgemeinschaft. Wie die Familie die Zelle des Volkes ist, gehört die Hausgemeinschaft zu den kleinsten Bestandteilen der deutschen Volksgemeinschaft. Sie ist ein außerordentlich wichtiges Glied dieser Volksgemeinschaft. Sie vereinigt Volksgenossen verschiedener Berufsgruppen und deren Familien auf engem Raum und bringt ihre Mitglieder zu den verschiedensten Tageszeiten in irgendeiner Form zusammen. Sie beeinflußt das private Leben ihrer Mitglieder. Sie ist deshalb als Gemeinschaft von größerer Wirksamkeit als die anderen kleineren Gemeinschaften, die nur einzelne Glieder einer Familie und diese auch nur während ihres Schaffens umfassen. Ihre außerordentliche Bedeutung dürfte heute besonders klar werden. Ihre Stellung im Luftschutz ist bei den möglichen Auswirkungen der feindlichen Luftkriegsführung auf die zivile Bevölkerung dafür besonders kennzeichnend. Die wirksame gegenseitige Unterstützung der Hausgenossen untereinander in Notzeit setzt eine wahre Hausgemeinschaft voraus. Diese Gemeinschaft ist für den Widerstandswillen und die Widerstandskraft des Volkes in schwerer Zeit von nicht zu überschätzender Bedeutung und damit ein wesentliches Element der deutschen Volksgemeinschaft.«

Wenn man das heute so hört, 50 Jahre später, ist man schon ein wenig erstaunt, nicht wahr, mit welchem Ahnungsvermögen die Menschen damals ausgestattet waren. Der Schöneberger Amtsrichter scheint jedenfalls den Krieg vorausgesehen zu haben, der dann ein

Jahr später ausgebrochen ist, und manche gemeinsame Nacht in den Luftschutzkellern, die die Hausgemeinschaften im Krieg tatsächlich zu Schicksalsgemeinschaften auf engem Raum werden ließ. Insofern ist das gar nicht so völlig abwegig, was er da schreibt. Wenn man den völkischen Ton einmal überhört. Nur, im Mieterschutzgesetz von 1923 steht davon kein Wort. Hausgemeinschaft kommt nicht vor, weder hier noch in den Vorschriften über die Miete im Bürgerlichen Gesetzbuch, die die Grundlage des Mietrechts sind und durch das Mieterschutzgesetz nur ergänzt werden. Die Miete ist ein Vertrag, der sich nur zwischen Mieter und Vermieter abspielt. Deswegen spricht das Mieterschutzgesetz ja auch nur von einer Belästigung des Vermieters. Aber natürlich kann man nun juristisch die Hausgemeinschaft in den Mietvertrag hineinholen. Das muß dann eben über die Person des Vermieters laufen, der allein im Gesetz genannt wird. So macht das auch unser Schöneberger Amtsrichter in dem Text. Sehen wir uns den Anfang noch einmal an:

»Diese Bestimmung soll die Ruhe, den Frieden und die Ordnung im Hause sichern und will den Vermieter berechtigen, Mieter, die in unerträglicher Weise die Ruhe und Ordnung stören, aus dem Hause zu entfernen. § 2 Mieterschutzgesetz dient damit dem Schutz zur Erhaltung der Hausgemeinschaft.«

Über Ruhe und Ordnung, die tatsächlich auch im Verhältnis von Mieter zu Vermieter juristisch eine Rolle spielen, kann man dann zur Ruhe und Ordnung der Hausgemeinschaft kommen. Das ist ein durchaus mögliches Verfahren. So erhält der Mietvertrag einen Gemeinschaftscharakter, den er bis dahin nicht gehabt hat und, nebenbei bemerkt, auch heute nicht mehr hat. Und das ist es eben. Man kann juristisch so argumentieren. Aber man muß nicht. Der Schöneberger Richter hat in dieser Weise die erste Klippe umfahren, nämlich das juristische Problem, wieso die Eigenschaft der Mieterin eine Belästigung des Vermieters ist. Man kann mit einer gewissen Berechtigung sagen, daß manche Menschen eben in manche Gemeinschaften nicht hineinpassen, und hat so den Widerspruch beseitigt, der darin liegt, daß der Vermieter sich diese Frau mit dieser Eigenschaft ja selbst als Mieterin ausgesucht hat. Ihre Eigenschaft, die jüdische Herkunft, ist also eine Belästigung der Hausgemeinschaft, die man in den Vermieter hineininterpretiert. Nun zur zweiten Klippe. Wieso kann diese Eigenschaft allein eine

Belästigung sein, wo doch das Mieterschutzgesetz selbstausdrücklich ein Verhalten fordert? Sehen wir uns dazu wieder das Urteil an. Nachdem die Hausgemeinschaft in den Vermieter hineinbugsiert und als wesentliches Element der deutschen Volksgemeinschaft beschrieben worden ist, heißt es dort weiter:

»Dementsprechend bilden alle Tatsachen eine erhebliche Belästigung des Vermieters im Sinne des § 2 Mieterschutzgesetz, die einen Mieter als Fremdkörper in der Gemeinschaft der Hausbewohner erscheinen lassen, so daß die Bildung oder die Erhaltung der Hausgemeinschaft nicht möglich ist. Es ist dabei bedeutungslos, ob diese Tatsachen in einem Tun, Unterlassen oder in der persönlichen Eigenschaft des Mieters bestehen. § 2 Mieterschutzgesetz spricht allerdings ausdrücklich von einem »Verhalten« des Mieters. Darunter sind aber auch die persönlichen Eigenschaften des Mieters zu verstehen, da ja das Tun und Lassen nur die Lebensäußerungen der Persönlichkeit sind. Danach bildet auch der Mieter eine erhebliche Belästigung des Vermieters, der infolge seiner persönlichen Eigenschaft die Begründung oder die Erhaltung der Hausgemeinschaft hindert.«

Das war gar nicht so einfach. Ist auch nicht so gut gelungen wie die Umschiffung der ersten Klippe. Aber immerhin. Es geht gerade noch. Viele Urteile heute sind auch nicht besser. Der Grundgedanke, der richtige Grundgedanke des Schöneberger Amtsrichters war, daß man unter einem »Verhalten« eines Menschen juristisch durchaus nicht immer ein aktives Tun verstehen muß. Es kann auch ein passives Unterlassen sein.

Die jüdische Mieterin tut ja nicht aktiv irgend etwas, sie ist eben nur Jüdin, eher passiv. Sie unterläßt es sozusagen, um das blödsinnige Eigenschaftswort der damaligen Zeit zu gebrauchen, sie unterläßt es nur, arisch zu sein. Deswegen spricht das Urteil von einem Tun oder Unterlassen, die beide ein Verhalten darstellen. Das logische Problem besteht aber darin, daß man, sofern es um das Verhalten geht, aktives Tun oder passives Unterlassen nur dann dazuzählen kann, wenn es freiwillig geschieht, der Betreffende mindestens die Möglichkeit haben muß, sich anders zu verhalten, aktiv, oder in Gottes Namen auch passiv. Das konnte die arme Frau aber nicht. Sie war eben jüdischer Herkunft. Das konnte sie nicht ändern, selbst wenn sie es gewollt hätte. Wir haben heute in anderem Zusammenhang ähnliche Fälle, in denen wir aufgrund seines bloßen Zustands, den er momentan nicht ändern kann, einen Menschen so behandeln, wie wenn er freiwillig andere belästigen würde. Ein Omnibusfahrer braucht einen Fahrgast, der stark angetrunken oder völlig verwahrlost ist, nicht zu befördern. Das ist zwar für uns heute mit dem Fall der armen jüdischen Mieterin letztlich überhaupt nicht zu vergleichen. Aber die Judenhetze der Faschisten hat eben ein gesellschaftliches Klima geschaffen, in dem man es so sehen konnte. Und so war die Argumentation des Schöneberger Amtsrichters juristisch durchaus möglich. Sie war nicht nötig. Und anders herum wäre es auch juristisch besser gewesen. Von Menschlichkeit und Gerechtigkeit ganz zu schweigen. Aber man konnte so argumentieren. Oder man konnte eben sagen, ihre Eigenschaft als Jüdin sei kein Verhalten im Sinne des § 2 Mieterschutzgesetz. Beides war möglich, und das ist es, was ich die Beliebigkeit und unbegrenzte Verwendbarkeit juristischer Argumentationsformen nenne.

Nun zur dritten Klippe: Jetzt ging es nämlich um das Verschulden, das vom Mieterschutzgesetz gefordert wird, wenn eine Kündigung rechtmäßig sein soll. Unser Richter schreibt dazu:

»Die Tatsache, daß der Mieter Jude ist, ist von ihm nicht im eigentlichen Sinne verschuldet. Im Sinne des § 3 Mieterschutzgesetz trifft ihn jedoch ein Verschulden. Er ist nicht nur ein Fremdkörper innerhalb der Gemeinschaft der deutschen Hausbewohner, ihm fehlt auch darüber hinaus die notwendige innere Einstellung zu einer Gemeinschaft mit Deutschen. Die Fortsetzung des Mietvertrages mit ihm kann einem deutschen Vermieter, wenn dieser ernstlich die Bildung der Hausgemeinschaft anstrebt und deshalb die Entfernung des jüdischen Mieters fordert, nicht zugemutet werden. Der Vermieter ist der Allgemeinheit gegenüber im Regelfall für die Erhaltung des Hauses, immer aber für die Verwaltung des Hauses verantwortlich. Ihm allein gibt das Gesetz das Recht aus § 2 Mieterschutzgesetz auf Entfernung des Mieters. Der deutsche Vermieter hat damit der deutschen Volksgemeinschaft gegenüber auch die Pflicht, die Bildung der Hausgemeinschaft und ihre Erhaltung durch Wahrnehmung seines Rechts zu sichern. Alles, was für die Hausgemeinschaft unerträglich ist, kann ihm nicht zugemutet werden.«

Hier war es an sich wieder einfacher. Er hat es sich trotzdem ein bißchen schwer gemacht. Vielleicht weil er doch noch irgendwo ein Gewissen hatte. Aber letztlich findet er den richtigen formalen Weg, nämlich die Gleichstellung von Verschulden mit Unzumutbarkeit. Das ist juristisch durchaus möglich. Verschulden bedeutet ja, daß man jemandem einen Vorwurf macht. Verschulden ist Vorwerfbarkeit. Wir unterscheiden dabei juristisch zwischen Vorsatz und Fahrlässigkeit. Vorsatz bedeutet, daß man willentlich handelt, freiwillig etwas Vorwerfbares tut und das auch weiß. Fahrlässigkeit ist soviel wie Unachtsamkeit. Man weiß nicht, daß man etwas Vorwerfbares tut, aber man hätte es wissen müssen, wenn man aufgepaßt hätte. Der Vorwurf liegt hier darin, daß man nicht aufgepaßt hat. Mit dem juristischen Begriff des Verschuldens beurteilt man im Vertragsrecht, in dem wir uns hier bewegen, das Verhalten desjenigen, der seinem Vertragspartner die geschuldete Leistung nicht richtig erbringt. Daraus können sich dann juristische Folgen ergeben. Der Vertragspartner kann daraus einen Schadensersatzanspruch erhalten, oder das Recht zum Rücktritt oder zur Kündigung. Mit dem Begriff der Unzumutbarkeit, zu dem der Schöneberger Amtsrichter greift, beurteilt man dagegen die Situation des Vertragspartners. Wird sie für ihn unzumutbar, ohne daß der andere das verschuldet hat, dann kann das in Ausnahmesituationen in gleicher Weise solche Folgen haben, zwar nicht die Folge eines Schadensersatzanspruchs, wohl aber die eines Rücktritts oder einer Kündigung, und darum geht es ja hier. Und insofern ist die Gleichsetzung von Verschulden und Unzumutbarkeit im Urteil durchaus möglich. Wohlgemerkt: möglich. Natürlich hätte man auch anders argumentieren und sagen können: Nein, dafür, daß sie Jüdin ist, dafür kann die Mieterin nichts. Das hat sie nicht verschuldet. Das Kündigungsgesetz setzt bei Belästigungen des Vermieters ein Verschulden voraus. Also kann nicht gekündigt werden. Und selbst wenn man die Unzumutbarkeit hätte ins Spiel bringen wollen, auch dann hätte man noch anders argumentieren können und nicht zu dem Ergebnis kommen müssen, es sei für den Vermieter unzumutbar, den Vertrag mit seiner jüdischen Mieterin fortzusetzen. Der Richter ist ja auch hier mit seiner Argumentation ein wenig ins Schleudern gekommen. Aber er hat in diesem Fall das andere Ergebnis gewollt. Also hat er zum anderen Argument gegriffen. Und methodisch-juristisch, so wie wir das heute noch lernen und praktizieren, war und ist das ohne weiteres möglich. Und so hatte er auch diese letzte Klippe umschifft.

Die Argumentation des Schöneberger Richters ist im übrigen in vorbildlicher Weise eingefügt in die allgemeine Rechtspolitik der damaligen Zeit, die sehr stark den Gemeinschaftsgedanken betont hat, die deutsche Volksgemeinschaft, die Betriebsgemeinschaft und eben hier: die Hausgemeinschaft. Das Bemerkenswerte daran ist nur, daß die Gemeinschaft zwar andauernd beschworen wird, selbst aber überhaupt nichts zu sagen hat, um nicht zu sagen: ständig entmündigt wird. Nehmen wir an, in dem Schöneberger Haus hätten die anderen Mieter gar nichts gegen ihre jüdische Nachbarin einzuwenden gehabt oder sich sogar mit Mehrheit für ihr Bleiben ausgesprochen. Das würde nichts genützt haben, denn auch die Argumentation mit der Hausgemeinschaft lief eben nicht zufällig über den Vermieter, der hier allein die Rechte der Hausgemeinschaft wahrnehmen und kündigen konnte. Das erinnert sehr stark an die damals im Arbeitsleben immer wieder beschworene Betriebsgemeinschaft, in der dann letztlich doch der Unternehmer das Sagen hatte. Im Gesetz zur Ordnung der nationalen Arbeit von 1934 hieß es in § 1:

»Im Betrieb arbeiten der Unternehmer als Führer des Betriebes, die Angestellten und Arbeiter als Gefolgschaft gemeinsam zur Förderung der Betriebszwecke und zum gemeinsamen Nutzen von Volk und Staat.«

Aber so stark war die Gemeinschaft nun auch wieder nicht, denn es folgte das Führerprinzip in § 2:

»Der Führer des Betriebes entscheidet der Gefolgschaft gegenüber in allen betrieblichen Angelegenheiten, soweit sie durch dieses Gesetz geregelt werden. Er hat für das Wohl der Gefolgschaft zu sorgen. Diese hat ihm die in der Betriebsgemeinschaft begründete Treue zu halten.«

Und so wie im Betrieb hatte der Schöneberger Amtsrichter das Führerprinzip nun auch in die Hausgemeinschaft eingeführt. Die anderen Mieter hatten genausowenig zu sagen wie vorher. Aber sie waren jetzt eine Gemeinschaft. Mit ihr ließ sich gut argumentieren, konnte der Vermieter seine jüdische Mieterin auf die Straße setzen.

Noch eins ist zu bemerken. Diese Argumentation war gar nicht die einzige, mit der man die Kündigung erreichen konnte. Es gab noch eine andere Möglichkeit. Auch das gehört zur Beliebigkeit juristischer Argumentationsformen. Der Schöneberger Richter hat zur extensiven Interpretation gegriffen, wie wir das nennen, zur weiten und sinngemäßen Auslegung des § 2 Mieterschutzgesetzes. Er hat gesagt, »Belästigung des Vermieters« – der Wortlaut des Gesetzes – bedeutet auch: Störung der Hausgemeinschaft. Das war die eine Möglichkeit. Die andere bestand darin, das ganze Mieterschutzgesetz auf Juden überhaupt nicht anzuwenden. So etwas nennen wir Restriktion, also Einschränkung des Gesetzes. Bei der Restriktion wird ein Gesetz nicht angewendet, obwohl es nach seinem Wortlaut eigentlich angewendet werden müßte. Wenn das Mieterschutzgesetz für Juden überhaupt nicht galt, konnte man ihnen eben nach den Vorschriften des Bürgerlichen Gesetzbuches jederzeit kündigen.

Diesen Weg sind andere Gerichte gegangen, zum Beispiel das Amtsgericht Nürnberg, zwei Monate später. Auch diese Argumentation war juristisch durchaus möglich. Sie ging so:

Das Mieterschutzgesetz ist nach seinem Zweck und nach seiner Entstehungsgeschichte eine Art sozialistisches Gesetz. 1923 war es eine Art sozialistisches Gesetz, jetzt, 1938, war es ein nationalsozialistisches Gesetz. Es beschränkt nämlich den Hauseigentümer als Vermieter in der freien Verfügung über sein Eigentum. Die Vorstellung, er könne mit seinem Haus tun und lassen, was er will, also auch: kündigen wie er will, sei typisch bürgerlich, liberal, privatkapitalistisch. Das Mieterschutzgesetz verwirkliche dagegen die Forderung des Parteiprogramms der NSDAP: »Gemeinnutz geht vor Eigennutz«, »Du bist nichts, Dein Volk ist alles.« Es ist dazu bestimmt, der Gemeinschaft des deutschen Volkes zu dienen, für die ausreichender und gesunder Wohnraum eine Lebensfrage ist. Deshalb kann es aber auch nur für diejenigen gelten, die zur deutschen Volksgemeinschaft gehören oder sich doch wenigstens in sie blutmäßig einordnen können. Es würde dem Zweck des Gesetzes widersprechen, wenn seine Schutzbestimmungen auch auf Personen angewendet würden, die außerhalb der deutschen Volksgemeinschaft stehen und nie zu ihr gehören können. Eine Gemeinschaft mit Juden wird von deutschen Volksgenossen grundsätzlich abgelehnt, und zwar das Zusammenwohnen mit Juden wie überhaupt jede Art von Gemeinschaft. Also kann das Gesetz auf Juden nicht angewendet werden. Also genießen Juden keinen Mieterschutz. Also kann ihnen jederzeit gekündigt werden. So das Amtsgericht Nürnberg, in der Argumentation sozusagen eine Etage höher als das Amtsgericht Schöneberg. Urteil vom 26. November 1938. Neue Juristische Wochenschrift 1938, Seite 3243:

Das Mieterschutzgesetz ist also nach seiner Entstehungsgeschichte und nach seiner Zielrichtung ein im eigentlichen Sinne »sozialistisches« Gesetz. Es beschränkt den einzelnen Hausbesitzer zugunsten der Gemeinschaft des ganzen Volkes, für das die Notwendigkeit gesunden und ausreichenden Wohnraumes eine Lebensfrage ist, die nicht nach privatkapitalistischen Gesichtspunkten gelöst werden kann. Das Mieterschutzgesetz ist nach dem Willen des nationalsozialistischen Gesetzgebers die gesetzliche Verwirklichung der Volksgemeinschaft auf dem Gebiete des Wohnungswesens. Es ist auf diesem Gebiete der gesetzliche Ausdruck der Forderung des Parteiprogramms: »Gemeinnutz geht vor Eigennutz.«

Da das Mieterschutzgesetz also bestimmt ist, der Gemeinschaft des deutschen Volkes zu dienen, kann es nur für diejenigen gelten, die zur Gemeinschaft des deutschen Volkes gehören oder doch sich in diese Gemeinschaft blutmäßig einordnen können. Es würde daher dem Zweck, den der nationalsozialistische Gesetzgeber mit der Beibehaltung und Erweiterung des Gesetzes verfolgt hat, widersprechen, wenn seine Schutzbestimmungen auf Personen angewandt werden, die außerhalb der Gemeinschaft des deutschen Volkes stehen und auch nie zu ihr gehören können.

Dies ist bei Juden der Fall. Sie stehen nach ihrer Rasse und ihren sittlichen Anschauungen in unüberbrückbarem Gegensatz zum deutschen Volke. Der Gesetzgeber hat diesen Ausschluß aus der deutschen Volksgemeinschaft auch eindeutig zum Ausdruck gebracht: Juden können am politischen, kulturellen und wirtschaftlichen Leben des deutschen Volkes nicht teilnehmen.

Daraus folgt, daß die Schutzbestimmungen des Mieterschutzgesetzes jüdischen Mietern im Verhältnis zu deutschen Vermietern nicht zur Seite stehen können.«

Ich glaube, nun läßt sich eine Antwort geben auf die Frage, wie das alles geschehen konnte. Juristisch ist eben fast alles möglich, juristische Interpretationen letztlich mehr oder weniger beliebig und der normale Jurist wie alle anderen Menschen auch abhängig vom Zeitgeist. Er hat keine Theorie für das, was er da macht. Die einzige Sicherung für diese Theorielosigkeit und Beliebigkeit ist der Instanzenzug der Gerichte. Wenn unten etwas entschieden wird, das allgemein oder politisch nicht in die Landschaft paßt, dann wird das Urteil vom höheren Gericht eben aufgehoben. Deshalb spielt die Rechtsprechung der oberen Gerichte eine entscheidende Rolle. Sie ist die wichtigste Autorität.

Theorielosigkeit und Autoritätsgläubigkeit führen zu Manipulierbarkeit. Hier liegt, meine ich, einer der Gründe dafür, daß es den Faschisten in wenigen Jahren gelungen ist, die deutsche Justiz gleichzuschalten. Der andere, nicht weniger wichtige, ist wohl einfach der, daß Juristen eben auch ganz normale Menschen sind, wie alle anderen, normale Bürger, die wie die überwältigende Mehrheit innerhalb weniger Jahre zum sogenannten Nationalsozialismus überliefen, weil es wieder bergauf ging, wie man meinte, weil Deutschland nun wieder was galt in der Welt, weil Hitler die Millionen von Arbeitslosen von der Straße geholt hatte und so weiter und so weiter.

Allerdings, bei den Juristen gab es noch ein zusätzliches Problem. Auf der einen Seite stand – und steht noch heute – ihre Theorielosigkeit und Manipulierbarkeit. Auf der anderen waren sie aufgewachsen in der Tradition des Rechtsstaates, wie sie in Deutschland im 19. Jahrhundert entwickelt worden war. Der Staat, das war die dahinterstehende Überzeugung, kann und darf nicht alles mit seinen Bürgern machen. Der Monarch, und er war der Staat des 19. Jahrhunderts, darf nicht mehr unumschränkter, absoluter Herrscher sein. Seine Macht wurde eingeschränkt durch das Recht.

Für die Faschisten war das bürgerlicher Kokolores. Sie wollten den absoluten Staat, frei von der Kontrolle durch die Gerichte, den Polizeistaat, in dem die Polizei schalten und walten kann, wie sie will. Es war klar, daß die alten Justizjuristen diesen Weg nicht ohne weiteres gehen würden. Gegen ihre rechtsstaatlichen Vorstellungen sind die Faschisten von Anfang an Sturm gelaufen. Ein Jurist, das war für sie immer eine schwächliche Kreatur, die dem starken Staat im Wege steht. Es gibt viele Äußerungen dazu, von Hitler und anderen. Ein typisches Beispiel dafür berichtet Henry Picker in seinem Buch über »Hitlers Tischgespräche im Führerhauptquartier 1941-1942« (1963). Danach hat Hitler gesagt am 29. März 1942 in der Wolfsschanze (S. 222-225):

»Kein vernünftiger Mensch verstehe überhaupt die Rechtslehren, die die Juristen sich – nicht zuletzt aufgrund des Einflusses von Juden – zurechtgedacht hätten. Letzten Endes sei die ganze heutige Rechtslehre nichts anderes als eine einzige große Systematik der Abwälzung der Verantwortung. Er werde deshalb alles tun, um das Rechtsstudium, das heißt das Studium dieser Rechtsauffassungen, so verächtlich zu machen wie nur irgend möglich. Denn durch dieses Studium würden keine Menschen herangebildet, die fürs Leben paßten und geeignet seien, dem Staat die Aufrechterhaltung seiner natürlichen Rechtsordnung zu garantieren. Dieses Studium sei eine einzige Erziehung zur Verantwortungslosigkeit.

Er werde dafür sorgen, daß aus der Justizverwaltung bis auf 10 Prozent wirklicher Auslese an Richtern alles entfernt werde. Der ganze Schwindel von Schöffen werde beseitigt werden. Er wolle dem ein für allemal einen Riegel vorschieben, daß ein Richter sich von der Verantwortung für seine Entscheidung mit der Ausrede herumdrücke, daß die Schöffen ihn überstimmt hätten oder dergleichen. Er wolle nur Richter von Format haben, die dann aber natürlich auch gut bezahlt werden müßten. Als Richter brauche er Männer, die zutiefst davon überzeugt seien, daß das Recht nicht den

Einzelnen dem Staat gegenüber sichern, sondern in erster Linie bewirken solle, daß Deutschland nicht zugrunde gehe.

Ein besonders klares Urteil habe über das Juristentum immer Dietrich Ekkart gehabt, der selbst einige Semester Jura studiert gehabt habe. Nach seinen eigenen Äußerungen habe er sein Studium abgebrochen, ›um nicht ein vollendeter Trottel zu werden.‹ Dietrich Eckart habe auch die Art gehabt, den Krebsschaden der heutigen Rechtslehren für das deutsche Volk in völlig unmißverständlicher Weise anzuprangern. Er, der Chef, habe geglaubt, daß es genüge, wenn man den Menschen solche Dinge in verfeinerter Form sage. Erst mit der Zeit sei er darauf gekommen, daß das gar nichts nütze.

Heute erkläre er deshalb klar und eindeutig, daß für ihn jeder, der Jurist sei, entweder von Natur defekt sein müsse oder aber es mit der Zeit werde. Wenn er all die Juristen, die einmal in sein Leben getreten seien, vor allem aber all die Advokaten und Notare, an seinem Auge vorüberziehen lasse, dann könne er nur immer wieder feststellen, wie gesund doch jener Stamm aufrechter, bodenverwurzelter Menschen sei, mit denen er zusammen mit Dietrich Eckart seinerzeit in Bayern seinen politischen Kampf aufgenommen habe.«

Nach dem Zusammenbruch des Dritten Reiches, noch in der Zeit der Studentenbewegung, hat man öfter gemeint, es sei der Positivismus gewesen, der das Versagen der Justiz im Faschismus verursacht habe. Das war die Antwort, die ich am Anfang angedeutet habe, die Antwort auf die Frage, wie das alles geschehen konnte. Der Positivismus mit seiner Trennung von Recht und Politik, meinte man, habe den unpolitischen Juristen zur Folge gehabt, der dann ebenso unkritisch wie vorher die alten Gesetze nun eben die neuen Gesetze der Faschisten angewendet habe. Andere haben schon damals widersprochen und gesagt, der Positivismus sei es gerade nicht gewesen, im Gegenteil. Gegen ihn seien die Faschisten besonders heftig zu Felde gezogen, indem sie die neue, völkische, bewußt politische Anwendung des alten Rechts gefordert hätten, das sie nicht insgesamt im Handumdrehen durch neue Gesetze ersetzen konnten.

Die Wahrheit, meine ich, liegt in der Mitte, wie so oft bei solchen Streitfragen. Der Positivismus des 19. Jahrhunderts, den man hier meint, ist eng verbunden mit einer individualistischen Auffassung von Recht und mit liberalen Vorstellungen vom Rechtsstaat. Das war mit dem politischen Programm der Faschisten unvereinbar, und insofern kann man keineswegs sagen, der Positivismus habe den Weg der deutschen Justiz in den Faschismus gebahnt. Aber, aber. Der Positivismus, mit seiner starren Trennung von Recht und

Politik und mit seiner Beliebigkeit juristischer Argumentation, hat die Manipulierbarkeit von Juristen und Justiz außerordentlich verstärkt. Es war eben mühelos möglich, mit dem herkömmlichen Arsenal juristischer Argumentation sofort umzusteigen vom individualistischen Positivismus des 19. Jahrhunderts zum völkischen Gemeinschaftsdenken der Faschisten, um nicht zu sagen: zu ihrem völkischen Positivismus, denn nichts anderes ist schnell daraus geworden. Das Beispiel der armen jüdischen Mieterin in Schöneberg zeigt das doch sehr deutlich. Mit wenigen Handgriffen konnte man aus dem individualistischen Mietvertrag zwischen Mieter und Vermieter eine völkische Hausgemeinschaft konstruieren. Und es kommt ja noch eins dazu. Diese Manipulierbarkeit der Juristen war deswegen besonders gefährlich, weil sie verbunden war mit einer großen Autoritätsgläubigkeit, die ebenfalls im Positivismus starke Wurzeln hat. Die Autoritätsgläubigkeit, damit meine ich das ständige Starren auf die herrschende Meinung im Recht. hM und seine Autoritäten. Mit anderen Worten, besonders starke Widerstände, die bei Juristen gegen den Faschismus eingebaut waren, nämlich Rechtsstaatsprinzip und individualistisches Rechtsdenken, wurden durch ihre besonders große Manipulierbarkeit und durch ihr Autoritätsdenken schnell wieder beseitigt, ausgeschaltet, ausgeglichen. Denn sie wissen eben nicht, was sie tun.

Und die Autoritäten schwenkten schnell um. Ich will das zum Schluß an einem Beispiel zeigen, das uns durch ein Buch von Dieter Kolbe jetzt besonders gut bekannt ist. Ich meine den Präsidenten des Reichsgerichts, Dr. Erwin Bumke (Dieter Kolbe, Reichsgerichtspräsident Dr. Erwin Bumke, 1975).

1929, vier Jahre vor der Machtübernahme Hitlers, war er Präsident des höchsten deutschen Gerichts geworden, ein Justizjurist der alten Schule, positivistisch ausgebildet an Rechtsstaatsvorstellungen des 19. Jahrhunderts, liberal-konservativ. Er gehörte zu jenen Juristen, die den Nationalsozialisten an sich immer ein Ärgernis waren und die umgekehrt auch viele Vorbehalte gegen die neuen Machthaber hatten. Denn deren Skrupellosigkeit war offenkundig. Auf der anderen Seite waren die Faschisten für sie das Bollwerk gegen Sozialdemokraten und Kommunisten. Deshalb sah man ihnen manches nach und unterstützte sie sogar, von Zeit zu Zeit. So auch Erwin Bumke mit seinem höchsten deutschen Gericht.

Nach der Machtübernahme der Nationalsozialisten hatte Hindenburg mit einer Notverordnung vom 6. Februar die endgültige Absetzung der Regierung des Landes Preußen verfügt und damit Neuwahlen auch zum preußischen Landtag ermöglicht. Der »zweite Preußenschlag«, gegen die Regierung Braun, aus Sozialdemokraten, Zentrum und anderen. Am nächsten Tag erhob sie Verfassungsklage, mit Antrag auf einstweilige Anordnung. Die Rechtslage war eindeutig, die Notverordnung verfassungswidrig. Aber Bumke, als Vorsitzender des beim Reichsgericht bestehenden Staatsgerichtshofes, verzögerte die Entscheidung wegen »Umfang und Schwierigkeiten des Streitstoffes«, wie er es nannte. Anfang März waren Wahlen und eine Entscheidung gegen Hindenburg hätte den Sozialdemokraten großen Auftrieb gegeben. Die Faschisten gewannen die Wahlen vom 5. März, auch in Preußen. Damit war das Verfahren vor dem Staatsgerichtshof erledigt. Es gab keinen Kläger mehr. Das war Bumkes Morgengabe an die Faschisten.

Danach gab es Ärger mit ihnen, im Prozeß um den Reichstagsbrand. Das Reichsgericht stand vor einem doppelten Problem. Einmal drängten die Nationalsozialisten auf die Verurteilung aller Angeklagten. Nicht nur des Holländers van der Lubbe, dessen Schuld man als erwiesen ansah. Sondern auch der anderen, der drei bulgarischen Kommunisten und des deutschen Ernst Torgler. Denn man brauchte einen Beweis für die Behauptung, der Brand sei ein Werk der Kommunisten gewesen. Aber für ihre Beteiligung ergab sich im Prozeß nichts. Das zweite Problem war das Strafmaß. Alle sollten zum Tode verurteilt werden. Aber Brandstiftung, und um die ging es allein, war am Tage des Brandes, im Februar 1933, nur mit Gefängnis bedroht. Erst im März war die Todesstrafe dafür angeordnet, durch das Gesetz der Reichsregierung, auf der Grundlage des Ermächtigungsgesetzes. Zwar mit rückwirkender Kraft, aber das war gerade das Problem. Denn das widersprach dem rechtsstaatlichen Verbot der Rückwirkung von Strafgesetzen. Nulla poena sine lege, sagen die Juristen. Keine Strafe ohne Gesetz. Auch dagegen sollte das höchste deutsche Gericht verstoßen.

Das Reichsgericht entschied sich für einen Mittelweg. Es verurteilte van der Lubbe zum Tode, gegen das Rechtsstaatsprinzip, und kam so den Faschisten entgegen. Aber es sprach die anderen, die wichtigen Angeklagten frei. Und die Nationalsozialisten heulten vor Wut. Im Völkischen Beobachter konnte man am nächsten Tag, Heiligabend 1933, lesen:

»Wir sind überzeugt, daß das nationalsozialistische Deutschland dieses Urteil nicht ohne Folgerungen für die Regelung von Zuständen in der Rechtspflege hinnimmt, die eine solche Prozeßführung ermöglicht hat. Es wird sehr schnell die notwendigen Folgerungen zu ziehen wissen und Zustände beseitigen, die geeignet sind, die Erfolge der nationalsozialistischen Revolution zu beeinträchtigen.«

Vier Monate später, im April 1934, wurde der Volksgerichtshof in Berlin errichtet, als offene Demütigung für das Reichsgericht in Leipzig, dem damit die Kompetenz für politische Strafsachen entzogen war.

Das Reichsgericht hat die Lektion verstanden. 1935 ergingen die Nürnberger Rassengesetze, und ihre Anwendung durch das höchste deutsche Gericht konnte sich in den Augen der Faschisten schon sehen lassen. Wo man zuschlagen konnte, da hat man zugeschlagen. Selbst für sogenannte »Rassenschande« im Ausland gab es hohe Strafen, obwohl das deutsche Strafrecht nur für Taten gilt, die im Inland begangen werden. So steht es im Strafgesetzbuch, und die Voraussetzungen für die Ausnahmen, die es zuläßt, waren in keinem Fall erfüllt.

Inzwischen hatte sich nämlich auch Erwin Bumke eines besseren besonnen. Direkt nach der Machtübernahme hatte er noch große Skrupel gehabt und wohl sogar an Rücktritt gedacht. Sein Bruder schreibt, er sei damals »aufs schwerste bedrückt« und »seelisch ziemlich am Ende« gewesen. Denn es gab das Problem, daß Hunderte politische Gegner von der SA ermordet waren und Hunderte in den Konzentrationslagern der SS verschwanden, ohne daß die Justiz dagegen einschreiten durfte. Ende September fand in Leipzig der »Deutsche Juristentag« statt. Über dem Reichsgericht prangte in riesigen Lettern das Motto »Durch Nationalsozialismus dem deutschen Volke das deutsche Recht.« 20 000 Juristen hatten sich auf dem Vorplatz versammelt. Der Reichsjustizminister war erschienen, und die Richter des Reichsgerichts saßen dort in ihren roten Roben. Aber der Präsident des höchsten Gerichts war nicht gekommen. Er hatte sich krank gemeldet.

Zwei Jahre später hatte er seine Meinung geändert. Er wurde Nationalsozialist und trat der Partei bei. Die Blutschutzrechtsprechung des Reichsgerichts konnte beginnen. Sein Biograph, Dieter Kolbe, schreibt dazu (S. 244 f.):

»Wie viele andere, die dem Nationalsozialismus wegen seines gewalttätigen, Tradition und Recht mißachtenden revolutionären Charakters bislang distanziert gegenüber gestanden hatten, ließ sich auch der höchste deutsche Richter von der 1934/1935 einsetzenden Konsolidierungsphase beeindrucken. Die Terroraktionen hatten aufgehört und einer vergleichsweisen Ruhe und Ordnung Platz gemacht. Zwar fußte diese nationalsozialistisch geprägte »Ordnung« auf der Zerschlagung der Parteienvielfalt, der Unterdrückung der Meinungsfreiheit und der Ausschaltung der demokratischen Institutionen. Hatten aber nicht gerade Meinungsvielfalt und Parteizersplitterung in den demokratischen Organen eine ordnungsgemäße Regierungstätigkeit unmöglich gemacht? Brauchte man nicht angesichts der zerrütteten Verhältnisse in Deutschland eine starke Regierungsgewalt, und hatte sich die Hitler-Regierung nicht sogar imstande gezeigt, die Wirtschaft anzukurbeln und die Arbeitslosigkeit zu senken? Zwar war in die Selbständigkeit und Unabhängigkeit der Rechtspflege eingegriffen und dem Reichsgericht die Entscheidung in politischen Strafsachen entzogen worden. Hatten aber nicht gerade die politischen Prozesse dem Ansehen des höchsten deutschen Gerichts geschadet, und waren die Gerichte nach der Verreichlichung der Justiz nicht vor Übergriffen von seiten der Partei sicher? Auch schien endlich die Möglichkeit gegeben, die seit Jahren angestrebte Erneuerung des Rechts durchzuführen, die zu einer »volksnahen« Rechtsprechung führen und das Vertrauen der Bevölkerung in die Justiz wiederherstellen sollte. Verschlechterte man nicht überdies die Chancen der Rechtsstaatlichkeit in Deutschland, wenn man sich gegen das Regime stellte, statt mitzuwirken und die Machthaber hierdurch an Recht und Verfassung zu binden?
Reichsgerichtspräsident Dr. Bumke tat den Schritt und stellte sich in den Dienst des NS-Staates.«

Der Niedergang des Reichsgerichts hatte begonnen, nicht nur in der Blutschutzrechtsprechung. Die tiefsten Tiefen erreichte es im Kriege. Ein besonderer Strafsenat wurde eingerichtet, unter Vorsitz Bumkes, in dem über »außerordentliche Einsprüche« des Oberreichsanwalts verhandelt wurde, der meistens auf direkte Weisung Hitlers oder anderer Nazigrößen handelte und außerhalb des ordentlichen Prozeßgangs jedes Verfahren vor dieses Gericht bringen konnte, das dann regelmäßig sich den brutalen Anweisungen beugte und für einfache Vergehen die Todesstrafe aussprach. Am Ende des Krieges gab es noch einmal ein letztes Aufbäumen. Erwin Bumke war nicht nur Präsident des Gerichts und Vorsitzender des besonderen Strafsenats, er hatte auch, und das war seine regelmäßige Tätigkeit, den Vorsitz im 3. Strafsenat. Hier war man milder, mit anderen Worten: es ging noch einigermaßen normal zu, soweit man überhaupt von Normalität im Dritten Reich sprechen kann. Nicht für jede Kleinigkeit wurde die Todesstrafe verhängt. Bumke versuchte zu bremsen, besonders auch bei den sogenannten Nichtigkeitsbeschwerden der Reichsanwaltschaft. 1944 verschärfte sich der Druck von Partei und Polizei auf die Justiz. Aus dem Justizministerium hörte man, wenn sich der dritte Strafsenat Nichtigkeitsbeschwerden gegenüber weiterhin so ablehnend verhalte wie bisher, dann werde er sich wahrscheinlich demnächst im KZ wiederfinden. Es mußte also mit schweren Repressalien gerechnet werden. Und da aus dem Justizministerium keine Hilfe zu erwarten war, im Gegenteil, sah Erwin Bumke sich gezwungen, nachzugeben und nun auch hier, mit rücksichtsloser Härte, Todesurteile zu fällen. Es war zu spät. Er konnte nicht mehr umkehren. Die Rechtsprechung war zum bloßen Macht- und Terrorinstrument herabgesunken. Auch der Normenstaat gab keinen Schutz mehr. Der Doppelstaat war zum Polizeistaat geworden. Als die 1. US-Armee in Leipzig einmarschierte, nahm Erwin Bumke sich das Leben. Am 20. April 1945, in seiner Wohnung im Gebäude des Reichsgerichts, Beethovenstraße 4.

Einhundertelf Jahre vorher, 1834, in einem Aufsatz über »Die gesellschaftlichen und politischen Zustände in Frankreich vor und nach 1789«, hat Alexis de Tocqueville einmal geschrieben:

»Wenn man aufmerksam untersucht, was sich in der Welt zugetragen hat, seit die Menschen die vergangenen Ereignisse im Gedächtnis bewahren, könnte man mühelos feststellen, daß sich in allen zivilisierten Ländern neben einem Despoten, der befiehlt, fast immer ein Rechtsgelehrter befindet, der dessen willkürliche und unzusammenhängende Willensakte in eine Ordnung und Übereinstimmung bringt. Die allgemeine und unbestimmte Liebe zur Macht, die die Könige erfüllt, ergänzen sie durch die Freude an der Methode und die Kenntnis von den Einzelheiten der Herrschaft, über die sie selbstverständlich verfügen. Jene verstehen es, die Menschen vorübergehend zum Gehorsam zu zwingen; diese besitzen die Kunst, sie fast freiwillig zu ständiger Fügsamkeit zu beugen. Die einen liefern die Macht, die andern das Recht. Jene gelangen durch Willkür zur höchsten Macht, diese durch Legalität. An dem Schnittpunkt an dem sie sich begegnen, entsteht ein Despotismus, der der Menschheit kaum die Luft zum Atmen läßt; wer nur an den Fürsten denkt, nicht an den Juristen, kennt nur die eine Seite der Tyrannei. Um das Ganze zu erfassen, muß man aber beide zugleich im Auge haben.«

Sicher, sieht man sich den Lebensweg Erwin Bumkes genauer an, wohlwollend, seine persönliche Haltung, sein anfängliches Zögern, seine späten Versuche, noch umzukehren, dann wird man vielleicht hier und da einige Einschränkungen machen wollen. Aber letztlich, im Ergebnis, ist es nicht genau so gewesen, wie Tocqueville es sagt, mit Hitler und seinem obersten Richter? Bumke war ein Jurist der alten Schule, erzogen im rechtsstaatlichen Denken, in der üblichen Beliebigkeit juristischer Argumentation und im Vertrauen auf die Autoritäten, deren höchster Repräsentant er schließlich selbst geworden ist. An der Arbeitsweise, der Ausbildung und den Denkgewohnheiten der Juristen hat sich bis heute nichts geändert. Und so werden wir nicht annehmen können, in Zukunft, wenn die Demokratie wieder einmal in Gefahr kommen sollte, sei von ihnen erheblicher Widerstand zu erwarten.

Die beste Gesamtdarstellung: Ingo Müller, Furchtbare Juristen, 1987 (etwas ungerecht gegenüber »den« Konservativen). Eine vorzügliche Dokumentation: M. Hirsch, D. Majer, J. Meinck (Hg.), Recht, Verwaltung und Justiz im Nationalsozialismus, 2. Aufl. 1997. Monumental: L. Gruchmann, Justiz im Dritten Reich 1933-1940, 1988. Ein Urteil, das dem des AG Schöneberg von 1938 nicht unähnlich ist, da es auch gegen eine Minderheit gerichtet ist – nämlich eine Jugendorganisation der kommunistischen SEW – und einen Mietvertrag betrifft: Amtsgericht Schöneberg, Urteil vom 19. 12. 1975, Kritische Justiz 1975, S. 299-305. Es ist allerdings vom Landgericht Berlin wieder aufgehoben worden. That's the difference.
Zum Reichsgericht in dieser Zeit und ausführlich auch zum Reichtagsbrandprozeß: Friedrich Karl Kaul, Geschichte des Reichsgerichts, 4. Band, 1971. Zum Volksgerichtshof: Walter Wagner, Der Volksgerichtshof im nationalsozialistischen Staat, 1974; Klaus Marxen, Das Volk und sein Gerichtshof, 1994. Über die Verfahren nach dem Krieg gegen Richter am Volksgerichtshof: Gerhard Meyer, Für immer ehrlos? in: Heinz Hillermeier (HG), »Im Namen des Deutschen Volkes«, Todesurteile des Volksgerichtshofes (1980), S. 115-127. Das Rehse-Urteil des Bundesgerichtshofes, das einzige bisher durchgeführten Verfahren: BGH Neue Juristische Wochenschrift 1968, Seite 1339-1340. Einige wenige Nazi-Juristen wurden in den Nürnberger Prozessen angeklagt und verurteilt: die Dokumentation dazu: H. Ostendorf, H. ter Veen, Das »Nürnberger Juristenurteil«, 1985; zuletzt: J. Perels, Der Nürnberger Juristenprozeß im Kontext der Nachkriegsgeschichte, in: Kritische Justiz 1998, S. 84-98.

XII

Die Sprache des Juristen

Im Gerichtsverfassungsgesetz, das den Aufbau und die Zuständigkeiten der Zivil- und Strafgerichte regelt, heißt es in § 184:

>»Die Gerichtssprache ist deutsch«.

Ein großes Wort. Es soll nämlich nicht nur technisch den Grundsatz bezeichnen, daß man dort nicht einfach ohne Dolmetscher englisch oder französisch sprechen darf. Es hat auch noch den aufklärerischen Klang von Öffentlichkeit, Information und demokratischer Kontrolle, der vorher in § 169 zum Ausdruck kommt:

>»Die Verhandlung vor dem erkennenden Gericht einschließlich der Verkündung der Urteile und Beschlüsse ist öffentlich.«

Die Sprache des Rechts ist nicht nur für die Verständigung unter Juristen wichtig, sondern auch für die Information des Bürgers. In beiden Bereichen gibt es Schwierigkeiten. Drei Probleme sind es:

1. Die Sprache des Juristen ist ungenau,
2. Die Sprache des Juristen ist unverständlich,
3. Die Sprache des Juristen ist ideologisch.

Das erste ist ein Problem der Juristen untereinander. Kein Gesetz kann so präzise formuliert werden, daß alle Streitfälle, die später auftauchen, mühelos in dem einen oder anderen Sinn gelöst werden können. Das zweite ist ein Problem des rechtsunkundigen Bürgers, der die Juristen regelmäßig gerade dann nicht verstehen kann, wenn sie sich besonders genau ausdrücken. Das dritte ist ein Problem für beide, für Juristen und Nichtjuristen. Es bedeutet, daß weder die einen noch die anderen wirklich verstehen, worum es in wichtigen Fragen des Rechts geht, und zwar meistens dann, wenn sie für alle klar und verständlich formuliert sind.

1. Problem. Die Sprache des Juristen ist ungenau.
Zum Beispiel in dem Fall von Marie Cresspahl und Jakob Keller, der im Einleitungskapitel – abgewandelt – sich in folgender Weise abspielte:

Sie heiraten und lassen sich nach einigen Jahren scheiden, ohne Kinder. Wenige Monate danach fährt Marie in Urlaub und zwar in ein Hotel in Italien, in dem sie früher gemeinsam mit ihrem Mann gewesen war. Dort trifft sie ihn. Er war auf die gleiche Idee gekommen. Es ist warm. Die Sonne scheint. Ein lauschiger Abend. Die Zikaden zirpen. Mit anderen Worten: Gesine wird nicht adoptiert, sondern hier gezeugt und ein Jahr nach der Scheidung geboren. Marie kann nicht mehr als Dolmetscherin arbeiten und verlangt von Jakob Unterhalt. Der sagt, Gesine sei ein nichteheliches Kind. Für sie werde er selbstverständlich zahlen. Aber die Mutter eines nichtehelichen Kindes könne von dem Vater keinen Unterhalt verlangen. Hat er recht?

Keinesfalls. Die Frage ist nur, ob er zahlen muß auf der Grundlage des für Gesine ungünstigeren § 1615l oder des für sie besseren § 1570 BGB. Aber die Worte des § 1570 lassen zweifeln. Denn dort heißt es:

»Ein geschiedener Ehegatte kann von dem anderen Unterhalt verlangen, solange und soweit von ihm wegen der Pflege und Erziehung eines gemeinschaftlichen Kindes eine Erwerbstätigkeit nicht erwartet werden kann.«

Die Sprache des Gesetzes ist ungenau. Was bedeutet »gemeinschaftlich«? Ist Gesine ein gemeinschaftliches Kind der beiden? Sicherlich. Aber ist sie auch ein gemeinschaftliches Kind im Sinne des § 1570? Das ist eine schwierige Frage. Vieles deutet darauf hin, daß nur eheliche Kinder gemeint sind. Im nächsten Kapitel wird sie ein wenig genauer beantwortet werden. Hier genügt erst einmal der Hinweis auf das Problem.

Es existiert, seit es schriftlich formulierte Gesetze gibt, also seit drei- oder viertausend Jahren. Die deutschen Juristen sitzen besonders tief in der Patsche, seit sie im 19. Jahrhundert die Begriffsjurisprudenz entwickelt haben, die bis heute nachwirkt, mit der Vorstellung, man könne im Wege rein logischer Operationen, sozusagen mathematisch, für jeden Fall die Lösung aus dem Gesetz ableiten. Manchmal geht das ja auch. Wie im ersten Fall von Marie Cresspahl und Jakob Keller, als Gesine vor der Scheidung adoptiert wurde. Aber oft läßt uns die Sprache im Stich. Sie ist eben ungenau, wie im täglichen Leben auch.

Ein Dilemma. Man hat versucht, es in verschiedener Weise zu beheben. Auf der einen Seite stehen die Logiker, auf der anderen die Hermeneutiker. Die Logiker fordern die Entwicklung einer präzisen Sprache für Gesetze und Juristen, einer Sprache, die logisch einwandfrei funktioniert, ohne Wenn und Aber, eine »Kalkülsprache«, eine »mathematische« Sprache. Gottseidank ist ihnen das bisher noch nicht gelungen. Der bedeutendste unter ihnen weiß auch, daß das Ganze kaum eine Chance hat. Ulrich Klug, Juristische Logik, 1951, 4. Aufl. 1981. Er rechnet mit Jahrhunderten.

Die Hermeneutiker machen es anders. Sie wissen um Vieldeutigkeit von Sprache, ihre Unregelmäßigkeiten und Ungenauigkeiten. Gehen auch davon aus, daß man sie nicht beseitigen kann. Deshalb konzentrieren sie sich auf eine Lehre vom Verstehen, auf das Hin und Her des Blicks an einem schwierigen Text, den man nicht von vornherein verstehen kann. Das Wort Hermeneutik kommt aus dem Griechischen. Hermeneuein bedeutet verstehen, auslegen, erklären, übersetzen. Der hermeneus ist ein Erklärer, Herold, Dolmetscher. Theaetet, ein Freund Platons, hat den Dichter einmal hermeneus der Götter genannt. Ähnlich ist es auch bei dem wichtigsten juristischen Vertreter dieser Richtung, bei Ernst Forsthoff, in seinem Buch über »Recht und Sprache«, 1940. Hermeneutik hat oft eine Neigung zum Feierlichen.

Dabei hat sie durchaus ihre Berechtigung. Sie ist die Methode der historischen Geisteswissenschaften, die im 19. Jahrhundert mit ihrem Selbstverständnis in Bedrängnis kamen, weil sie sich ständig mit der mathematischen Genauigkeit der aufstrebenden Naturwissenschaften konfrontiert sahen. Ihr Begründer ist Wilhelm Dilthey. In der »Kritik der reinen Vernunft« hatte Kant die Frage beantwortet, wie reine Wissenschaft möglich ist. Durch Mathematik. Aber das galt, wie Dilthey meinte, nur für die Naturwissenschaften. Also mußte er einen anderen Weg suchen. Wie sind historische Geisteswissenschaften möglich? Seine Antwort: durch Erfahrung, durch eigene geschichtliche Erfahrung.

Hier knüpft Ernst Forsthoff an. Er geht sogar zurück bis zum Programm der historischen Schule Friedrich Carl von Savignys. Der Jurist müsse immer historisch denken. Nur dann könne er das Gesetz richtig verstehen. Er müsse die Entwicklung eines juristischen Problems in der Vergangenheit kennen. Zum Beispiel, wie das Wort »gemeinschaftlich« in § 1570 BGB hineingekommen ist. Wie es vorher war. Und so weiter. Dann könne man es auch für die Gegenwart richtig lösen. Der Fehler der historischen Schule sei es nur gewesen, philologisch, antiquarisch zu denken und mehr am ursprünglichen Willen des Gesetzgebers interessiert zu sein. Man nennt das die subjektive Auslegung des Gesetzes, weil sie sich an den subjektiven Vorstellungen des Gesetzgebers orientiert. Richtig sei dagegen allein die objektive Auslegung. Er nennt sie die »juristische Methode«. Die sinnvolle Anwendung aus heutiger Sicht. Aber grundsätzlich sei Savignys Programm richtig gewesen. Was Recht ist, könne man nur verstehen aus seiner Entwicklung, in der sich im geschichtlichen Wandel der ursprüngliche Sinngehalt eines Rechtssatzes verändert habe bis zu seiner gegenwärtigen Bedeutung.

Die Sprache des Juristen wird also als historische Erscheinung verstanden. Auf die Frage, »Womit hat Sprache nichts zu tun?«, darf geantwortet werden, »Mit Logik, Herr Professor!« Daran ist vieles wahr. Bei Forsthoff ist es allerdings verbunden mit elitären und autoritären Vorstellungen (S. 3 und 11):

> »Es ist in diesem Zusammenhang nicht ohne Interesse, daß in der griechischen Antike der ἑρμηνεύς nicht sowohl Ausleger und Erklärer als vor allem Künder, Herold war und als solcher das Vorrecht der Unverletzlichkeit genoß.«
> »Volksnähe« zeigt sich nicht in Verständlichkeit der Sprache des Juristen, »sondern nur in der Volksgemäßheit des Rechts.«

Das Führerprinzip, im Gewand der Antike. Was auf den Tisch kommt, wird gegessen. Geschrieben 1940. Kein Zufall. Damit kommen wir zum nächsten.

2. Problem: Die Sprache des Juristen ist unverständlich.

Nicht jeder ist damit so zufrieden wie Ernst Forsthoff. Schließlich ist die Justiz ein Teil der Staatsgewalt, die vom Volke ausgeht und demokratischer Kontrolle unterliegt. Aber wie kann man Gerichtsentscheidungen kritisieren und wie soll man Gesetze und Verwaltungsanordnungen befolgen, wenn man die Sprache der Juristen nicht versteht? Das Problem des Bürgers.

Die Sprache des Juristen zeichnet sich aus durch hohe Abstraktion, wenig Anschaulichkeit, eigene Begriffe, umständlichen Stil mit langen Sätzen, Verschachtelungen und vielen Substantiven. Ein berühmtes Beispiel ist die Definition der Eisenbahn im ersten Band der Entscheidungen des Reichsgerichts, 1879. Ein Arbeiter war beim Bau einer Eisenbahnstrecke verletzt worden. Eine Schmalspurbahn, mit der man die Erdmassen beförderte, war entgleist. Die Baugesellschaft traf kein Verschulden. Deshalb erhob sich die Frage, ob sie ihm nach § 1 des Reichshaftpflichtgesetzes zum Schadensersatz verpflichtet war. Danach haftet man auch ohne Verschulden, wenn jemand beim Betrieb einer Eisenbahn verletzt wird. Nein, sagte die Firma. Unsere kleine Schmalspurdampflokomotive ist eine Feldbahn auf einem Arbeitsgelände, keine öffentliche Eisenbahn. Doch, sagte das Reichsgericht. Ihr müßt zahlen. Denn das ist der Begriff einer Eisenbahn (S. 252):

»Ein Unternehmen, gerichtet auf wiederholte Fortbewegung von Personen oder Sachen über nicht ganz unbedeutende Raumstrecken auf metallener Grundlage, welche durch ihre Konsistenz, Konstruktion und Glätte den Transport großer Gewichtmassen, beziehungsweise die Erzielung einer verhältnismäßig bedeutenden Schnelligkeit der Transportbewegung zu ermöglichen bestimmt ist, und durch diese Eigenart in Verbindung mit den außerdem zur Erzeugung der Transportbewegung benutzten Naturkräften (Dampf, Elektrizität, thierischer oder menschlicher Muskelthätigkeit, bei geneigter Ebene der Bahn auch schon der eigenen Schwere der Transportgefäße und deren Ladung, u.s.w.) bei dem Betriebe des Unternehmens auf derselben eine verhältnismäßig gewaltige (je nach den Umständen nur in bezweckter Weise nützliche, oder auch Menschenleben vernichtende und die menschliche Gesundheit verletzende) Wirkung zu erzeugen fähig ist.«

Wenn man das allerdings mit normalen juristischen Texten von heute vergleicht, ist es fast noch poetisch und anschaulich. Dafür nur ein Beispiel. Ich nehme einen Band der Neuen Juristischen Wochenschrift, den von 1983, und schlage die erste Seite auf. Der Name tut nichts zur Sache. Wir schreiben alle so. Der Anfang eines Artikels mit der Überschrift »Abschied vom enteignungsgleichen Eingriff?«:

»Der von der Rechtsprechung entwickelte sog. enteignungsgleiche Eingriff ist von jeher ein Sorgenkind der Dogmatik des Staatshaftungsrechts gewesen. Anstoß nahm man weniger an seinem Rechtsgehalt als an seiner Verbindung mit dem Enteignungsrecht und an seiner damit zusammenhängenden Bezeichnung. Beides sind keineswegs bloße Fragen des Etiketts. Denn, da die Herkunft den Charakter und die Ausformung eines Rechtsinstituts bestimmt und prägt, muß die Rückführung des enteignungsgleichen Eingriffs auf Art. 14 GG unmittelbar zu einer Konfrontation zwischen dem Aussagegehalt der verfassungsrechtlichen Eigentumsgarantie und dem Anspruchsgehalt des enteignungsgleichen Eingriffs führen. Diese Konfrontation endete in einer frühen Würdigung durch Hans J. Wolff in dem resümierenden Satz: »Der ›enteignungsgleiche Eingriff‹ des BGH ist also weder enteignungsgleich noch stets ein Eingriff.« Diesem Resultat folgte die Empfehlung, ›ohne den unnötigen und irreführenden Umweg über das Enteignungsrecht alle Fälle von Sonderopfern, die nicht Enteignung im verfassungsrechtlichen Sinne sind, unmittelbar dem Aufopferungsanspruch zuzuordnen oder eine allgemeine Risikohaftung zu entwickeln, wie das von der französischen Rechtsprechung geschehen ist.«

Philosophie ist die Kunst, mit Worten, die niemand versteht, etwas zu sagen, was jeder weiß. Man muß eben vorher wissen, was Juristen unter Dogmatik und Rechtsinstitut verstehen, unter enteignungsgleichem Eingriff, Staatshaftungsrecht und so weiter. Es ist eine eigene Sprache geworden. Eine Fachsprache. Und sie hat eine lange Geschichte.

In vorstaatlichen Gesellschaften gibt es sie nicht. Recht, Moral und Sitte bilden eine Einheit. Die Sprache des Rechts ist die des Alltags. Jeder Nuer weiß um cuong und duer und weiß das auch zu sagen. So bleibt es am Beginn von Staatlichkeit und staatlichem Recht. In der Antike wie im frühen deutschen Recht ist die Rechtssprache verständlich, plastisch, deutlich. Je weiter man zurückgeht, um so stärker. Die ersten Sätze des Zwölftafelgesetzes in Rom, um die Mitte des 5. Jahrhunderts vor Christus:

Si in ius vocat ito. Ni it antestamino. Igitur em capito. Si calvitur pedemve struit manum endo iacito. Si morbus aevitasve vitium escit qui in ius vocabit iumentum dato. Si nolet arceram ne sternito.
Deutsch: Wenn er vor Gericht ruft, soll er gehen. Wenn er nicht kommt, muß er Zeugen hinzuziehen. Dann soll er ihn greifen. Wenn er Ausflüchte macht, soll er ihn förmlich in seine Gewalt nehmen. Wenn er alt oder krank ist, soll ihm ein Wagen gestellt werden. Wenn er nicht will, braucht er ihn nicht mit Streu oder Decken zu versehen.

In der Sprache der Zivilprozeßordnung heißt das heute, § 253 Absatz 1:

»Die Erhebung der Klage erfolgt durch Zustellung eines Schriftsatzes (Klageschrift).«

Fünf Substantive in einem kurzen Satz. Das ist nicht mehr anschaulich, für das Volk, sondern einfach nur abstrakt für die obere Mittelschicht. Die Sprache des römischen Rechts blieb auch noch auf seinem Höhepunkt einfach und klar. Texte der klassischen Juristen sind einfacher zu lesen als Caesar oder Cornelius Nepos. Die Einheit von Recht, Moral und Sitte war sehr viel stärker als bei uns. Jeder Römer konnte verstehen, was Julian und Celsus sagten, Papinian, Paulus oder Ulpian.

Die Anschaulichkeit der Sprache des alten deutschen Rechts war sogar noch größer. Es gab keine Schrift. Mündliche Überlieferung ist auf Sprichwörter, Reime und Verdoppelungen angewiesen. Jacob Grimm hat in einem Aufsatz von 1816 »Von der Poesie im Recht« der alten Deutschen gesprochen. Einige Beispiele:

Wo du deinen Glauben gelassen hast, da sollst du ihn suchen
Hand wahre Hand
Hehler sind Stehler
Bürgen kann man würgen
Hur brickt koep
Einem geschenkten Gaul sieht man nicht ins Maul
Kind und Kegel
Grund und Boden
Treu und Glauben
Haut und Haar

Bei uns lautet eine Vorschrift der Strafprozeßordnung darüber, daß man nicht nur am Ort des Wohnsitzes, sondern auch dort angeklagt werden kann, wo man sich strafbar gemacht hat, § 7 StPO:

»Der Gerichtsstand ist bei dem Gericht begründet, in dessen Bezirk die Straftat begangen ist.«

Im alten deutschen Recht ist selbst das anschaulicher formuliert:

Wo der Esel sich wälzt, da muß er Haare lassen.«

Verständlichkeit scheint aber auch schon in manchen frühen Rechten von manchen als Nachteil empfunden worden zu sein. Das Priesterkollegium der Pontifices in Rom jedenfalls, zuständig für den religiösen Ritus und damit auch für die Auslegung des Rechts, hat noch nach dem Erlaß des Zwölftafelgesetzes wichtige Formulare für die Erhebung der Klage im alten Zivilprozeß des sogenannten Legislationenverfahrens geheimgehalten. Recht als Herrschaftsinstrument. Man darf es nicht aus der Hand geben. Erst ein freigelassener Sklave, der dort Schreiber war, Gnaeus Flavius, hat sie um 300 v. Chr. verraten, als Buch unter die Leute gebracht. Und so dankbar ist ihm das Volk gewesen, schreibt Pomponius in den Digesten, daß man ihn zum Volkstribun wählte, zum Senator und kurulischen Ädilen (Pomp. D.1.2.2.7).
Die Wende in Deutschland kam mit der Rezeption im 14. und 15. Jahrhundert. Das römische Recht brachte die lateinische Sprache

und Schrift. Gesetze, Prozeßakten und Urkunden wurden zwar noch deutsch geschrieben und auch die Verhandlung vor dem Gericht fand in der eigenen Sprache statt. Aber die ganze juristische Literatur war lateinisch. Auch in den Urteilen fand sich viel davon, für den normalen Menschen unverständlich. Selbst der Sachsenspiegel wurde im 18. Jahrhundert ins Latein übersetzt. Das war die Sprache der Wissenschaft.

Um diese Zeit gab es allerdings eine zweite Wende, mit der Aufklärung. Herstellung von Öffentlichkeit war das Ziel, Verständlichkeit für jedermann. Deshalb hat Thomasius in Leipzig die erste juristische Vorlesung auf deutsch gehalten, 1687. Hundert Jahre später, im Preußischen Allgemeinen Landrecht von 1794, konnten sogar die Bauern ihr Gesetz verstehen. Bei ihnen ist es außerordentlich beliebt gewesen, zumal es ihnen die berühmten Ruhestunden bei Hand- und Spanndiensten brachte (II.7.364).

Die dritte Wende: das römische Pandektenrecht der historischen Schule. Seitdem ist unser Recht wieder unverständlich. Es gab zwar noch einen Sturm der Entrüstung gegen den ersten Entwurf des Bürgerlichen Gesetzbuches am Ende des Jahrhunderts. Wegen der vielen Fremdwörter. Aber es war nur ein nationalistischer Sturm. Damals übte man sich allenthalben in Verdeutschung. Die Verfasser des BGB haben sich dann große Mühe gegeben. Julius Erler, Oberlandesgerichtsrat aus Marienwerder, meinte deshalb zum zweiten Entwurf (Die Sprache des Bürgerlichen Gesetzbuches, 1896, S. 30):

»Abgesehen von einzelnen Ausstellungen haben wir Deutsche begründete Veranlassung, uns der Schaffung des B.G. auch als einer sprachlichen Musterleistung zu freuen. Das Erreichbare ist erreicht worden.«

Die Fremdwörter waren tatsächlich beseitigt. Aber die Sprache war die Sprache der Mittelklasse und damit eine Barriere für die Unterklasse, noch heute. Und wer das Ganze sprachlich versteht, weiß trotzdem wenig. Was, zum Beispiel, hat man denn verstanden, wenn man einen Satz wie solchen liest? § 812 Absatz 1 Satz 1:

»Wer durch die Leistung eines anderen oder in sonstiger Weise auf dessen Kosten etwas ohne rechtlichen Grund erlangt, ist ihm zur Herausgabe verpflichtet.«

Gar nichts. Selbst das klar geschriebene Lehrbuch Dieter Medicus'
braucht für eine erste Übersicht der vielen damit verbundenen Probleme vier Seiten (Schuldrecht II, Besonderer Teil, 9. Aufl. 1999,
S. 308-312). Die Sprache des Rechts bleibt abgeschottet gegen den
normalen Bürger, wie zu den besten Zeiten der Geheimhaltung bei
den römischen Pontifices. Trotz vieler Versuche, etwa der Akademie für Sprache und Dichtung, die dazu 1980 eine Tagung veran-
staltet hat, und trotz § 35 der Gemeinsamen Geschäftsordnung der
Bundesministerien für die Gesetzgebung, in dem es heißt:

Gesetze müssen sprachlich einwandfrei und sollen soweit wie möglich für
jedermann verständlich sein.«

Soweit wie möglich. Es ist wie mit der Öffentlichkeit von Ge-
richtsverhandlungen. Die ist zwar in § 169 des Gerichtsverfassungsgesetzes vorgesehen. Aber die Juristen legen keinen großen
Wert darauf. Früher war das mal anders. Gegen die Verhandlung
hinter verschlossenen Türen, wie sie im Absolutismus üblich war,
richtete sich der Kampf der Liberalen. 1821 erschien die berühmte
Schrift von Anselm Feuerbach »Über Öffentlichkeit und Münd-
lichkeit der Gerechtigkeitspflege«. Es dauerte noch ein wenig.
Dann war es soweit. 1850 in Hannover, 1862 in Baden und so weiter. 1877 in den Justizgesetzen des Deutschen Reiches. Ihre besondere historische Funktion war es, die Unabhängigkeit der Justiz
mitzubegründen. Die Öffentlichkeit des Verfahrens machte den
Richter unabhängig. Nun war er nur noch dem Gesetz unterworfen, nicht mehr dem Landesfürsten, der öffentlich in einen Prozeß
schlecht eingreifen konnte, ohne sich ins Unrecht zu setzen. Heute
hat man das alles vergessen.
Juristen von heute haben ein gestörtes Verhältnis zur Öffentlichkeit. Öffentlichkeit, sagen sie, ist gefährlich. Sie gefährdet die
Wahrheitsfindung, sie gefährdet die private Sphäre der Prozeßbe-
teiligten, und sie gefährdet die richterliche Unabhängigkeit. Die
Urteilsfindung des Richters sei ein sehr diffiziler Vorgang. Der
müsse in aller Ruhe vor sich gehen und ohne den »Druck der
Straße«. Besonders in der Berichterstattung durch die Massenme-
dien sieht man die Gefahr. Gerichtsjournalisten hätten nur selten
die nötige Sachkenntnis, ihre Berichterstattung könne schon deswegen nicht sachgerecht sein. Außerdem seien sie nur an sensatio-
nellen Prozessen interessiert und hier entstehe dann durch die ver-
zerrte Darstellung in den Medien jener »Druck auf den Richter«,

der seine Unabhängigkeit und die Wahrheitsfindung gefährde. Deshalb müsse man die von § 169 des Gerichtsverfassungsgesetzes geforderte Öffentlichkeit einschränken. Dahinter steht oft der Gedanke: Im Grunde ist sie völlig überflüssig, man sollte sie eigentlich ganz abschaffen. Für den Zivilprozeß ist das sogar schon ganz offen gefordert worden.

Das zeigt sich auch in der Auslegung dieser Vorschrift in den Kommentaren zu diesem Gesetz. Eines der maßgeblichen Kommentarbücher ist das von Theodor Kleinknecht. Auf die Frage, was überhaupt unter Öffentlichkeit im Sinne dieser Vorschrift zu verstehen ist, gab er noch 1979 die Antwort (Strafprozeßordnung, Anmerkung 3 zu § 169 GVG):

»Die Öffentlichkeit besteht in der Zugänglichkeit der Hauptverhandlung für jedermann, soweit der Verhandlungsraum ausreicht.«

Das war alles. Mehr war nicht geblieben von der Öffentlichkeit Kants – »weil es ohne jene keine Gerechtigkeit geben würde« – und Feuerbachs und Fichtes, für den sie »ein sicheres Kriterium« dafür war, »ob das Recht so, wie es soll, verwaltet werde.« Im Gegenteil. Mit ihrem Ausschluß ist man schnell bei der Hand. Dazu kommt eine oft »giftige Pressefeindlichkeit« (Dieter Simon). Also kann man auch in der Sprache unverständlich bleiben.

Es ist übrigens gar nicht sosehr die Unverständlichkeit. Wolfsgrube des Rechts, für Juristen und Nichtjuristen, ist eher die Verständlichkeit seiner Sprache. So überraschend das klingen mag. Es gibt nämlich noch ein

3. Problem: Die Sprache des Juristen ist ideologisch.

Das soll zunächst am Beispiel derjenigen Lehrbücher des Zivilrechts erklärt werden, die von den Studenten früher wohl am meisten gelesen wurden: Karl Larenz, Lehrbuch des Schuldrechts, zwei Bände, und, vom gleichen Autor, Allgemeiner Teil des deutschen Bürgerlichen Rechts. Karl Larenz ist 1993 im Alter von neunzig Jahren gestorben. Sein Lehrbuch zum Schuldrecht wird von seinem Schüler Claus Wilhelm Canaris fortgeführt. Larenz schrieb klar und einfach. Er ist leicht zu lesen. Und hier liegt auch das Problem. Denn die allgemeinen Begriffe, die er verwendet, werden zwar immer sehr anschaulich beschrieben, aber nie kritisch in Frage gestellt. Der Hintergrund wird nicht durchleuchtet. Nur der Vordergrund bunt gemalt. Ausführlich und mit vielen Einzelheiten wird etwa der Vertrauensgrundsatz im BGB beschrieben (Allgemeiner Teil, § 2 IV). Daß man auf Zusagen vertrauen können muß, die in rechtsverbindlicher Form gegeben werden. Das sei notwendig zum Schutze des geschäftlichen Verkehrs. Man nennt das Verkehrsschutz und lernt bei Larenz, wie sich das im einzelnen auswirkt. Aber die Frage, ob es denn überhaupt wünschbar ist, daß überall jeder Verkehrsstrom in dieser Weise laufen gelassen wird, sie wird nicht gestellt. Oder die Vertragsfreiheit im Schuldrecht (1. Band, § 4). Auch wieder viele Einzelheiten. Sehr anschaulich. Alles klar auf der Andrea Doria? Im Gegenteil. Das dahinter stehende Problem, die politische Frage bleibt verdeckt. Daß es Starke und Schwache gibt und die Vertragsfreiheit die Starken stärker und die Schwachen schwächer macht, das lernt man bei Larenz nicht. Man läßt sich von der Richtigkeit seiner Lösungen überzeugen. Meint man. Und ist in Wahrheit überredet worden.

»Sie sagen Gott und meinen Kattun«. Das Recht ist voll davon. Es beginnt mit den Überschriften von Gesetzen und endet beim einzelnen juristischen Begriff. »Gesetz zum Abbau der Wohnungszwangswirtschaft und über ein soziales Miet- und Wohnrecht.« Toll, denkt man. Aber sieht man es sich richtig an, dieses Gesetz von 1960, dann war es die Einführung der alten unsozialen Zwänge der Vertragsfreiheit für Millionen von Mietern, zugunsten der Hauseigentümer. Das Bundesarbeitsgericht spricht beim Streikrecht von »Arbeitskampf«, »Kampfmaßnahmen«, »wildem Streik«, »Friedenspflicht«. Ausdrücke, die emotional gefärbt sind, nicht mehr hinterfragt werden, offiziell wurden und damit den Eindruck erwecken, als sei der Streik zerstörerisch wie ein Krieg. Streik als feindlicher Akt der Gewerkschaften, der die friedliche Idylle der Bundesrepublik stört. Dementsprechend verhält sich ja auch die Rechtsprechung dieses obersten Bundesgerichts. Der Streik wird nicht als Instrument zur Lösung sozialer Konflikte angesehen, sondern als unerlaubter Eingriff in Rechte der Unternehmer, der nur ausnahmsweise manchmal nicht zum Schadensersatz verpflichtet. Man vergleiche das mit dem Wettbewerb. Er kann und soll durchaus zur Vernichtung der Existenz von Konkurrenten führen. Aber die Terminologie bleibt positiv und friedlich. Das ist die Ideologie in der Sprache des Rechts. Auch diejenigen, die solche Begriffe produzieren, müssen gar nicht wissen, was sie da tun. Sie trifft Gerechte und Ungerechte, Juristen und Nichtjuristen. Man hat sich daran gewöhnt. Keiner denkt mehr nach. Denn es ist ja alles klar und verständlich. Mit den Worten Martin Heideggers: »Das Wesende der Sprache ist die Sage als die Zeige.«

Zum Problem der Unverständlichkeit der Juristensprache ist immer noch die beste Schilderung: L. Günther, Recht und Sprache. Ein Beitrag zum Thema Juristendeutsch, 1898. Zur Entwicklung: Robert Bartsch, Zur Geschichte der deutschen Rechtssprache, in: Archiv für die civilistische Praxis, Bd. 153, 1954, S. 412-424. Über die Besetzung mit männlichen Begriffen: Marianne Grabrucker, Die Rechtssprache ist männlich, in: Zeitschrift für Rechtspolitik 1988, S. 12-14. Der Aufsatz von Jacob Grimm: Von der Poesie im Recht, in der Zeitschrift für geschichtliche Rechtswissenschaft, 2. Band, 1816, S. 25 bis 99. Zur Frage von Justiz und Öffentlichkeit das 7. Kapitel in meinem Buch »Aufklärungen über Recht« 1981. Dort auch die Nachweise für die Zitate von Kant und Fichte. Die Referate der Tagung der Deutschen Akademie für Sprache und Dichtung 1980: Ingulf Radtke (Hg.), Die Sprache des Rechts und der Verwaltung, 1981. Die Ausführungen zu Larenz beruhen auf dem Aufsatz von Thomas-M. Seibert, Kritik des Larenzschen Sprachgebrauchs, in: Theodor Viehweg, Frank Rotter (Hg.), Recht und Sprache, Beiheft Neue Folge Nr. 9 des Archivs für Rechts- und Sozialphilososphie, 1977, S. 69-78. Zur Sprache des Bundesarbeitsgerichts: Wolfgang Däubler, Die Sprache der Bundesgerichte – Ein Herrschaftsinstrument?, in dem gleichen Heft S. 107-120. Das Zitat von Martin Heidegger stammt aus seinem Buch: Unterwegs zur Sprache, 1959, S. 254.

XIII

Theorie und Methode der Rechtswissenschaft

Grau, teurer Freund, ist alle Theorie und grün des Lebens goldner Baum, sagt Mephisto im Studierzimmer. Wie viele andere Schriftsteller hatte Goethe Jura studiert, und vielleicht meinte er auch seine eigene Wissenschaft mit diesem Satz. Ob grün die richtige Farbe zur Charakterisierung des juristischen Alltags ist, darüber mag man streiten. Grau für die Theorie und Methode des Rechts ist leider völlig angemessen. Die Bemühungen der Wissenschaft sind letztlich unzulänglich geblieben. Normale Juristen – in der Justiz, als Anwälte, in der Verwaltung – verstehen sich als Praktiker. Sie brauchen keine Theorie. Das war schon bei den alten Römern so.

Die Schwierigkeiten ergeben sich aus der Ungenauigkeit der Sprache und daraus, daß das grüne Leben sich ständig verändert. Selbst mit einer Kalkülsprache könnte man nicht alle künftigen Situationen erfassen, die sich im Regelungsbereich eines Gesetzes ergeben. Also können Gesetze selten so unmittelbar angewendet werden wie die §§ 1570 und 1754 des BGB auf Marie Cresspahl, Jakob Keller und die zweijährige Gesine, die von ihnen adoptiert worden war. Sie müssen ausgelegt werden.

Äußerlich gesehen ist alles ganz einfach. Es gibt fünf verschiedene Möglichkeiten. Entweder wird das Gesetz unmittelbar angewendet. Man nennt das auch deklaratorische Auslegung. Oder der Jurist greift zur extensiven oder restriktiven Auslegung, Analogie oder Restriktion. Das soll an einem Beispiel erklärt werden. Nehmen wir an, ein Gesetz hätte den Wortlaut, »Schüler erhalten verbilligte Fahrkarten.« Die Frage lautet, wer ist ein Schüler?

Die Bedeutung eines Wortes ist kein festumgrenzter Bereich. Doch gibt es für fast jedes Wort einen gewöhnlichen Sprachgebrauch. Man nennt das auch manchmal den Begriffskern oder den Vorstellungskern dieses Wortes. Zum gewöhnlichen Sprachgebrauch des Wortes Schüler gehören zum Beispiel Schüler an staatlichen und entsprechenden privaten Schulen und an Handels- und Berufsschulen. Wird das Gesetz auf sie alle angewendet, dann geschieht das im Wege der deklaratorischen Auslegung.

Um den gewöhnlichen Sprachgebrauch herum gibt es meistens noch einen Kreis anderer möglicher Bedeutungen des Wortes. Das ist der Begriffshof. Seine Grenze ist der überhaupt noch mögliche Wortsinn. Wenn man das Gesetz auch in diesem Bereich anwendet, nennen wir das extensive Auslegung. Extensiv ist also diejenige Auslegung, die die Bedeutung eines Wortes über den gewöhnlichen Sprachgebrauch bis zur Grenze des möglichen Wortsinns ausdehnt. Das Gesetz »Schüler erhalten verbilligte Fahrkarten« wird zum Beispiel auch auf Studenten angewendet oder auf Teilnehmer an den Kursen der Volkshochschule.

Die Anwendung eines Gesetzes über diese Grenze hinaus wird als Analogie bezeichnet. Um Analogie würde es sich handeln, wenn man jenes Gesetz auch auf Lehrlinge anwendet, die nicht zur Berufsschule gehen müssen, oder sogar auf alle Jugendlichen bis zu achtzehn Jahren. Die Grenze zwischen Analogie und Auslegung ist also der noch mögliche Wortsinn.

Der Abgrenzung zwischen Analogie und extensiver Auslegung am äußeren Rand des Bedeutungsfeldes entspricht die Unterscheidung zwischen Restriktion und restriktiver Auslegung im inneren. Restriktive Auslegung ist die Einschränkung des gewöhnlichen Sprachgebrauchs. Das Gesetz wird zum Beispiel nur auf Schüler an staatlichen Schulen angewendet. Die Grenze zur Restriktion ist auch hier der mögliche Wortsinn. Eine Einschränkung, die mit dem Wortlaut des Gesetzes nicht mehr vereinbar ist, wird Restriktion genannt. Sie würde zum Beispiel dann gegeben sein, wenn man jenes Gesetz nur auf Schüler anwendete, die noch schulpflichtig sind, oder nur auf Schüler an Gymnasien und so weiter. Restriktion bedeutet, daß man ein Gesetz nicht anwendet, obwohl es nach seinem Wortlaut angewendet werden müßte. Sie wird auch manchmal teleologische Reduktion genannt. Im umgekehrten Fall, bei der Analogie, wird das Gesetz auf einen Fall angewendet, obwohl es ihn seinem Wortlaut nach gar nicht erfaßt.

Soweit zu den fünf Möglichkeiten und ihren Bezeichnungen. Die entscheidende Frage ist damit natürlich überhaupt nicht beantwortet. Sie lautet: Welche der fünf ist im einzelnen Fall die richtige? Bleiben wir beim Fall von Marie Cresspahl und Jakob Keller, und zwar bei der Abwandlung.

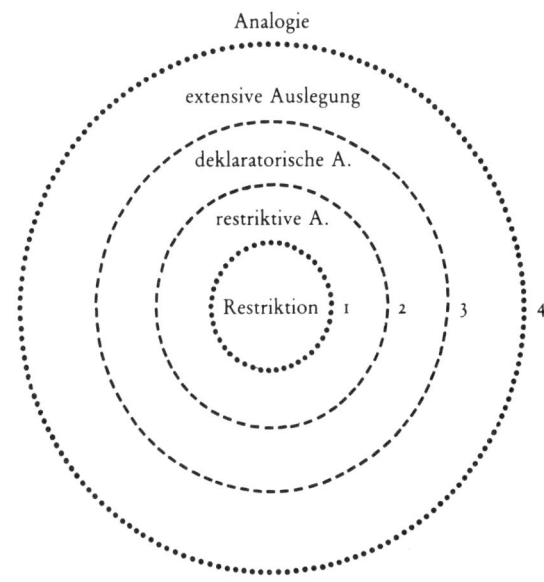

1 innere Grenze des möglichen Wortsinns
2 innere Grenze des gewöhnlichen Sprachgebrauchs
3 äußere Grenze des gewöhnlichen Sprachgebrauchs
4 äußere Grenze des möglichen Wortsinns

Sie treffen sich nach der Scheidung auf Sardinien. Gesine wird nicht während der Ehe adoptiert, sondern danach gezeugt und geboren. Ist sie ein »gemeinschaftliches« Kind im Sinne des § 1570 BGB? Kann Marie auch für sich selbst Unterhalt von Jakob verlangen, solange sie sich noch den ganzen Tag um das kleine Kind kümmern muß?

Hier gibt es zwei Möglichkeiten. Entweder man wendet das Gesetz an und gibt Marie Cresspahl den Unterhaltsanspruch. Oder man lehnt das ab. Im ersten Fall wäre es eine deklaratorische Auslegung, denn nach dem gewöhnlichen Sprachgebrauch ist Gesine ein »gemeinschaftliches« Kind. Im zweiten Fall wäre es eine restriktive. Innerhalb des gewöhnlichen Sprachgebrauchs würde man eine Einschränkung machen und sagen: Nur gemeinschaftliche eheliche Kinder sind gemeinschaftliche Kinder im Sinne des §1570 BGB.

179

Manches deutet darauf hin, daß der Gesetzgeber es so gemeint und an den Fall von nachehelichen Kindern gar nicht gedacht hat. Welche Auslegung ist nun die richtige? Die deklaratorische oder die restriktive?

Nun ist es nicht so, daß Juristen völlig ratlos vor der Frage stehen, welche von den fünf Möglichkeiten der Auslegung eines Gesetzes die richtige ist. Sie haben gewisse Kriterien. Aber letztlich, das muß man auch wieder sagen, geben sie keine ausreichende Sicherheit. Vier Kriterien sind es, die immer wieder in Frage kommen. Man prüft sie in dieser Reihenfolge:

1. Wortsinn,
2. Bedeutungszusammenhang innerhalb des Gesetzes,
3. subjektive Vorstellungen des Gesetzgebers und
4. objektiver Zweck des Gesetzes.

Bleiben wir beim Beispiel von Marie Cresspahl. Der Sinn des Wortes »gemeinschaftlich« in § 1570 BGB ist ziemlich weit. Gemeinschaftlich kann man ein Kind auch nennen, wenn seine Eltern bei seiner Geburt nicht mehr zusammenleben. Oder wenn sie zwar zusammenleben, aber nicht verheiratet sind. Wortsinn, gewöhnlicher Sprachgebrauch und deklaratorische Auslegung stimmen meistens überein. So auch hier. Sie sprechen für die Anwendung des Gesetzes auf diesen Fall.

Der Bedeutungszusammenhang des § 1570 innerhalb der Vorschriften des BGB über Ehe, Scheidung und Unterhalt sagt auf den ersten Blick nicht viel. Zwar steht der Paragraph im Abschnitt über die Ehescheidung. Das spricht dafür, daß die dort genannten »gemeinschaftlichen« Kinder aus der geschiedenen Ehe stammen sollen. Aber sicher ist das nicht. Die vorhergehende Ehe ist in diesem Abschnitt nämlich eher nur eine allgemeine Grundlage, auf der ein Unterhaltsanspruch ruht. Die besonderen Gründe dafür können an sich auch aus der Zeit danach stammen. Man kann zum Beispiel Unterhalt verlangen, wenn man später arbeitslos wird. Das steht in § 1573.

Allerdings gibt der Zusammenhang mit den anderen Vorschriften dieses Abschnitts einen gewissen Hinweis. Es gibt dort sechs Paragraphen, in denen besondere Gründe für einen Unterhaltsanspruch nach der Scheidung genannt werden:

| § 1570 | Betreuung eines Kindes |
| § 1571 | Alter |

§ 1572	Krankheit
§§ 1573, 74	Arbeitslosigkeit
§ 1575	Ausbildung

In allen diesen Fällen muß ein Zusammenhang mit der Ehe beste-hen. Zum Beispiel beim Alter. Ist ein geschiedener Ehegatte zu alt zum Arbeiten, dann kann er nur dann vom anderen Unterhalt ver-langen, wenn das schon zur Zeit der Scheidung so war. Später, wenn er erst in einigen Jahren wegen seines Alters nicht mehr ar-beiten kann, geht das nicht mehr. Ebenso ist es mit der Krankheit und der Notwendigkeit einer Ausbildung. Auch bei der Arbeitslo-sigkeit ist es ähnlich. Man kann zwar auch Unterhalt verlangen, wenn man zunächst eine Beschäftigung gefunden und sie dann wieder verloren hat. Aber das Gesetz sagt in § 1573 Abs. 4 aus-drücklich, das setze außerdem voraus, daß diese Beschäftigung in der Zwischenzeit noch nicht zu einer »nachhaltigen« Sicherung der Existenz geworden sein darf. Auch hier wird der zeitliche Zusam-menhang der Arbeitslosigkeit mit der Ehe also ausdrücklich gefor-dert. Aus dieser äußeren Systematik im Zusammenhang des § 1570 mit den anderen vier Fällen kann man also schließen, daß das hier genannte »gemeinschaftliche« Kind zur Zeit der Scheidung schon geboren, also ein eheliches sein muß.

Da der Gesetzgeber den § 1570 auch noch an den Anfang dieser Vorschriften gestellt hat, kann man annehmen, daß das auch seine eigenen Vorstellungen gewesen sind. Diese beiden Kriterien – Bedeutungszusammenhang innerhalb des Gesetzes und Vorstel-lungen des Gesetzgebers – dürften ergeben, daß die restriktive Auslegung die richtige ist, daß mit anderen Worten nur gemein-schaftliche eheliche Kinder in § 1570 BGB gemeint sind. Also würde Marie Cresspahl nach dieser Vorschrift keinen Unterhalt verlangen können.

Es gibt aber noch ein viertes Auslegungskriterium. Das ist der ob-jektive Zweck des Gesetzes. Sieht man sich die anderen Vorschrif-ten nämlich noch etwas genauer an, und auch den § 1570, dann erkennt man, daß dahinter der Gedanke von Verantwortungsberei-chen steht. Etwa beim Alter und der Krankheit. Für Alter und Krankheit des anderen bei der Scheidung muß man einstehen. Wird er später alt oder krank, ist man dafür nicht mehr verantwort-lich. Damit hat man nichts mehr zu tun. Aber, muß man sagen, bei einem späteren gemeinschaftlichen Kinde ist das ganz anders. Dafür tragen beide in gleicher Weise die Verantwortung. Deshalb dürfte der objektive Zweck des Gesetzes für § 1570 ergeben, daß auch nichteheliche gemeinschaftliche Kinder einen Unterhaltsanspruch begründen.

Und welches Kriterium gibt nun den Ausschlag? Auch dafür gibt es keine festen Regeln. Im 19. Jahrhundert überwog die sogenannte subjektive Theorie. Sie wurde etwa von Bernhard Windscheid vertreten. Danach sind entscheidend die subjektiven Vorstellungen des Gesetzgebers. Es ist eine eher konservative Theorie. Denn damit wird die Anwendung eines Gesetzes festgeschrieben auf diejenigen rechtspolitischen Vorstellungen, die zur Zeit des Erlasses eines Gesetzes gelten. Eher progressiv ist dagegen die objektive Theorie der Auslegung. Danach gibt der objektive Zweck des Gesetzes den Ausschlag. Man kann damit die Anwendung von Gesetzen auch veränderten Umständen anpassen. Der Name ist allerdings etwas irreführend. Denn letztlich setzt derjenige, der nach der objektiven Theorie verfährt, nur seine eigenen Vorstellungen über das, was objektiv richtig ist, an die Stelle der Überlegungen des Gesetzgebers. Die objektive Theorie ist also sehr viel subjektiver als die subjektive Theorie. Wie auch immer. Jedenfalls ist sie heute allgemein anerkannt, selbst vom Bundesverfassungsgericht. Man richtet sich allerdings auch nach dem Alter eines Gesetzes. Wenn seit seinem Erlaß noch nicht viel Zeit verstrichen ist, folgt man eher der subjektiven Theorie, also den Vorstellungen des Gesetzgebers.

Zurück zum Fall. Nach der subjektiven Theorie müßte man wohl sagen, daß Marie Cresspahl keinen Anspruch auf Unterhalt hat. Anders nach der objektiven Theorie. Die Neufassung der Vorschriften des BGB über den Unterhalt nach der Scheidung stammt aus dem Jahre 1976. Das spricht eher für die subjektive Theorie. Aber der objektive Zweck des Gesetzes, wie er im Sinne von Verantwortungsbereichen für die §§ 1570 bis 1575 festgestellt wurde, entspricht durchaus den allgemeinen Überlegungen des Bundestages von damals. Deshalb ist es meiner Meinung nach richtig, wenn man sagt, daß Marie Cresspahl wegen der Betreuung ihrer Tochter nach § 1570 BGB gegen Jakob Keller einen Anspruch auf Unterhalt hat. Der Bundesgerichtshof hat 1998 anders entschieden und gesagt, Gesine erhält Unterhalt, aber nur nach § 1615l BGB. Das Leben ist eben hart, aber ungerecht (Neue Juristische Wochenschrift 1998, Seite 1065).

Das ist das Dilemma. Wir haben letztlich keine festen Kriterien. Nach den Übertreibungen von Positivismus und Begriffsjurisprudenz im 19. Jahrhundert ist man heute sehr viel skeptischer geworden. Beide wirken zwar im Bewußtsein vieler praktischer Juristen bis heute noch nach. Aber theoretisch sind sie längst überwunden, spätestens seit Rudolf von Ihering am Ende des letzten und seit der Interessenjurisprudenz zu Beginn unseres Jahrhunderts. Begriffsjurisprudenz bedeutet die Überzeugung, daß man jeden juristischen Fall rein begrifflich-logisch lösen kann. Dahinter steht die Vorstellung, der Richter sei eine Art Automat, der einen Fall mechanisch unter das Gesetz schiebt und dann die richtige Entscheidung auswirft. Das Beispiel von Marie Cresspahl mit ihrer Tochter Gesine zeigt, daß das leider nicht möglich ist. Man kann ihn so oder so lösen. Es gibt nicht eine einzige richtige Entscheidung, jedenfalls nicht ohne zusätzliche Überlegungen. Mit dem Begriff »gemeinschaftlich« ist es allein nicht getan. Man muß mindestens noch versuchen, die Interessenentscheidung zu verstehen, die hinter dem Gesetz steht. Man muß abwägen, was Zweck des Gesetzes ist und wie von ihm die Interessen der beiden Parteien bewertet werden. Das ist das Programm der von Philipp Heck schon vor dem Ersten Weltkrieg begründeten Interessenjurisprudenz. Im Recht des Unterhalts nach der Scheidung ist es diese Abgrenzung von Verantwortungsbereichen, aus der sich ergibt, daß Marie Cresspahl den Anspruch gegen Jakob Keller aus § 1570 BGB zu Recht geltend macht.

Die Begriffsjurisprudenz geht zurück auf die historische Schule Friedrich Carl von Savignys. Hinter ihr stand ja nicht nur ein historisches Programm. Savigny war auch sehr stark von der Philosophie Immanuel Kants geprägt, die das Recht sehr formal verstand, als eine Art Freiraum, in dem der einzelne sich moralisch selbst verwirklichen kann. Recht als Bedingung von Freiheit. Dahinter steht die Vorstellung des Eigentums, mit dem der einzelne machen kann, was er will. Wofür er es verwendet, das geht das Recht nichts an. Deshalb kommt Kant zu einer klaren Unterscheidung von Recht und Moral. Das Recht wird abstrakt. Mit irgendwelchen anderen Zwecken als der formalen Freiheit hat es nichts mehr zu tun. Diese Entleerung von Inhalten führte zur reinen Begrifflichkeit. Noch nicht bei Savigny, wohl aber bei seinen Nachfolgern im Pandektenrecht, also bei Puchta, Dernburg und Windscheid. Daß allerdings schon Savigny das Abstraktionsprinzip bei der Übereignung einführte, war kein Zufall. Selbst bei der Übertragung von Eigentum sollte es egal sein, zu welchem Zweck sie vorgenommen wird. Es kommt nur darauf an, daß der eine die Sache dem anderen geben und dieser sie haben will. So steht es noch heute in §929 BGB. Auch wenn etwa ein zugrundeliegender Kaufvertrag unwirksam ist. Die Sache bleibt Eigentum des Käufers. Der Verkäufer hat nur einen Anspruch auf Rückübereignung. Wie im 7. Kapitel beschrieben. Dahinter steht letztlich Immanuel Kant, der Logiker.

Diese hohe Begrifflichkeit, verbunden mit der Vorstellung vom Richter als eine Art Entscheidungsautomat, hatte unter anderem auch die Funktion, die Unabhängigkeit der Justiz zu begründen. Die Bindung des Richters an das Gesetz. Das war eines der Argumente, mit denen man im 19. Jahrhundert seine Unabhängigkeit vom Fürsten erkämpfte. So hatte die Begriffsjurisprudenz auch eine positive Seite.

Die Reaktion auf ihre Übertreibungen kam schon am Ende des Jahrhunderts. Mit Rudolf von Ihering. Nachdem er selbst zunächst in gleicher Weise übertrieben hatte wie die anderen Pandektenjuristen, schwenkte er in den siebziger Jahren völlig um. Nicht mehr der Begriff, nur noch der Zweck sollte im Recht entscheidend sein. Und in der Moral. Mit weitschweifigen Lustigkeiten fiel er über seine Kollegen her und erfand zum Beispiel die »Interpretationspresse« und die »Haarspaltmaschine«, um ihre Methode lächerlich zu machen.

Daraus entstand die Interessenjurisprudenz. Ihr bekanntester Vertreter ist Philipp Heck. Von ihm stammt auch die Bezeichnung der anderen als »Begriffsjurisprudenz«. Nicht völlig entfesselte Zwecke sollten das Recht bestimmen, wie man Ihering verstehen könnte, sondern nur die, vom Gesetzgeber selbst festgesetzt worden waren. Er vertrat die subjektive Auslegungstheorie und sagte, der Richter müsse in »denkendem Gehorsam« zu seinem Urteil kommen. Erst von den Faschisten ist das dann pervertiert worden zu dem Satz, daß Recht ist, was dem Volke nützt.

Die Justizkatastrophe des Dritten Reiches hinterließ natürlich auch bei den Juristen eine große Verunsicherung. Sie ging, wie kann es anders sein, bis in methodische Fragen. Wie kann man das Recht wieder sicherer machen? Das war die große Frage. Sie ist bis heute nicht zufriedenstellend beantwortet worden. Im Gegenteil. Zur Begriffsjurisprudenz konnte man nicht mehr zurück. Ihre Unmöglichkeit war von Rudolf von Ihering und Philipp Heck erwiesen. Und das Nachdenken über andere Methoden führte zu Erschütterungen und Unsicherheiten, die der fröhliche Optimismus der Interessenjurisprudenz nicht gekannt hatte.

Zunächst fing es eigentlich sehr staatstragend an. Der Bundesgerichtshof in Karlsruhe und sein erster Präsident, Hermann Weinkauff, verkündeten ein christliches Naturrecht. Und was damit nicht erreicht wurde, das schaffte zunächst die antike Rhetorik, auf die man schon immer zurückgegriffen hat, wenn man innerlich unsicher war. Das ist der Grund gewesen für den großen Erfolg eines kleinen Buches von Theodor Viehweg, Topik und Jurisprudenz, 1953. Es ist inzwischen schon in der fünften Auflage erschienen, für eine theoretische Schrift bei Juristen sehr erstaunlich. Der Rückgriff auf Aristoteles und Cicero hat viel Anklang gefunden bei deutschen Juristen. Ohne Zweifel viel vernünftiger als die Lektüre von Völkischem. Im Ergebnis ist es aber eher peinlich. Denn die antike Rhetorik, auf die sich Theodor Viehweg beruft, ist nun wirklich keine ausreichende Grundlage für eine ernsthafte Jurisprudenz. Das hatten auch schon die alten römischen Juristen erkannt. Es gibt eine Schrift aus den zwanziger Jahren, in der zwar das Gegenteil behauptet wird, Johannes Stroux, Summum ius summa iniuria, 1926. Aber dieser angebliche Einfluß der griechischen Rhetorik auf die römische Rechtswissenschaft läßt sich nicht nachweisen, bis auf einen berühmten Prozeß im Jahre 94 v. Chr., die causa Curiana, eine Erbschaftsstreitigkeit. Sie wurde vor einem großen Gericht entschieden, mit einhundert Geschworenen, und dort hat tatsächlich mal ein Rhetor über einen Juristen gesiegt, Crassus über Quintus Mucius Scaevola. Normalerweise, vor dem in Rom üblichen Einzelrichter, wäre das nicht gelungen.

Die antike Rhetorik beruhte auf topischem Denken. Das Wort kommt aus dem Griechischen. Topos heißt Ort oder Platz. Auf deutsch der Gemeinplatz. Viehweg nennt es das »Problemdenken«. Das sei die Lösung für die Zukunft. Im Gegensatz zum alten »Systemdenken« der Begriffsjurisprudenz und letztlich auch der Interessenjurisprudenz. Man hatte nicht aufgegeben, systematisch zu denken. Das bedeutet, daß man die Lösung eines Falles im systematischen Zusammenhang des Gesetzes suchte, im Zusammenhang von allgemeinen Regeln der alten Begriffsjurisprudenz, mit Oberbegriffen und daraus abgeleiteten Mittel- und Unterbegriffen. Das war in der Tat ein gewisser Widerspruch zum eigentlichen Programm der Interessenjurisprudenz. Um es in einem Bild zu verdeutlichen: Viehweg wollte keine geraden Straßen mehr durch den Sumpf der Probleme ziehen, sondern einzelne feste Inseln bauen und unter ihnen kleine Verbindungswege. Es gibt in der Tat eine gewisse Zahl von mehr oder weniger unzusammenhängenden Grundsätzen im Recht, auf die man sich bei der Lösung eines Falles regelmäßig stützt. Zum Beispiel das, was ich im Fall von Marie Cresspahl als Denken in Verantwortungsbereichen bezeichnet habe. Man könnte das auch den Gedanken von Risikosphären nennen. Systematisch ableiten läßt es sich nur schwer. Insofern hat Theodor Viehweg recht. Da ist was Wahres dran. Nur bleibt der Rückgriff auf die Regeln der antiken Rhetorik völlig unzulänglich.

Diese Unzulänglichkeit ist beseitigt worden in einem anderen Buch, das drei Jahre später erschien und bis heute die theoretische Diskussion unter Juristen beherrscht. Josef Esser, Grundsatz und Norm in der richterlichen Fortbildung des Privatrechts, 1956, 4. Auflage 1990. Es ist sehr viel gründlicher als das von Viehweg, viel solider, mit einer Fülle von Material, auch aus der Rechtsvergleichung, besonders aus dem angelsächsischen und französischen Recht. Er schreibt vor dem Hintergrund des gleichen Problems wie Viehweg, den er häufig zitiert. Auch er sucht Rechtssicherheit unabhängig vom System und vom Gesetz und damit letztlich unabhängig vom Staat, der im Faschismus versagt hatte. Wo ist die Rechtfertigung für die Entscheidung des Richters? Er findet sie in einer neuen Art überstaatlichen Naturrechts. Zeigt nämlich, wie es in allen Ländern immer die gleichen Probleme gibt und daß man überall letztlich zu den gleichen Lösungen kommt, obwohl die Gesetze völlig verschieden sind. Das ist das Problemdenken. Er nennt es Denken in Grundsätzen. Es ist weitgehend unabhängig vom Gesetz, von der Norm. Daher der Titel des Buches.

Josef Esser ist der bekannteste Kritiker der Vorstellung geworden, Rechtsanwendung sei ein logischer Subsumtionsvorgang, in dem ein Gesetz auf einen Fall, ein Gesetzestatbestand auf einen Lebenssachverhalt angewendet werden. Rechtsanwendung sei im wesentlichen Richterrecht, sagt er, nach dem Vorbild des angelsächsischen case law, das sehr stark im Vordergrund seiner Theorie steht. Ähnlich wie das antike römische Recht ist das angelsächsische ein Fall-Recht. Das bedeutet, daß man sich bei der Entscheidung an ähnlichen Fällen orientiert, die früher schon einmal entschieden worden sind. Sogenannte Präjudizien. Die Bedeutung von Gesetzen ist dabei stark zurückgedrängt. Esser hat völlig recht, wenn er feststellt, daß das bei uns letztlich genauso ist. Denn entscheidend ist auch bei uns nicht der Wortlaut des Gesetzes, sondern welche obergerichtlichen Entscheidungen es dafür gibt. Zu Tausenden sind sie im »Palandt« gesammelt. Sie spielen die eigentliche Rolle, nicht der Gesetzestext, den man in den zweitausend Seiten des Kommentars kaum noch wiederfindet.

An die Stelle des Gesetzes tritt die Legitimation durch Problemdenken. An die Stelle der Norm tritt der Grundsatz. Das ist topisches Denken. Es sind einzelne Kunstregeln, die dazu gehören, und allgemeine Prinzipien, die mit den gesetzlichen und systematischen Regeln konkurrieren und sie überwiegen. Inselbildung statt Straßenbau. Die Gesamtheit dieser Regeln, das ist der zweite wichtige Gedanke, ergibt ein überstaatliches Naturrecht, das reale Corpus Iuris, wie Esser es nennt. Es ist überstaatlich, weil die Rechtsvergleichung ergibt, daß es überall die gleichen oder mindestens ähnliche »sachlogische Strukturen« gibt. Das ist der Gedanke der Allgemeinheit, das Universalitätsprinzip, der schon das antike römische ius gentium getragen hat und das Naturrecht bei Hugo Grotius.

Dieser naturrechtliche Gedanke der Allgemeinheit ist eine sehr verständliche Reaktion auf die Totalität des Staates und seine Justizkatastrophe im Dritten Reich. Aber er hat Esser den Vorwurf eingetragen, er sähe nicht die hinter dem Recht liegenden politischen Probleme. Fünfzehn Jahre später nämlich, Ende der sechziger Jahre. Damals schlug man sich mit der Studentenrevolte herum, die das Bewußtsein von Politik in die heiligen Hallen der Wissenschaft brachte. Auch im Recht. Rudolf Wiethölters Schrift über »Rechtswissenschaft« erschien 1968. Es war jahrelang das von Jurastudenten am meisten gelesene Buch. Bernd Rüthers breitete im gleichen Jahr das erschreckende Material faschistischer Rechtsverwüstung aus, das Esser nicht berücksichtigt hatte. Natürlich nicht, denn er suchte Rechtssicherheit, Legitimation für den Richter. Aber der Vorwurf, er sei unpolitisch, war unberechtigt. Selbstverständlich sah er die hinter den »sachlogischen Strukturen« stehenden politischen Interessen. Auch er wußte, daß das Recht sich ändert, wenn man den unbegrenzten Profit abschafft. Er nannte das nur nicht politisch, sondern »Änderung kultureller Maßstäbe«. Das Ganze hatte nicht im Vordergrund seines Interesses gestanden.

Aber er reagierte auf die Kritik. Mit einem zweiten Buch. »Vorverständnis und Methodenwahl in der Rechtsfindung«, 1970. Wieder geht es um die Legitimation der Tätigkeit des Richters. In der Tat – das hatte ihn nicht so interessiert – gibt es für die meisten Probleme zwei Lösungen. Man kann sie methodisch richtig so oder so entscheiden. Es kommt eben nur darauf an, welchen methodischen Weg man geht. Also zum Beispiel entweder die deklaratorische oder die restriktive Auslegung im Fall der Marie Cresspahl. Welche Methode man wählt, das hängt meistens ab vom politischen Vorverständnis. Ein konservativer Jurist, den Untergang der abendländischen Familie vor Augen und um Rettung bemüht, steuert regelmäßig Lösungen an, die ihre Bedeutung stärken. Natürlich kann dann nicht eine Mutter »nachehelichen« Unterhalt für sich selbst verlangen, nur weil sie ein uneheliches Kind bekommen hat. Er würde also die restriktive Auslegung wählen. Wie der Bundesgerichtshof. Anders ein Liberaler, für den auch die Auflösbarkeit der Ehe etwas Selbstverständliches ist. Er entscheidet für die deklaratorische Auslegung und für einen besseren Unterhaltsanspruch. Mit anderen Worten, der Richter befragt nicht das Gesetz oder einen Grundsatz, um eine Lösung zu finden, sondern er benutzt sie, um eine vorher gefundene Lösung zu legitimieren. Das ist die traurige Wahrheit, die Josef Esser verkündet. Die Methodenwahl ergibt sich aus dem Vorverständnis des Richters.

Und wo ist nun die Legitimation für sein Urteil? Ist das nicht alles nur noch Politik? Nein, sagt Josef Esser. Es geht alles mit rechten Dingen zu. Trotzdem. Es gibt Kontrollen. Im Rahmen der Systemtheorie von Niklas Luhmann. Der hatte eines seiner wichtigsten Bücher gerade ein Jahr vorher geschrieben, »Legitimation durch Verfahren«, 1969.

Das Ganze geht folgendermaßen. Ob die politische Wertung im Vorverständnis des Richters in Ordnung ist, das unterliegt einer sogenannten Richtigkeitskontrolle. Esser nennt das auch Konsens, ohne es im einzelnen genauer zu beschreiben. Das ist der erste Schritt. Dazu kommt ein zweiter. Das ist die Stimmigkeitskontrolle, die Überprüfung der Entscheidung darauf, ob sie mit dem Gesetz und den Grundsätzen vereinbar ist. Unter Juristen nennt man das die Dogmatik. Es sind letztlich die Grundsätze, die er im Buch von 1954 so eindringlich beschrieben hat. Sein reales Corpus Iuris.

In der Stimmigkeitskontrolle wird also überprüft, ob ein Urteil mit der Dogmatik vereinbar ist. Das ist, wie er es nennt, das Feld der Evidenz. Die juristische Dogmatik versteht er dabei als wertfrei, unbeeinflußt von Politik, als ewige sachlogische Strukturen. Sie ist eine »sich zum eigenen System abschließende Elementarlehre von Rechtsbegriffen und -institutionen«, wertneutrale, unpolitische Begriffsarbeit. Was Karl Larenz – zu ihm gleich – sicher zu Recht kritisiert hat.

Beide Kontrollen finden statt in einem gesellschaftlichen und juristischen Prozeß, den er der Systemtheorie Luhmanns nachempfindet. Im einzelnen bleibt das unklar. Die Systemtheorie Luhmanns geht aus von der Vorstellung, die Gesellschaft sei ein System, das so ähnlich funktioniert wie ein selbständiger Organismus. Was Luhmann dabei interessiert, das ist die Frage, wie dieses System sich trotz hier und da auftretender Störungen immer wieder ins Gleichgewicht bringt. Es ist im wahrsten Sinne des Wortes eine systemerhaltende Theorie. Sie kommt aus den Vereinigten Staaten, ist dort nach dem Vorbild biologischer Modelle von Talcott Parsons, David Easton und Karl Deutsch entwickelt worden. Die deutsche Variante Luhmanns ist stärker juristisch orientiert, sieht das Schwergewicht nicht sosehr im gesellschaftlichen Prozeß, sondern in der Durchführung von Wahlen, im Gesetzgebungs- und auch ganz besonders im Gerichtsverfahren. Dadurch allein, durch die Einhaltung bestimmter äußerer Regeln, können Störungen beseitigt und kann Legitimation hergestellt werden. Man versteht, warum Josef Esser das gern aufgegriffen hat.

Letztlich ist da auch was Wahres dran. Ich nenne es den Prozeß von hM. Das ist ein von Juristen oft benutztes Kürzel. Es bedeutet herrschende Meinung. Die Beliebigkeit bei der Entscheidung eines neuen Problems wird nämlich dadurch wieder ausgeglichen, daß es in einem größeren Prozeß der juristischen und manchmal auch der gesellschaftlich-politischen Öffentlichkeit diskutiert wird. Am Ende dieses Prozesses hat sich dann die herrschende Meinung gebildet, nach der sich alle richten. Ein neues juristisches Problem taucht auf. Einige Untergerichte treffen Entscheidungen. Ihre Urteile werden in juristischen Zeitschriften veröffentlicht. Aufsätze werden dazu geschrieben. Manchmal auch ganze Bücher. In den Kommentaren zu den einzelnen Gesetzen wird darüber geschrieben, in den juristischen Lehrbüchern. Inzwischen haben höhere Gerichte entschieden, Landgerichte oder Oberlandesgerichte. Und schließlich ergeht die Entscheidung eines obersten Bundesgerichts, des Bundesgerichtshofes, des Bundesarbeitsgerichts, des Bundesverfassungsgerichts. Damit ist der Prozeß meistens abgeschlossen. hM hat sich gebildet.

Auf den ersten Blick erscheint das wie so eine Art demokratischer Prozeß, wie die Bildung von Mehrheitsmeinungen. Es ist aber nicht sosehr die Mehrheit, die hier entscheidet, nicht die Breite der Meinungen, sondern mehr die Höhe. Das juristische Fußvolk hat da nicht viel zu sagen. Auch bei Juristen gibt es kleine Namen und große Namen. In der Justiz gibt es Untergerichte und Obergerichte. Es kommt sehr darauf an, wer das ist, der die eine oder andere Meinung vertritt. Es kommt sogar noch darauf an, in welcher Zeitschrift man schreibt, schreiben darf. Auch da gibt es einige, die größeres Gewicht haben als andere. Je höher man kommt, desto besser wird der Ausblick. Die Luft wird ein bißchen dünner und das Vorverständnis, um mit Esser zu sprechen, immer konservativer. In der Wissenschaft und bei den Gerichten. Jedenfalls spielen in diesem Prozeß von hM Methodenfragen keine entscheidende Rolle. Sehr viel wichtiger ist das, was er die Richtigkeitskontrolle nennt, die Kontrolle des Vorverständnisses. Deshalb kommt der normale Jurist mit sowenig theoretischen Kenntnissen aus. Im Grunde genügt die Kenntnis von hM, unerschrockene Autoritätsgläubigkeit und ein guter Instinkt.

Die Gegenposition zu Josef Esser vertrat Karl Larenz. Er war nicht nur der Verfasser der wohl erfolgreichsten Lehrbücher zum Zivilrecht, sondern er hatte auch das beste Lehrbuch zu Methodenfragen geschrieben. Methodenlehre der Rechtswissenschaft, 6. Auflage, 1991. Es besteht aus zwei Teilen. Der erste gibt einen Überblick über alle heute noch wichtigen Lehrmeinungen, von Savigny bis zu Esser und Luhmann. Im zweiten beschreibt Larenz seine eigene Theorie. Es ist wohl kein Zufall, daß der erste Teil in den letzten Auflagen immer größer geworden ist, der zweite immer kleiner. Wahrscheinlich fühlte auch Karl Larenz, wie schwierig es ist, eine eigene methodische Position zu formulieren, die nicht an den schon vorgebrachten Einwänden scheitert. Denn er wollte eine Methode der Rechtswissenschaft formulieren, die dem alten Anspruch auf Exaktheit und Sicherheit gerecht wird. Er hätte gern im ruhigen Gewissen der alten Begriffsjurisprudenz gelebt. Aber er wußte, daß das nicht möglich ist.

Also entwickelte er das, was er selbst eine Wertungsjurisprudenz nannte. Sie steht in der Mitte zwischen dem Problemdenken Essers und dem Systemdenken der alten Begriffsjurisprudenz und der Interessenjurisprudenz. Esser war ihm zu unordentlich. Allein schon die Behauptung, man würde als Jurist nicht das Gesetz befragen, um eine Lösung zu finden, sondern es nur benutzen, um eine vorher gefundene zu legitimieren. Das ist eine Tempelschändung in den Augen der Larenz-Schule. Auf der anderen Seite kannte auch Larenz die Probleme mit dem alten Systemdenken. Deshalb baute er eine modernisierte Dogmatik, stromlinienförmig, die diesen widrigen Winden ausweicht, mit einer Neigung zum System, staatstragend. Aber er wußte auch nicht so recht, ob es gelingen würde, damit in der Zukunft zu bestehen. Seine Skepsis zeigt sich in folgendem Satz (5. Aufl. 1983, Seite 224):

»Die Rechtsdogmatik wird sich dann und nur dann behaupten und ihre Funktion erfüllen, wenn es ihr in zunehmendem Maße gelingt, Formen eines wertorientierten Denkens – wie den Rechtstypus, den funktional gedachten Rechtsbegriff, das »bewegliche« und das »offene« System – und Methoden eines nicht nur in einer Richtung verlaufenden, sondern gegenläufigen Denkens – Methoden der »Konkretisierung« und »Typisierung«, der »Analogie« und der »teleologischen Reduktion« – zu entwickeln und anzuwenden.«

Das System wird nicht mehr begrifflich verstanden. Es wird beweglich, zu einer Art Baukastensystem. Es wird offen, ist nicht mehr fest geschlossen, nicht mehr logisch zwingend, sondern wandelbar, ein Gedankengebäude von allgemeinen Rechtsprinzipien, nicht mehr wie ein Justizpalast, sondern eher wie eine moderne Theaterbühne. Man kann sie je nach Bedarf umbauen. Das nennt er »konkretisierungsbedürftig«. Auch die Begriffe sind natürlich nicht mehr das, was sie einmal waren. Man nennt sie jetzt Typen, womit gemeint ist, daß man auch hier nicht mehr logisch folgern kann, sondern im Sinne der Interessenjurisprudenz Wertungen treffen muß, Funktionen beurteilen und Abwägungen vornehmen. Die Verteidigung des alten Abendlandes mit den Mitteln der modernen Technik. Leicht ist es nicht. Viel schwerer jedenfalls, als einfach Tucholsky zu zitieren, mit der Überschrift »Also wat nu – ja oder ja« (1931):

> Wie ick noch 'n kleene Junge wah,
> da hattn wa auffe Schule
> een Lehra, den nannten wa bloß: Papa –
> een jewissen Doktor Kuhle.

Un frachte der wat, un der Schieler war dumm,
un der quatschte und klönte bloß so rum,
denn sachte Kuhle feierlich:
    »Also – du weeßtet nich!«

So nachm Essen, da rooch ick jern
in stillen meine Sßijarre.
Da denk ick so, inwieso un wiefern
und wie se so looft, die Karre.
    Wer weeß det . . . Heute wähln wa noch rot,
    un morjen sind wa valleicht alle tot.
    Also ick ja nich, denkt jeda. Immahin . . .
    man denkt sich so manchet in seinem Sinn.
Ick bin, ick werde, ich wah jewesen . . .
Da haak nu so ville Bicher jelesen.

Und da steht die Wissenschaft uff de Kommode.
Wie wird det mit uns so nachn Tode?
Die Kürche kommt jleich eilich jeloofn,
da jibt et 'n Waschkorb voll Phillesophen . . .
Det liest man. Un haste det hinta dir,
dreihundert Pfund bedrucktet Papier,
    denn leechste die Weisen
    beit alte Eisen
un sachst dir, wie Kuhle, innalich:
    Sie wissen et nich. Sie wissen et nich.

Über Methodenfragen informiert man sich am besten bei Karl Larenz, Methodenlehre der Rechtswissenschaft, 6. Aufl. 1991. Zu Savigny und Kant und der Entleerung von Zwecken: Hans Kiefner, Der Einfluß Kants auf Theorie und Praxis des Zivilrechts im 19. Jahrhundert, in: J. Blühdorn, J. Ritter (Hg.), Philosophie und Rechtswissenschaft, Studien zur Philosophie und Literatur des 19. Jahrhunderts, Bd. 3 (1969) S. 3 bis 25. Die wichtigsten Bücher Rudolf Iherings zum Zweckdenken im Recht: Der Zweck im Recht, 2 Bände, 1877, 1883; Scherz und Ernst in der Jurisprudenz, 1884 (mit der Interpretationspresse und der Haarspaltmaschine). Die beste Kritik an Viehweg: Uwe Diederichsen, Topisches und systematisches Denken in der Jurisprudenz, in: Neue Juristische Wochenschrift 1966, S. 697-705. Eine vorzügliche Rezension von Essers Grundsatz und Norm: Franz Wieacker, Gesetzesrecht und richterliche Kunstregel, in: Juristenzeitung 1957, S. 701-706. Die Schrift von Bernd Rüthers: Die unbegrenzte Auslegung, 1968, 5. Aufl. 1997; vgl. noch vom gleichen Autor: Institutionelles Rechtsdenken im Wandel der Verfassungsepochen, 1970, erweitert und mit neuem Titel: Wir denken die Rechtsbegriffe um, 1987. Zur Systemtheorie: Wolf-Dieter Narr, Theoriebegriffe und Systemtheorie, 4. Aufl. 1976. Über hM habe ich mich an anderer Stelle ausführlich geäußert: Kursbuch Nr. 61,

1979, S. 88-109, wieder abgedruckt in: Aufklärungen über Recht, 1981, S. 14-40; ein ganzes Buch darüber: Rita Zimmermann, Die Relevanz einer herrschenden Meinung für Anwendung, Fortbildung und wissenschaftliche Erforschung des Rechts, 1983.

XIV

Recht und Moral, Recht und Politik

»Ihr werdet sein wie Gott und wissen, was gut und böse ist.« Altes
Testament, erstes Buch Mose. Die Schlange sagt es zu Adam und
Eva. Wir wissen es auch heute noch. Nicht immer so ganz genau.
Mancher hat so seine eigenen Vorstellungen. Die Individualmoral
ist stärker geworden in letzter Zeit. Doch auch die Allgemeinmoral
ist uns im großen und ganzen vertraut. Nicht aber das Recht. Wir
brauchen Juristen dafür, die Auskunft geben können. Recht und
Moral sind zweierlei. Zwei Bereiche, die zwar irgendwo zusam-
menhängen. Aber oft liegen Welten dazwischen. Was moralisch
böse ist, kann rechtlich ganz in Ordnung sein. Und umgekehrt.
Der Betreiber einer Anlage mit starker Umweltverschmutzung
kann dafür eine einwandfreie Genehmigung haben. Das Recht ist
auf seiner Seite. Nicht die Moral. Blockieren Bürger Atommüll-
transporte, können Sie damit gegen das Recht verstoßen. Niemand
aber wird bestreiten können, daß sie moralisch handeln.
Warum diese Trennung von Moral und Recht? In konservativen
Lehrbüchern der Rechtsphilosophie wird viel darüber geschrieben. Und wenig gesagt. Jeder normale Mensch sollte doch meinen,
es müßte eine Einheit sein. Und warum spielt statt dessen die Politik eine so große Rolle im Recht? Nicht nur bei der Gesetzgebung
im Parlament. Auch vor Gericht. Im Vorverständnis, um mit Josef
Esser zu sprechen. Und bei der Richtigkeitskontrolle, um das fortzusetzen. Zum Beispiel bei der Höhe der Strafen, die jene Demonstranten erhalten haben. Worüber nicht so viel geschrieben wird in
diesen rechtsphilosophischen Lehrbüchern. Sollten Recht und Politik nicht möglichst auseinander bleiben?
Am Anfang der Entwicklung, in vorstaatlichen Gesellschaften,
sind Recht und Moral noch nicht getrennt. Die Moral ist Allgemeinmoral, identisch mit der Sitte, und ohne individuelle Abwei-
chungen. Mit anderen Worten, es ist eine sehr konventionelle
Moral, und das Verhalten der Menschen ist konformistisch. Sie
würden uns als kapriziös empfinden. Mit der Zerschlagung der
segmentären Solidargemeinschaften durch den späteren Staat entsteht die Individualmoral, zuerst in der Antike. Sehr gut ist das zu

beobachten in der frühgriechischen Lyrik des 7. Jahrhunderts, bei Sappho und Alkaios. Sie macht es möglich, daß bei den Sophisten im 5. Jahrhundert zum ersten Mal moralisches Naturrecht und staatliches Recht auseinanderfallen. Aber das war eine Ausnahme. Im übrigen bleibt es bei der Einheit von Moral und Recht, bis zur Spätantike. Bei Augustinus zum Beispiel, im 4. Jahrhundert nach Christus, sieht man beide wieder auseinandertreten. Weil die Kirche mit ihrer eigenen Moral inzwischen stärker geworden war. Je stärker sie wurde, je mehr sie auf die Bildung von Recht Einfluß nehmen konnte, ja sogar ein eigenes Kirchenrecht entwickelt hat, desto enger rückten beide wieder zusammen, zum Beispiel bei Thomas von Aquin im 13. Jahrhundert. Im 17. und 18. Jahrhundert beginnt mit dem absolutistischen Staat die Trennung. Zurückdrängung des kirchlichen Einflusses war das Programm der Aufklärung. Das führt dazu, daß Christian Thomasius als erster einen klaren Strich gezogen hat. Weil er das Recht und die Religion trennen wollte, mußte er auch Recht und Moral und Sitte unterscheiden, und zwar so, wie man es noch heute oft in juristischen Hörsälen vorgesetzt bekommt. Recht bestimmt das äußere Verhalten, mit der Zwangsgewalt des Staates. Sitte bestimmt ebenfalls das äußere Verhalten, aber nicht zwingend. Und Moral, das sind die Regeln der inneren Einstellung. Das ist zwar alles sehr grob und oberflächlich. Aber man kann sich erst einmal was drunter vorstellen. Christian Thomasius, Fundamenta iuris naturae et gentium, 1705.

Viel differenzierter dann Kant mit seiner berühmten Formel aus der Metaphysik der Sitten, 1797:

»Recht ist der Inbegriff der Bedingungen, unter denen die Willkür des einen mit der Willkür des anderen nach einem allgemeinen Gesetz der Freiheit zusammen vereinigt werden kann.«

Mit stark individualisierter Moral, die grundsätzlich vom Recht unterschieden wird. Nicht mehr total getrennt, wie bei Thomasius. Aber letztlich sind sie seitdem auseinandergetreten. Und den Grund, das Stichwort, hat Kant gleich mitgeliefert. Die Freiheit. Die individuelle Freiheit. Das ist der Hintergrund der ganzen Entwicklung. Je weiter Recht und Moral auseinandertreten, desto größer wird der individuelle Spielraum. Man braucht nur noch das Recht einzuhalten. Über die Moral entscheidet man mehr oder weniger allein. So kraß war das von Kant natürlich nicht gemeint.

Aber so hat sich die bürgerliche Gesellschaft entwickelt. Mit ihrer Freiheit eines freien Fuchses in einem freien Hühnerstall, wie Roger Garaudy es formuliert hat. Der Spekulant mit dem leerstehenden Mietshaus ist nur ein Beispiel von vielen.

Natürlich sind Recht und Moral auch heute nicht völlig getrennt. Es gibt Verbindungen mit der Allgemeinmoral. Ändert sie sich erheblich, dann muß sich auch das Recht verändern. Das ist für das Strafrecht im 10. Kapitel beschrieben worden. Die erstaunlichen Wandlungen des Sexualstrafrechts in den letzten dreißig Jahren. Aber auch im Zivilrecht ist es ähnlich. Dazu ein Beispiel aus der Rechtsprechung des Bundesgerichtshofes. Ein Urteil von 1980. Entscheidungen in Zivilsachen, Band 76, Seite 249:

Es ging um eine mißglückte Operation. Eine fünfundzwanzigjährige Ehefrau, die schon zwei Kinder hatte, ließ sich 1972 in einem Krankenhaus des Freistaates Bayern aus medizinischen Gründen sterilisieren. Der Arzt machte dabei einen Fehler. Statt des Eileiters durchbrach er das Mutterband. Die Frau wußte nicht, daß sie gebärfähig geblieben war, wurde schwanger und bekam 1974 Zwillinge, nachdem noch eine zusätzliche Operation zur Ermöglichung der Geburt vorgenommen worden war. Danach verlangte sie vom Freistaat Bayern als dem Träger des Krankenhauses Schadensersatz, nämlich die Kosten für den Unterhalt der Zwillinge.

Da der Arzt des Krankenhauses einen Fehler gemacht hatte, mußte das Land Bayern dafür einstehen und an sich der Frau den Schaden ersetzen, der ihr daraus entstanden war. Es gab allerdings ein juristisches Problem. Das war die Frage, ob die Geburt von Kindern überhaupt ein Schaden ist. Schadensersatz ist zu zahlen, wenn eine Partei eine Vertragsverletzung begangen und die andere dadurch einen Schaden erlitten hat. Ohne Zweifel hatte das Land Bayern durch das fehlerhafte Verhalten des Arztes den Vertrag über die Sterilisation verletzt. Aber hatte die Frau einen Schaden erlitten? Das BGB erklärt in dem dafür vorgesehenen § 249 nicht weiter, was es darunter versteht. Wie so oft ist der Wortlaut des Gesetzes nicht ausreichend. Es verwendet nur das Wort »Schaden«, ohne genauer zu sagen, was das im einzelnen ist. Das Gesetz mußte also wieder einmal ausgelegt werden.

Bei der Auslegung des Wortes »Schaden« ging es in diesem Fall um eine moralische Frage. Muß die Entscheidung einer Frau, die keine Kinder mehr haben will, in jeder Hinsicht respektiert werden? Das Oberlandesgericht Bamberg, das 1978 darüber zu urteilen hatte, war der Meinung, die Frau habe keinen Schaden erlitten. Deshalb könne sie keinen Schadensersatz verlangen. Auch dieses Urteil der Vorinstanz ist veröffentlicht worden. Neue Juristische Wochenschrift, 1978, Seite 1685. Dort heißt es:

»Die Geburt und Existenz eines Menschen stellt keinen Schaden dar. Kinder gelten nach den christlich-humanistischen Kulturvorstellungen, wie sie unserer Rechts- und Gesellschaftsordnung zugrunde liegen, als besonders hohe Werte, mögen sie aus persönlichen, wirtschaftlichen oder sozialen Erwägungen auch noch so unerwünscht sein; die Geburt und Existenz eines Kindes kann nicht als Schadensfall angesehen werden, denn eine Wertverwirklichung läßt sich nicht zugleich als Schaden qualifizieren.«

Die Frau legte Revision zum Bundesgerichtshof ein, der vor zwanzig oder dreißig Jahren genauso entschieden hätte wie das Bamberger Gericht. Aber inzwischen hatten sich die allgemeinen Moralvorstellungen über die Selbstbestimmung von Frauen und die Rolle der Sexualität im Leben der Menschen erheblich geändert. 1954 hatte der Bundesgerichtshof noch die Meinung vertreten, der geschlechtliche Verkehr zwischen Mann und Frau dürfe nur in der Einehe stattfinden, einzig und allein zum Zweck der Erzeugung von Kindern. Nun war man liberaler geworden. Deshalb stellte er in seiner Entscheidung darüber, was hier ein Schaden für die Frau sei, nicht auf »christlich-humanistische Kulturvorstellungen« ab, sondern darauf, welche Vorstellungen sie sich selbst von ihrem künftigen Leben gemacht hatte. Wenn durch den mißlungenen Eingriff ihre wirtschaftliche Familienplanung durchkreuzt worden sei, so lautete sein Urteil, dann sei ihr durch den nun mit der Geburt der Zwillinge verbundenen Unterhaltsaufwand ein Schaden entstanden, den das Land Bayern zu ersetzen habe. Die Bamberger Entscheidung wurde aufgehoben.

Trotzdem. Der Zwiespalt bleibt. Er ist im übrigen nicht nur ein Ausdruck dessen, daß die individuelle Freiheit größer geworden ist. Er gibt auch Auskunft auf die Frage, von wo das Recht gesetzt wird. In vorstaatlichen Gesellschaften, mit ihrer Einheit von Moral und Recht, ist es eindeutig. Es ist die Gesellschaft selbst, die sich ihre Regeln schafft. Mit der Entstehung des Staates wird das anders. Recht wird von oben her bestimmt, vom Herrscher, vom Fürsten, vom König. Er ist selbstverständlich nicht völlig frei. Es ist auch notwendig, daß das Recht von unten in der Gesellschaft angenommen wird. Es darf nicht auf unüberwindlichen Widerstand stoßen. Aber im wesentlichen ist es nun ein Steuerungsinstrument, das von oben her eingesetzt wird.

Wenn man Moral als die Gesamtheit der Überzeugungen von Gut und Böse versteht, die sich unten in der Gesellschaft selbst entwikkeln. Und wenn man Politik als Ordnungsgefüge begreift, das sich von Staats wegen, also von oben her, über die Gesellschaft legt. Was schon in ihrem Namen zum Ausdruck kommt und seit Platon und Aristoteles so verstanden worden ist. Politik kommt vom griechischen polis. Das ist der Staat. Wenn das also so zu sehen ist, dann wird auch deutlich, warum Recht und Moral immer weiter auseinandergetreten sind. Und warum die Einheit von Recht und Politik immer stärker wurde. Weil Recht nämlich immer weniger von unten her, von der Gesellschaft, sondern immer mehr von oben bestimmt wird, vom Staat. Vom Rechte, das mit uns geboren ist, von dem ist leider nie die Frage.

Mit diesem Prozeß ist noch etwas anderes verbunden. Das ist die ständig zunehmende Ausbreitung von staatlichem Recht in gesellschaftliche Bereiche, die bisher rechtlich noch nicht geregelt waren. Die Geschichte des Rechts ist auch die seiner ständigen Ausbreitung. Schon in der Antike. Heute bezeichnet man diese Erscheinung als Verrechtlichung. Darüber wird von rechts und links geklagt. Von rechts macht man sich Sorgen über die Gesetzesflut, die die individuelle Freiheit wieder einschränkt. Von links wurde die Diskussion Anfang der siebziger Jahre begonnen, weil die Verrechtlichung der Politik die Spielräume für Veränderungen immer enger werden ließ. Wie auch immer. Dahinter steht jedenfalls die ständige Ausweitung staatlicher Herrschaft, verbunden mit Bemühungen, sie auf dem Rechtswege wieder einzuschränken. Beides ist die Funktion von Recht heute. Auf der einen Seite ist es ein Herrschaftsinstrument. Was besonders deutlich wird im politischen Strafrecht, aber auch, wie beschrieben, im Zivilrecht und im Verfassungsrecht, hier besonders in Verbindung mit der herrschenden Meinung in der Staatsrechtslehre. Auf der anderen Seite dient es der Einschränkung staatlicher Macht. Iustitia fundamentum regnorum. Recht ist die Grundlage von Herrschaft. Auch sie ist an das Recht gebunden, darf es nicht übertreten. Das war der Schlachtruf der Liberalen für die Durchsetzung des Rechtsstaates im 19. Jahrhundert. Welche Funktion dabei überwiegt, die herrschaftliche oder die rechtsstaatliche, das mag jeder für sich selbst überdenken. Quantifizieren läßt sich das ohnehin nur schlecht.

Das ist der Gesamtprozeß in der Entwicklung von Recht. Ständige Ausbreitung, Auseinandertreten von Moral und Recht, zunehmende Verflechtung von Recht und Politik:

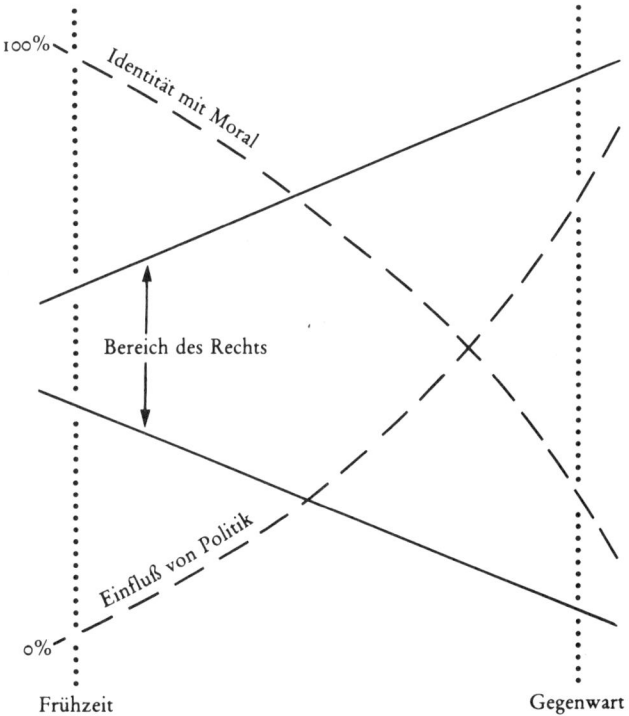

Abnahme von Moral und Zunahme von Politik, das hört man nicht gern. Ius est ars boni et aequi. Das Recht ist die Kunst des Guten und Gerechten. Ein Satz des Juristen Celsus, aus der klassischen Zeit der römischen Rechtswissenschaft. Das ist viel schöner. Es macht Eindruck. Mancher Giebel eines deutschen Oberlandesgerichts erfreut sich dieser Weisheit. Viele juristische Bücher, alt und jung, tragen es als gedrucktes Motto. Paßt nämlich für die heutige Zeit wie die Faust aufs Auge. Dokumentiert die Einheit von Recht und Moral in der Antike. Das Gute ist jenes Moralische, von dem schon die Schlange sprach. Und das Gerechte ist die majestätische

Gleichheit des Rechts, die Aristoteles beschrieben hat. Politik? Das ist unangenehm, besonders in Deutschland. Also steckt man den Kopf in den moralisch-juristischen Sand. Auch das gehört zum Thema Recht und Politik. Dazu noch eine Geschichte, von der Rudolf Wiethölter berichtet, in seinem Buch »Rechtswissenschaft«, 1968, S. 101-104:

An der Frankfurter Buchmesse 1967 beteiligten sich auch Verlage der DDR. Das war ein wichtiger Schritt in der dann langsam einsetzenden Normalisierung der Beziehung zwischen beiden deutschen Staaten. Auf dem Ausstellungsstand des DDR-Staatsverlages befand sich ein Buch, das als staatsgefährdende Schrift zwei Jahre vorher von Gerichten in Hamburg und Lüneburg beschlagnahmt worden war, das sog. Braunbuch des Nationalrates der DDR über »Kriegs- und Naziverbrecher« in der Bundesrepublik aus dem Jahre 1965. Es enthielt unter anderem Anschuldigungen gegen den damaligen Bundespräsidenten Lübke. Die Frankfurter Staatsanwaltschaft war davon unterrichtet, tat aber nichts. Am letzten Ausstellungstag erließ ein Frankfurter Amtsrichter einen Beschlagnahmebeschluß. Das Buch wurde eingezogen. Es gab einen großen Eklat, alle Aussteller aus der DDR zogen sich von der Messe zurück. Als am nächsten Tag das Frankfurter Landgericht die Beschlagnahme wieder aufhob, war das politische Porzellan zerschlagen, die Messe zu Ende, das Buch konnte nicht mehr ausgestellt werden, die DDR-Verlage konnten nicht mehr zurückkehren.

Es gibt in diesem Fall manche juristischen Probleme. Auslegungsfragen. Die Beschlagnahme gehört in den Rahmen der Verfolgung von Straftaten. Hier ging es um die Verunglimpfung des Bundespräsidenten, nach §95 der damaligen Fassung des Strafgesetzbuches. Heute ist es der §90. Beide setzen voraus, daß der Bundespräsident die Ermächtigung zur Strafverfolgung gibt. Das hatte Heinrich Lübke nicht getan. Zweitens ist in erster Linie die Staatsanwaltschaft zuständig. Sie ist die entscheidende Behörde für die Strafverfolgung. Sie hätte einen entsprechenden Antrag für die Beschlagnahme stellen müssen, war aber untätig geblieben. Nun gab es in der Strafprozeßordnung eine Vorschrift, nach der ein Richter auch ohne einen solchen Antrag tätig werden kann, nämlich §195 StPO, bei »Gefahr in Verzug«. Das setzt aber außerdem voraus, daß die Staatsanwaltschaft nicht erreichbar ist. Die juristische Frage lautete also, ob die Notzuständigkeit des Amtsrichters bei Gefahr im Verzug auch dann gegeben ist, wenn die Staatsanwaltschaft zwar erreichbar, aber untätig ist. Der Frankfurter Amtsrichter hatte sie bejaht. Das Landgericht hat sie später verneint. Es sind Auslegungs-fragen, und hier kann ruhig offenbleiben, wer im Recht war. Es kommt, wie meistens, auch auf das Vorverständnis an.

Immerhin ist deutlich, daß ihre Beantwortung im einen wie im anderen Fall ganz erhebliche politische Auswirkungen hatte. Im einen wurden die deutschen Beziehungen gestört, im anderen nicht. Bemühungen der Regierung um die Normalisierung des Verhältnisses zu einem anderen Staat konnten hier empfindlich beeinträchtigt, im schlimmsten Fall sogar vereitelt werden, oder eben nicht. Beide Entscheidungen waren juristisch-technisch möglich, die eine vielleicht etwas weniger gezwungen als die andere, aber möglich waren sie ohne Zweifel beide.

Der Eklat wurde in der Öffentlichkeit diskutiert. Die Medien der Bundesrepublik nahmen Stellung, der Frankfurter Börsenverein und der Frankfurter Generalstaatsanwalt. Auch der Amtsrichter kam zu Wort. Er sagte:

Es mag tausend sophistische Gründe geben, mit der kriminellen Aggression zu paktieren, sie zu dulden und dadurch – angeblich – zu bekämpfen. Keiner dieser Gründe ist für mich als Richter erheblich. Ich bin nicht auf irgendeine gute oder schlechte Politik, sondern allein auf das Gesetz vereidigt.«

Es kann auch ruhig offenbleiben, ob er das wirklich so meinte oder sich bloß hinter dem Gesetz verstecken wollte. Man weiß es nie genau. Oft meinen sie das ganz ernst. Wissen eben nicht, was sie tun. Entscheidend ist, daß die Justiz sich unpolitisch versteht. Sie trifft Entscheidungen von großer politischer Tragweite, sieht sich aber objektiv nur dem Gesetz unterworfen. Und man weiß auch nie genau, ob es nun wirklich besser wäre, wenn sie alle immer wüßten, was sie tun. Sollen sie sein wie Gott und wissen, was gut und böse ist? Vielleicht überläßt man den Durchblick im Recht einfach lieber denen, die juristisch auf der anderen Seite stehen. Amerikanische Ganoven jedenfalls scheinen es besser analysieren zu können als der Frankfurter Amtsrichter. There is plenty of law on the end of a nightstick, sagen sie. Da ist viel Recht am Ende eines Gummiknüppels.

Ein Beispiel für ein gutes konservatives Lehrbuch der Rechtsphilosophie mit ausführlichen Bemerkungen zum Verhältnis von Recht und Moral: Heinrich Henkel, Einführung in die Rechtsphilosophie, 2. Aufl. 1977, § 8 (S. 66-93). Zum Entstehen von Individualität in der Antike: Bruno Snell,

Die Entdeckung des Geistes. Studien zur Entstehung des europäischen Denkens bei den Griechen, 4. Aufl. 1975, 4. Kapitel, »Das Erwachen der Persönlichkeit in der frühgriechischen Lyrik«, S. 56-81. Die neuere Diskussion zur Verrechtlichung beginnt mit einem Aufsatz von Jürgen Seifert, Verrechtlichte Politik und die Dialektik der marxistischen Rechtstheorie, in: Kritische Justiz 1971, S. 185-200. Das ganze Spektrum der Meinungen in dem Sammelband von Rüdiger Voigt (Hg.), Verrechtlichung, 1980. Außerdem: Thomas Blanke, Verrechtlichung von Wirtschaft, Arbeit und sozialer Solidarität, in: Kritische Justiz 1988, S. 190-200, mit weiterer Literatur. Ausführlich zum Problem von Recht und Politik in der Tätigkeit des Richters und zur Frage seiner Unabhängigkeit: Dieter Simon, Die Unabhängigkeit des Richters, 1975.

Das erste Arbeitsfeld des Studenten

Wer es dennoch versuchen will, aktiv und auf Dauer sich mit dem Recht zu befassen, für den steht vor dem großen Durchblick sehr viel Kleinarbeit. Und viel Literatur. Das Angebot auf ihrem Markt ist groß. Fast zu groß. Deshalb hier eine Auswahl von Büchern für den Anfang, für die ersten Semester. Sie ist sehr persönlich. Nennt dazu noch Preise, was auch nicht üblich ist. Damit sich jeder gleich ein Bild machen kann, ob er in der Lage ist, sie sich anzuschaffen. Notwendig ist das wohl nur bei denen, die man immer wieder benutzen muß.

Man braucht Gesetzestexte. Zunächst reichen Einzelausgaben, zum Beispiel dtv-Taschenbücher (BGB, StGB, Grundgesetz usw.). Später muß man sich die beiden Gesetzessammlungen von Schönfelder (Zivil- und Strafrecht) und Sartorius (öffentliches Recht) anschaffen. Nicht zu früh, weil immer wieder Nachlieferungen eingeordnet werden müssen, was mühsam und ziemlich teuer ist:

Deutsche Gesetze, Loseblatt-Textsammlung des Zivil-, Straf- und Verfahrensrechts, begründet von Heinrich Schönfelder, Verlag C. H. Beck München (97. Auflage 1999: 62 DM),

Verfassungs- und Verwaltungsgesetze der Bundesrepublik (Sartorius I). Loseblatt-Textausgabe, begründet von Carl Sartorius, Verlag C. H. Beck München (73. Auflage 1999: 68 DM).

Im Zivilrecht muß man mit dem Allgemeinen Teil beginnen. Meistens geht das nach den Studienplänen schon nicht anders, und fast die ganze Literatur ist so aufgebaut. Es gibt eine große Zahl guter Lehrbücher (Brox, Diederichsen, Flume, Hübner, Larenz, Medicus, Rüthers). Ich würde mit einem kurzen anfangen, finde am besten:

Bernd Rüthers, Allgemeiner Teil des BGB, Verlag C. H. Beck München (10. Auflage 1997: 28,80 DM).

Dann gibt es ein vorzügliches Buch zum Wiederholen, das in Frage und Antwort einzelne kurze Fälle behandelt. Links auf der Seite die Frage, rechts die Antwort:

Prüfe dein Wissen, Rechtsfälle in Frage und Antwort, Heft 1: BGB, Allgemeiner Teil, von Helmut Köhler, Verlag C. H. Beck München (20. Auflage 1998: 23 DM).

Wenn man das hinter sich hat, kann man an ein größeres Lehrbuch gehen. Ich würde den Larenz nehmen:

Karl Larenz/Manfred Wolf, Allgemeiner Teil des Bürgerlichen Rechts, Verlag C. H. Beck München (8. Auflage 1997: 79 DM).

Er ist am besten geschrieben. Man liest ihn ziemlich leicht, aber auch leicht über das Wichtige hinweg. Das Wichtige sind bei uns meistens die »Probleme«, die ab dem zweiten Semester in den Klausuraufgaben drankommen. In diesen Klausuren werden »Fälle« ausgegeben, die man schriftlich in zwei oder drei Stunden lösen muß. Jeder Fall hat regelmäßig ein oder zwei Probleme. Die muß man erkennen, was nicht so schwierig ist, wenn man »Prüfe dein Wissen« durchgearbeitet hat. Dort sind sie fast alle behandelt, jeweils mit einem oder zwei Fällen. Und im übrigen muß man sie in einem besonderen Stil lösen, dem »Gutachtenstil«. Wie man das macht, das lernt man am besten bei

Hermann Fahse, Uwe Hansen, Übungen für Anfänger im Zivil- und Strafrecht mit Zwischenprüfung, Alfred Metzner Verlag Frankfurt (8. Auflage 1996: 19,80 DM).

Dort wird auch gesagt wie in den Hausarbeiten eine Gliederung und das Literaturverzeichnis auszusehen hat.
Das nächste ist dann das Schuldrecht. Das beste Lehrbuch:

Dieter Medicus, Schuldrecht I, 11. Aufl. 1999: 34 DM; Schuldrecht II, 9. Aufl. 1999: 34 DM.

Auch hier sind die kleinen Bände »Prüfe dein Wissen« von Helmut Köhler ganz vorzüglich, also

Prüfe dein Wissen, Heft 2 und 3, BGB, Recht der Schuldverhältnisse I, Allgemeiner Teil (17. Aufl. 1998: 29,20 DM), und II, Einzelne Schuldverhältnisse, Verlag C. H. Beck München (15. Aufl. 1998: 29,50 DM).

Für das Sachenrecht, sehr klar, mit Beispielfällen und insofern noch besser als Larenz und sehr übersichtlich:

Jürgen F. Baur, Rolf Stürner, Lehrbuch des Sachenrechts (begründet von Fritz Baur), Verlag C. H. Beck München (17. Auflage 1998: 86 DM).

Dann gibt es noch ein Buch, das überhaupt das beste ist von allen. Für das ganze Gebiet des BGB, also im wesentlichen Allgemeiner Teil, Schuldrecht, Sachenrecht. Man kann es ab dem dritten oder vierten Semester benutzen. Knapp, mit kurzer Darstellung der verschiedenen Meinungen zu den wichtigsten Problemen, sehr stark an einzelnen Fällen orientiert. Man sollte es sich unbedingt anschaffen:

Dieter Medicus, Bürgerliches Recht, Carl Heymanns Verlag Köln (18. Auflage 1999: 38 DM).

Zum Strafrecht gibt es ebenfalls gute Literatur. Ein vorzügliches Lehrbuch ist:

Johannes Wessels, Strafrecht, C. F. Müller Verlag Heidelberg, in drei Teilen: Johannes Wessels / Werner Beulke, Strafrecht Allgemeiner Teil, C. F. Müller Juristischer Verlag Heidelberg (29. Aufl. 1999: 42 DM); Wessels / Michael Hettinger, Besonderer Teil 1 (23. Aufl. 1999, 38 DM); Wessels / Thomas Hillenkamp, Besonderer Teil 2 (22. Aufl. 1999, 38 DM).

Es ist gut geschrieben, übersichtlich, mit sehr vielen Beispielfällen. Trotzdem für den Anfänger zuerst vielleicht ein bißchen schwierig. Es gibt jedoch nichts Besseres. Man sollte es eben wieder mit »Prüfe dein Wissen« ergänzen. Und man kann den kleinen Kommentar von Lackner dazunehmen:

Karl Lackner, Kristian Kühl, Strafgesetzbuch mit Erläuterungen, Verlag C. H. Beck München (23. Auflage 1999: 98 DM).

Ein gutes Lehrbuch zum Staatsrecht? Sie sind ziemlich trocken. Von der politischen Haltung ganz zu schweigen. Meistens autoritär-etatistisch. Am besten sind:

Alfred Katz, Grundkurs im öffentlichen Recht 1: Staatsrecht, C. F. Müller Juristischer Verlag Heidelberg (14. Auflage 1999: 38 DM) und

Christoph Degenhart, Staatsrecht I (Staatsorganisationsrecht) 15. Aufl. 1999: 39,80 DM, und Bodo Pieroth / Bernhard Schlink, Staatsrecht II (Grundrechte) 15. Aufl. 1999: 39,80 DM, beide C. F. Müller Juristischer Verlag Heidelberg.

Eine vorzügliche Ergänzung dazu, nämlich eine Zusammenstellung der wichtigsten Entscheidungen des Bundesverfassungsgerichts in der Reihenfolge der Bestimmungen des Grundgesetzes, übersichtlich kommentiert mit gedrängter Wiedergabe von Sachverhalt und Entscheidungsgründen:

Ingo Richter, Gunnar Folke Schuppert, Casebook Verfassungsrecht, Verlag C. H. Beck München 3. Aufl. 1996: 68 DM).

Zum Verwaltungsrecht gibt es wieder ein gutes Lehrbuch. Ich meine

Hartmut Maurer, Allgemeines Verwaltungsrecht, Grundriß, C. H. Beck Verlag München (12. Auflage 1999: 39 DM).

Im übrigen spielt das Prozeßrecht hier eine sehr viel größere Rolle als anderswo. Also die Frage, ob man überhaupt vor dem Verwaltungsgericht klagen kann, in welcher Weise (Anfechtungsklage, Verpflichtungsklage, Feststellungsklage usw.) und wie es mit dem vorläufigen Rechtsschutz ist. Dazu am besten:

Walter Schmitt Glaeser, Verwaltungsprozeßrecht, Kurzlehrbuch mit Systematik zur Fallbearbeitung, Richard Boorberg Verlag München (14. Auflage 1997: 39,80 DM).

Für das Prozeßrecht braucht man zur Ergänzung neben dem Lehrbuch am besten gleich einen guten Kommentar. Zum Beispiel den kleinen von Kopp:

Ferdinand Kopp, Wolf-Rüdiger Schenke, Verwaltungsgerichtsordnung, Verlag C. H. Beck München (11. Auflage 1998: 108 DM).

Er hat noch einen zweiten geschrieben, zum Verwaltungsverfahrensgesetz, also zum Entscheidungsablauf in den Behörden selbst. Auch dieses Gesetz ist hier sehr wichtig. Es ist das, in dem sich jetzt die Definition des Verwaltungsakts findet, in § 35. Auch dieser kleine Kommentar ist sehr gut:

Verwaltungsverfahrensgesetz, erläutert von Ferdinand Kopp und Ulrich Ramsauer, C. H. Beck Verlag München (7. Auflage 1999: 95 DM).

Schließlich zur Technik der Fallbearbeitung. Wie schreibt man Hausarbeiten und Klausuren? Für den Anfang im BGB und Strafrecht genügen Fahse-Hansen, die ich schon genannt habe. Aber man sollte doch später in die ausführlicheren Anleitungsbücher sehen. Ich finde am besten:

Uwe Diederichsen, Gerhard Wagner, Die BGB-Klausur, Verlag C. H. Beck München (9. Auflage 1998: 26 DM),

Gunther Arzt, Die Strafrechtsklausur, Verlag C. H. Beck München (5. Auflage 1996: 22 DM),

Gunter Schwerdtfeger, Öffentliches Recht in der Fallbearbeitung, Verlag C. H. Beck München (10. Auflage 1997: 28 DM).

Und weil die Sprache für den Juristen so wichtig ist, meine ich, braucht er irgendwann auch einen Duden, und, um den richtigen Ausdruck zu finden, ein Synonymenlexikon. Jeder, der schreibt, verwendet sie:

Duden, Rechtschreibung, Bibliographisches Institut Mannheim (21. Auflage 1997: 38 DM),

Franz Dornseiff, Der deutsche Wortschatz nach Sachgruppen, Verlag de Gruyter Berlin (7. Auflage 1970: 118 DM). Ganz wichtig.

Denn Recht muß doch Recht bleiben, und dem werden alle frommen Herzen zufallen (Psalm 94.15.).

Personen- und Sachregister

Rechtswissenschaft im Suhrkamp Verlag
Eine Auswahl

Robert Alexy
- Theorie der Grundrechte. stw 582. 548 Seiten
- Theorie der juristischen Argumentation. Die Theorie des rationalen Diskurses als Theorie der juristischen Begründung. Mit einem Nachwort (1990): Antwort auf einige Kritiker. stw 436. 435 Seiten

Ernst-Wolfgang Böckenförde. Staat, Nation, Europa. Studien zur Staatslehre, Verfassungstheorie und Rechtsphilosophie. stw 1419. 290 Seiten

Ernst-Wolfgang Böckenförde/Dieter Gosewinkel. Wissenschaft, Politik, Verfassungsgericht. Aufsätze von Ernst-Wolfgang Böckenförde. Biographisches Interview von Dieter Gosewinkel. stw 2006. 492 Seiten

Hauke Brunkhorst/Wolfgang R. Köhler/Matthias Lutz-Bachmann (Hg.). Recht auf Menschenrechte. Menschenrechte, Demokratie und internationale Politik. stw 1441. 352 Seiten

Hauke Brunkhorst/Peter Niesen (Hg.). Das Recht der Republik. stw 1392. 403 Seiten

Ronald Dworkin. Bürgerrechte ernstgenommen. Übersetzt von Ursula Wolf. stw 879. 592 Seiten

Andreas Fischer-Lescano/Gunther Teubner. Regime-Kollisionen. stw 1803. 230 Seiten

Stanley Fish. Das Recht möchte formal sein. Essays. Herausgegeben und eingeleitet von Heinz Bude und Michael Dellwing. Aus dem Amerikanischen von Klaus Binder. stw 2008. 279 Seiten

Günter Frankenberg
- Autorität und Integration. Zur Grammatik von Recht und Verfassung. stw 1622. 418 Seiten
- Die Verfassung der Republik. Autorität und Solidarität in der Zivilgesellschaft. stw 1331. 264 Seiten

Johan Galtung. Menschenrechte – anders gesehen. stw 1084. 235 Seiten

Ute Gerhard/Jutta Limbach (Hg.). Rechtsalltag von Frauen. es 1423. 251 Seiten

Oliver Gerstenberg. Bürgerrechte und deliberative Demokratie. Elemente einer pluralistischen Verfassungstheorie. stw 1298. 143 Seiten

Stefan Gosepath/Georg Lohmann (Hg.). Philosophie der Menschenrechte. stw 1338. 417 Seiten

Dieter Grimm.
- Die Zukunft der Verfassung. stw 968. 447 Seiten
- Die Zukunft der Verfassung II. Auswirkungen von Europäisierung und Globalisierung. stw 2027. 400 Seiten

Jürgen Habermas. Faktizität und Geltung. Beiträge zur Diskurstheorie des Rechts und des demokratischen Rechtsstaats. stw 1361. 704 Seiten

H. L. A. Hart. Der Begriff des Rechts. Mit dem Postskriptum von 1994 und einem Nachwort von Christoph Möllers. Aus dem Englischen von Alexander von Baeyer. stw 2009. 395 Seiten

Georg Wilhelm Friedrich Hegel. Die Philosophie des Rechts. Vorlesung von 1821/22. Herausgegeben von Hansgeorg Hoppe. stw 1721. 237 Seiten

Materialien zu Hegels Rechtsphilosophie. Herausgegeben von Manfred Riedel. Band 1: stw 88. 437 Seiten

Otfried Höffe
- Gibt es ein interkulturelles Strafrecht? Ein philosophischer Versuch. stw 1396. 180 Seiten
- Kategorische Rechtsprinzipien. Ein Kontrapunkt der Moderne. stw 1170 und kartoniert. 431 Seiten
- Strategien der Humanität. Zur Ethik öffentlicher Entschei-dungsprozesse. Mit einem neuen Nachwort. stw 540. 373 Seiten
- Vernunft und Recht. Bausteine zu einem interkulturellen Rechtsdiskurs. stw 1270. 296 Seiten

Herbert Jäger. Verbrechen unter totalitärer Herrschaft. Studien zur nationalsozialistischen Gewaltkriminalität. Mit einem Nachwort zur Neuauflage von Adalbert Rückerl. stw 388. 410 Seiten

Hans Joas. Die Sakralität der Person. Eine neue Genealogie der Menschenrechte. 303 Seiten. Gebunden

Wolfgang Kersting (Hg.). Gerechtigkeit als Tausch? Ausein-andersetzungen mit der politischen Philosophie Otfried Hoffes. stw 1297. 375 Seiten

Klaus Lüderssen

- Abschaffen des Strafens? es 1914. 427 Seiten
- Erfahrung als Rechtsquelle. Abduktion und Falsifikation von Hypothesen im juristischen Entscheidungsprozeß. Eine Fallstudie aus dem Kartellstrafrecht. 259 Seiten. Gebunden
- Genesis und Geltung in der Jurisprudenz. es 1962. 365 Seiten
- Kriminalpolitik auf verschlungenen Wegen. Aufsätze zur Vermittlung von Theorie und Praxis. stw 347. 483 Seiten
- Rechtsfreie Räume? stw 2042. 694 Seiten

Klaus Lüderssen/Fritz Sack (Hg.)

- Seminar: Abweichendes Verhalten
  Band 1: Die selektiven Normen der Gesellschaft.
  stw 84. 508 Seiten
  Band 2: Die gesellschaftliche Reaktion auf Kriminalität.
  Band 1. Strafgesetzgebung und Strafrechtsdogmatik.
  stw 85. 387 Seiten

Niklas Luhmann

- Ausdifferenzierung des Rechts. Beiträge zur Rechtssoziologie und Rechtstheorie. stw 1418. 459 Seiten
- Das Recht der Gesellschaft. stw 1183. 598 Seiten

Christoph Menke/Francesca Raimondi (Hg.). Die Revolution der Menschenrechte. Grundlegende Texte zu einem neuen Begriff des Politischen. stw 1988. 498 Seiten

Bernhard Peters. Rationalität, Recht und Gesellschaft. 366 Seiten. Gebunden

Ulrich K. Preuß. Die Internalisierung des Subjekts. Zur Kritik der Funktionsweise des subjektiven Rechts. 356 Seiten. Kartoniert

John Rawls
- Gerechtigkeit als Fairneß. Ein Neuentwurf. Herausgegeben von Erin Kelly. Übersetzt von Joachim Schultze. 316 Seiten. Gebunden
- Eine Theorie der Gerechtigkeit. Übersetzt von Hermann Vetter. stw 271. 674 Seiten

Karl F. Schumann. Der Handel mit Gerechtigkeit. Funktionsprobleme der Strafjustiz und ihre Lösungen – am Beispiel des amerikanischen plea bargaining. stw 214. 264 Seiten

Alexander Somek. Rechtliches Wissen. stw 1802. 240 Seiten

Rudolf Steinberg. Der ökologische Verfassungsstaat. 480 Seiten. Gebunden

Michael Stolleis. Recht im Unrecht. stw 1155. 342 Seiten

Gunther Teubner. Verfassungsfragmente. Gesellschaftlicher Konstitutionalismus in der Globalisierung. stw 2028. 291 Seiten

Rainer Wahl. Verfassungsstaat, Europäisierung, Internationalisierung. stw 1623. 442 Seiten

Uwe Wesel
- Juristische Weltkunde. Eine Einführung in das Recht. stw 467. 213 Seiten
- Der Mythos vom Matriarchat. Über Bachofens Mutterrecht und die Stellung von Frauen in frühen Gesellschaften vor der Entstehung staatlicher Herrschaft. stw 333. 168 Seiten